互联网金融

主　编　郑斯文　李　贺
副主编　张文婷　贾晨露　石小川
　　　　李　响
参　编　杨鑫越　张思檬　齐　璇

北京理工大学出版社
BEIJING INSTITUTE OF TECHNOLOGY PRESS

内 容 简 介

传统金融的长期存在，给新兴的互联网金融提供了一个非常好的参照体系，为互联网金融提供了基本的业务发展方向。从这个角度出发，本书结合传统金融体系的现状，全面梳理了目前我国互联网金融的主要业态，对主要业态的概念特点、运营模式、风险、监管体系、未来发展等方面进行了全面阐述。

本书的撰写体例新颖独特、逻辑严谨、条理清晰、语言表达准确流畅。每章都梳理了学习目标与能力目标，并以特定情境案例引入；每章都包含与本章内容相关的案例分析，以期从实践的角度来理解相应的理论知识和技术；每章最后都设计了含实训练习的课后习题。

本书将应用型教学主旨贯穿始终，可供应用型高等院校金融学、互联网金融等相关专业学生使用。

图书在版编目（CIP）数据

互联网金融 / 郑斯文，李贺主编. --北京：北京
理工大学出版社，2023.6
　　ISBN 978-7-5763-2446-4

　　Ⅰ.①互… Ⅱ.①郑… ②李… Ⅲ.①互联网络-应
用-金融 Ⅳ.①F830.49

　　中国国家版本馆 CIP 数据核字（2023）第 097292 号

出版发行 / 北京理工大学出版社有限责任公司
社　　址 / 北京市海淀区中关村南大街 5 号
邮　　编 / 100081
电　　话 / （010）68914775（总编室）
　　　　　　（010）82562903（教材售后服务热线）
　　　　　　（010）68944723（其他图书服务热线）
网　　址 / http：//www.bitpress.com.cn
经　　销 / 全国各地新华书店
印　　刷 / 河北盛世彩捷印刷有限公司
开　　本 / 787 毫米×1092 毫米　1/16
印　　张 / 13　　　　　　　　　　　　　　　责任编辑 / 王晓莉
字　　数 / 303 千字　　　　　　　　　　　　文案编辑 / 王晓莉
版　　次 / 2023 年 6 月第 1 版　2023 年 6 月第 1 次印刷　　责任校对 / 刘亚男
定　　价 / 79.00 元　　　　　　　　　　　　责任印制 / 李志强

前 言 ↘

　　近年来，随着政府对金融市场化的强力推动，加上互联网技术的迅速发展，互联网技术和金融的结合越来越深入，传统金融业务不仅仅发生了"物理"变化，在互联网环境下得到了扩展和延伸；而且也发生了"化学"变化，催生了有别于传统银行、保险和证券市场的新业态、新模式。2022 年 12 月由中国人民银行印发的《金融领域科技伦理指引》（JR/T 0258—2022），从"守正创新、数据安全、包容普惠、公开透明、公平竞争、风险防控、绿色低碳"七个方向明确了未来开展金融科技活动所应遵循的价值理念。在这一背景下，本书把互联网金融放在传统金融的框架下，结合传统金融体系运用金融科技的现状，全面梳理了目前我国互联网金融的主要业态，对主要业态的概念特点、运营模式、风险分析等方面进行了全面阐述。首先，详细介绍在传统金融实体的基础上产生的传统银行网络化、互联网证券、互联网基金、互联网保险、互联网资管、互联网信托等内容。其次，从金融实践及创新角度，讨论了全球范围内互联网金融发展相对较好的新兴互联网金融业态，并对这些互联网金融业态的起源及优劣势进行了深入的剖析。再次，从金融信息服务支持与技术设施角度，介绍了互联网技术设施、云计算、区块链技术的具体应用与建设。最后，从金融风险与监管的角度，梳理了在对应的互联网空间中的互联网金融监管、互联网金融协会、金融信息平台、互联网金融标准机构等内容，并探讨了新兴技术在逐步完善的金融监管下将如何影响未来的金融发展。本书贯彻"以应用能力为培养导向、案例分析为思维根基"的主动性教学方式、方法，旨在培养优秀的金融专业人才。本书在各章前列明了教学目标，方便教师和读者确定教学、学习方向；各章中穿插了最新互联网金融案例，拓宽了学生的知识面，使其掌握最新行业前沿信息；每章课后练习中均设置实训习题，以实现应用型人才培养目标。

　　本书具有以下特点。

　　1. 系统性、全面性。内容全面、系统，既有广度，又有一定的深度。本书全面梳理了目前我国互联网金融的主要业态，对主要业态的概念特点、运营模式、风险分析等进行了阐述与分析，为学生后续专业课程的学习奠定基础。

　　2. 案例设置合理且新颖。本书每一章的章首都设计了一个引例，案例以近些年发生的互联网金融事件为主，也有传统经典案例，并且案例的内容与每章教学内容紧密相关。利用案例引起学生对相关内容学习的兴趣，促使他们用心提炼学习过程中的每一个知识点，用以解读、分析案例，充分体现案例教学法、问题式教学法在金融学教学中的应用。通过开放思考型案例设置，融入"创新创业""思政"思考要素，多角度引导同学们探索国内外金融最新发展情况与发展形势。

本书共八章。第一章为互联网金融导论，第二章到第四章为传统金融体系的互联网模式内容；第五章阐述了其他互联网形态与其发展进程；第六章为互联网金融消费投资内容；第七章为互联网金融风险及控制；第八章介绍了互联网金融未来发展趋势。

本书是全体参编人员共同努力的结果。郑斯文全面梳理了目前我国互联网金融的主要业态，对主要业态的概念特点、运营模式、风险分析等方面进行了全面阐述；李贺着重对互联网消费金融投资内容进行了梳理，密切追踪行业前沿；张文婷完成了教材中基础理论的阐述与分析，阐述了一般原理和基本知识；贾晨露完成了全书的案例设计，确保案例的内容与本章教学内容紧密相关；石小川完成了金融监管系统、信息服务支持和技术设施方向内容的撰写；李响完成了中国的互联网金融实践与创新内容，并对其未来发展进行了深入的剖析；杨鑫越、张思檬、齐璇等参编人员共同完成了互联网金融风险的分析，并完成了全书习题与实训模块的设计。另外，北京理工大学出版社的编辑对本书的修改和改进提出了宝贵的意见，对他们的辛勤劳动表示感谢。

限于作者学术水平和实践经验，书中不足之处在所难免，敬请读者批评指正。

目　录 ↘

第一章
互联网金融相关概述

 **学习目标**

1. 互联网金融相关概念
2. 互联网发展历史及现状
3. 互联网金融与传统金融的异同

能力目标

1. 能够比较传统金融和互联网金融之间的不同
2. 能够理解金融市场不同阶段政策的出台目的

情景导入

浙江蚂蚁小微金融服务集团股份有限公司

浙江蚂蚁小微金融服务集团股份有限公司（以下简称为"蚂蚁金服"）成立于2014 年，其前身为支付宝，是一家为消费者和小微企业提供安全、便捷普惠金融服务的科技企业。蚂蚁金服的核心收入来源为支付链接（支付及提现手续费和备付金利息）、金融服务（信贷、理财、保险及其他金融业务收入）和技术输出服务（芝麻信用、小程序、BASIC 通用及行业垂直解决方案收入）。2019 年上半年，蚂蚁金服税前利润额为 57.2 亿元。截至 2019 年 10 月，蚂蚁金服共完成 8 轮投融资，企业估值由 2015 年的 450 亿美元增长至 2018 年的 1 600 亿美元。

2015 年起，蚂蚁金服先后通过战略投资与当地企业合资形式推出海外本地电子钱包。截至 2018 年年底，蚂蚁金服已在印度、泰国、菲律宾、韩国、印尼、新加坡、马来西亚、巴基斯坦、孟加拉国和英国 10 个国家上线支付宝业务，在美国、英国、荷兰、德国、法国、意大利、日本、泰国、新加坡和澳大利亚等 12 个海外地区设立办公地点，推进蚂蚁金服业务全球化。此外，蚂蚁金服的支付宝针对中国用户出境游与跨境电商购物场景，推出跨境支付、海外扫码支付、海外退税等金融服务。

全球最大陆运公司康福德高牵手蚂蚁 Alipay+

2022 年 6 月 9 日，全球最大的陆路运输公司康福德高（Comfort Delgro），在新加坡宣布加入蚂蚁的 Alipay+全球跨境移动支付技术解决方案，让韩国的 Kakao Pay 和马来西亚 Touch'n Go 的用户，率先在新加坡实现无现金打车。

新加坡作为东南亚的区域中心，每天有超过 35 万马来西亚人会在新马之间往来通勤。此外，韩国与新加坡的经贸、旅游往来也十分密切。

借助蚂蚁 Alipay+，无论是马来西亚的日常通勤族，还是新加坡开关后迎来的韩国游客，都能用上电子钱包，轻松实现跨境支付打车费用。蚂蚁 Alipay+支付如图 1-1 所示。

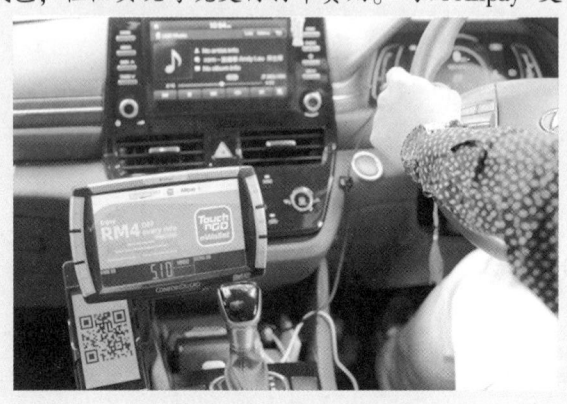

图 1-1 蚂蚁 Alipay+支付

截至 2022 年，支付的跨境金融产品与服务已覆盖印度、美国、英国、新加坡等50 多个国家和地区，已与超过 250 家金融机构和支付解决方案提供商合作。

蚂蚁集团星熠数字银行在新加坡开业

2022 年 6 月 6 日，作为新加坡首批获批的数字银行之一，ANEXT Bank 星熠数字银行在新加坡开业，将专注服务当地以及来自东南亚的中小微企业，为其提供创新、安全的多种数字金融服务，助力其数字化升级和全球化发展。

开业当日，新加坡中小企业服务机构 Proxtera 和 ANEXT Bank 达成合作，如图 1-2所示。未来，Proxtera 平台上的 40 万家中小企业，只要注册地在新加坡，均可实现远程"一键开户"。

图 1-2 Proxtera 和 ANEXT Bank 达成合作

互联网金融在近些年吸引了无数关注的目光，如传统银行业大举涉足小微贷款，上市公司做起 P2P 网络借贷，股权众筹的草案出台，第三方支付的突飞猛进等。不仅如此，互联网金融更是在 2014 年被写入政府工作报告。2014 年 3 月，十二届全国人大二次会议审议的政府工作报告中提到，"促进互联网金融健康发展，完善金融监管协调机制"。这是"互联网金融"一词首次被写入政府工作报告。2015 年，政府工作报告再次"发声"，用了"异军突起"来描述互联网金融。两次"发声"的背景是，中国已是全球最大的互联网金融市场。

互联网金融的众多模式都在逐渐发展壮大，并且各自占据了相当大的市场。回顾 21 世纪前二十年，第一个十年（2000—2010 年）是互联网发展飞速的十年，第二个十年（2010—2020 年）是手机时代发展的黄金十年。当基础设施逐渐完备、万物互联、信息技术不断更迭和升级，金融这个年轻的行业也呈现出其融合性、技术性的一面。借助互联网、数字化和信息化技术，互联网金融逐渐发展壮大。

第一节　互联网金融概念

互联网金融（Internet Finance，ITFIN）是指传统金融机构与互联网企业利用互联网技术和信息通信技术实现资金融通、支付、投资和信息中介服务的新型金融业务模式。互联网金融不是互联网和金融业的简单结合，而是在实现安全、移动等互联网技术的基础上，被用户熟悉并接受（尤其是对电子商务的接受）后，自然而然地为适应新的需求而产生的新模式及新业务，是传统金融行业与互联网技术相结合的新兴领域。2016 年 10 月 13 日，国务院办公厅发布《互联网金融风险专项整治工作实施方案》。在技术发展层面，2019 年 8 月，中国人民银行发布《金融科技（FinTech）发展规划（2019—2021 年）》，有效赋能金融服务提质增效，助力互联网金融快速发展。在普惠金融层面，《推进普惠金融发展规划（2016—2020 年）》《关于进一步深化小微企业金融服务的意见》等普惠金融政策先后出台，推动了互联网金融行业的普惠金融业务发展。

互联网金融是传统金融行业与互联网技术相结合的新兴领域。互联网"开放、平等、协作、分享"的精神渗透进传统金融业，会对传统金融模式产生根本影响。从广义上讲，具备互联网精神的金融业态被统称为互联网金融。然而，互联网金融的创新内涵在学界和业界仍存在一些争议，至今没有形成一种能够被广泛接受的互联网金融的定义。

一、学术界对互联网金融的定义

互联网金融已成为当前的热门话题，学术界从多个角度对互联网金融进行了界定。其中，谢平于 2012 年 8 月在《互联网金融模式研究》中对"互联网金融"所下的定义是目前为止被普遍认同的、对互联网金融内涵解释较为权威的一种说法。谢平将互联网金融定义为：金融受互联网技术、互联网精神的影响，从传统银行、证券、保险、交易所等金融中介到无中介的一般均衡之间的所有金融交易和组织形式。互联网金融的形式是既不同于商业银行的间接融资，也不同于资本市场的直接融资的第三种金融模式。

在这种金融模式下的互联网金融具有以下特点：便捷支付，集中支付和个体移动支付相统一；信息处理和风险评估通过网络化方式进行，市场信息不对称程度非常低；资金供需双方在资金期限匹配、风险分担等方面的成本非常低，可以直接进行交易；银行、券商和交易所等金融中介都不起作用，可以达到与现在直接融资和间接融资一样的资源配置效率。在促进经济增长的同时，大幅减少交易成本，这体现了互联网金融去中介化的特点，也就是说，未来互联网金融将没有严格的金融中介，是一种更为民主，而不是由少数专业精英控制的金融模式。这种市场充分有效，接近均衡定理描述的无金融中介状态，能够让互联网金融模式通过提高资源配置效率、降低交易成本来促进经济增长，产生巨大的社会效益。

李博和董亮（2013）认为，广义的互联网金融是借助互联网本身的便捷和广度实现传统金融机构在互联网上的服务延伸，电子银行、网上银行乃至手机银行都属于互联网金融范畴。在这一模式下，传统金融服务从线下扩展到线上，在时间和空间上外延了服务。从狭义层面看，互联网金融仅包括借助互联网开展的金融服务。

二、互联网界对互联网金融的定义

互联网界专业人士在 2013 年形象地回答了什么是互联网金融、什么是金融互联网。首先，从"互联网"与"金融"的从属关系看，互联网金融主要是指互联网电商做电子商务时加载金融功能，而金融互联网主要是指商业银行开展金融业务时加载电子商务。这就使专业人士认为未来金融有两个机会：一个是金融互联网，一个是互联网金融。

在有的专业人士看来，用互联网的理念和思维去重新看待金融，这就是新的互联网金融的机会。也有人认为，互联网金融对于金融行业降低成本、提高效率、改善服务等持续发挥着积极作用。互联网金融发展需要各界的包容和支持，特别是监管部门的支持。互联网金融从业机构也要以开放的心态，集思广益、共同发展。

三、本书对互联网金融的定义

从狭义层面来看，互联网金融是指以互联网平台企业为主体，具备互联网精神，基于互联网平台，借助互联网新技术（如大数据、云计算、搜索、移动互联网等）开展的金融业务。这些业务有别于传统金融机构开展的业务，是一种新型的金融脱媒现象，提升了个体参与的充分性和普及性，体现了普惠金融的思想。

> **名词解释**
>
> 云计算：一种资源交付和使用模式，用户可通过互联网以自助服务的形式获取自身所需的 IT 资源。

从广义层面来看，互联网金融是具备互联网精神的金融业态的统称，无论是互联网企业跨界进入金融行业，还是传统金融机构借助互联网技术更好地开展金融业务，凡是基于互联网平台开展的金融业务，包括电子银行、网络证券、网络保险、第三方支付、网络理财、众筹等，都属于互联网金融的范畴。用户对互联网金融的主要需求有支付、融资、风险管理、投资理财四个方面，如图 1-3 所示。这些模式下的互联网金融，体现了互联网与金融功能的深度结合，通过运用大数据和云计算等技术在互联网平台开展业务，改变了传统金融的服务模式、服务内容和服务体系，创造出新的金融业态，使金融活动更加民主化、平台化、信息化和个性化。

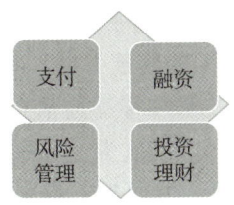

图1-3　用户对互联网金融的主要需求

2015年7月18日中国人民银行等十部门发布的《关于促进互联网金融健康发展的指导意见》（银发〔2015〕221号，以下简称《指导意见》）指出："互联网金融是传统金融机构与互联网企业利用互联网技术和信息通信技术实现资金融通、支付、投资和信息中介服务的新型金融业务模式。互联网与金融深度融合是大势所趋，将对金融产品、业务、组织和服务等方面产生更加深刻的影响。互联网金融对促进小微企业发展和扩大就业发挥着现有金融机构难以替代的积极作用，为大众创业、万众创新打开了大门。"

企业案例

度小满科技（北京）有限公司

　　度小满科技（北京）有限公司（以下简称为"度小满"）成立于2015年，其前身为百度金融服务业群组，于2018年4月独立运营。度小满是一家为用户提供支付、理财、财富管理、保险和金融科技等产品与服务的互联网金融企业。2018年4月度小满获得TPG、凯雷投资集团、泰康集团、农银国际等多家机构超19亿美元融资，投后估值达到36亿美元。截至2019年6月底，度小满信贷可授信用户达到3.3亿，累计放贷总额超过4 000亿元，为50多家银行业合作伙伴创造了近100亿元的利息收入。

　　百度搜索每天有数亿用户对出国旅游、装修、租房、教育培训、3C产品等关键词进行搜索，具有规模化的用户搜索行为数据。度小满依赖于百度搜索沉淀的海量用户搜索行为数据，通过大数据分析、挖掘与云计算技术，将该类数据转变成用户金融需求信息，进而打造金融产品精准匹配用户金融需求。以度小满的理财平台为例，度小满依托于百度搜索每天积累3 500万次理财相关信息搜索，通过大数据与人工智能技术精准挖掘用户需求，并通过大数据风控、智能定投和智能资产管理等科学技术为用户精准匹配理财产品。

第二节　互联网金融行业发展

　　随着互联网的不断发展，互联网与商业、金融等领域紧密融合，以数字经济、众筹、第三方支付等为代表的新型金融运行模式在市场上大量出现。这种互联网与金融相结合的运营模式在近些年得到了迅猛发展。

互联网金融是当下金融行业的热点，互联网金融的各种形式也都受到了不同程度的关注。在互联网金融刚兴起阶段，相关人员对互联网金融有各自的理解。有专业人士认为，互联网金融并不单纯指金融行业利用互联网手段实现业务，而是两种行业的结合，同时，互联网的融入也给金融行业带来了巨大的变革力量。罗明雄等人所著的《互联网金融》一书指出："互联网金融是利用互联网技术和移动通信技术等一系列现代信息科学技术实现资金融通的一种新型金融服务模式。"该书认为，互联网金融与传统金融并列，可视为金融行业的不同服务形式。2012 年 8 月，中国投资有限责任公司副总经理谢平在"互联网金融模式研究"课题中首次提到"互联网金融"的概念。他提出："在互联网金融模式下，支付便捷，市场信息不对称程度非常低，资金供需双方在资金期限匹配、风险分担等上的成本非常低，可以直接交易；金融中介作用减弱，贷款、股票、债券等的发行和交易以及券款支付直接在网上进行；市场充分有效，大幅减少交易成本。"他认为，互联网与金融相互融合，产生了互联网金融的市场。在这种模式下，金融业的分工和专业化被大大淡化，而互联网企业及其相关技术的融入，也在一定程度上降低了互联网金融行业的门槛，金融不再是由少数精英控制，同时金融市场也涌入了更多的参与者。

一、互联网金融行业历史

中国互联网金融起步于 1997 年，发展至今历经萌芽期、启动期、成长期，现进入调整期。

（一）萌芽期（1997—2004 年）

1997—2004 年互联网与金融的结合体现为互联网为金融机构提供技术支持。1997 年招商银行率先成立中国第一家网上银行，通过互联网开展品牌宣传、产品推广和客户服务等。1998 年中国网上证券交易起步。2000 年 3 月证监会颁布《网上证券委托暂行管理办法》，投资者可使用证券企业提供的交易软件进行在线证券交易。2000 年 8 月中国太平洋保险（简称"中国太保"）和平安保险相继开通全国性网站，9 月泰康保险成立"泰康在线"电子商务平台。2002 年中国人民保险（简称"中国人保"）电子商务平台（e-PICC）正式上线，用户通过 e-PICC 不仅可投保中国人保的车险、家财险、货运险等保险产品，还可享受保单验真、保费测算、理赔状态查询、咨询投诉报案、风险评估、保单批改、保险箱等系列实时服务。2003 年 10 月阿里巴巴成立第三方支付平台支付宝，作为淘宝商家与卖家双方交易的支付工具。2004 年 8 月支付宝正式独立运营，标志着互联网金融业态萌芽。

（二）启动期（2005—2012 年）

在此阶段，第三方支付平台进入迅速发展阶段，网络借贷服务、互联网证券、互联网保险等互联网金融平台出现，互联网金融进入新的发展阶段，互联网金融业态逐渐多元化。2005 年财付通、壹钱包等第三方支付平台相继成立。2007 年中国第一家网络借贷平台拍拍贷成立。拍拍贷以纯信用贷款为用户提供贷款产品与服务，获得了众多用户与小微企业青睐。纯信用贷款模式的网络借贷平台吸引了大批互联网创业人员，网络借贷平台快速增长，截至 2012 年年底，中国网络借贷平台数量高达 161 家。此外，证券与保险领域参与者亦积极开展互联网产品设计与服务。在证券领域，2012 年证监会准许证券企业为用户提供网络开户服务，标志着证券业务进入网络时代。在保险领域，2012 年各大保险企业积极开发移动端销售渠道，以及与第三方电商平台合作，共同推进互联网保险行业发展，如平安人寿发布首个为用户提供寿险保单服务的 App，泰康人寿在京东商城开通保险频道为用户提供互联网保险产品与服务。

（三）成长期（2013—2015 年）

在此阶段，互联网金融业态日渐丰富多元，互联网金融市场垂直化程度日渐加深，吸引了各方企业参与，互联网金融行业体量持续增长。2013 年支付宝推出"余额宝"网络理财产品与服务，促使庞大的支付宝用户对理财产品的重视程度日渐加深，互联网理财平台逐渐起步，腾讯理财通、蚂蚁财富相继上线。中国网络借贷平台高达 692 家，网络借贷平台在此时期持续发展。网络理财以及网络借贷平台快速发展，加速了传统金融细分领域积极探索互联网金融模式，如 2013 年 10 月互联网消费金融"分期乐"成立，2013 年 11 月众安保险成立，2014 年 4 月中信证券、国泰君安等 6 家企业获得网络证券业务试点资格。2014 年中国民生银行推出中国首家直销银行，首创电子账户体系以及不设置线下营业网点。微众银行、网商银行等互联网银行相继成立，互联网银行行业快速发展。

企业案例

众安在线财产保险股份有限公司

众安在线财产保险股份有限公司（以下简称为"众安保险"）于 2013 年由蚂蚁金服、腾讯、中国平安发起成立，是一家完全依托于互联网开展保险业务、不设立分支机构的互联网保险企业。众安保险于 2017 年 9 月在港交所正式挂牌上市。2018 年众安保险服务用户数超过 4 亿人，总保费为 11.3 万亿元，同比增长 89%。2018 年众安保险研发投入 8.5 亿元，服务 300 多家企业用户，科技收入为 1.1 亿元，同比增长 176.2%。2019 年，众安保险继续深耕保险科技业务，将科技创新应用于保险全流程，优化承保经营效率以及用户体验。

众安保险拥有成熟高效的大数据风控能力、系统对接能力、产品研发实力和场景客户运营能力，利用技术赋能场景方，提升场景方平台运营效率，实现与优质场景方的深度合作。同时众安保险利用大数据获客场景客户运营能力和人工智能等科技能力支持众安自有平台的运营和发展。

（四）调整期（2016 年至今）

经过 3 年的快速成长期，2015 年互联网金融行业进入爆发式增长阶段，但同时行业相关弊端日渐凸显，网络借贷平台风险爆发，如部分网络借贷平台涉嫌非法集资问题，"裸贷"恶性事件频发等。互联网金融行业于 2016 年进入强监管时期，政府针对网络信贷平台、互联网消费金融、互联网保险等互联网金融细分业态颁布相应监管政策。自 2016 年开始，《关于加强校园不良网络借贷风险防范和教育引导工作的通知》《网络借贷信息中介机构业务活动管理暂行办法》《互联网金融风险专项整治工作实施方案》《关于规范金融机构资产管理业务的指导意见》《互联网保险业务监管办法（草稿）》等监管政策相继出台，对网络借贷、互联网保险、第三方支付、互联网证券等领域进行大范围排查，严格治理不规范的互联网金融平台，保障互联网金融行业长期稳定。2018 年正常运营的网络借贷平台下降至 1 021 家，同比下滑 54.4%，较 2016 年下降 63.2%。互联网金融行业监管政策全面落地推进，互联网金融企业强化自身平台、合规化发展，各平台开始深耕技术研发，提升平台风险管理能力，优化平台运营效率与产品服务，增强核心技术竞争力，促进平台可持续发展。国家有关监管部门出台了一系列促进平台经济规范发展的政策措施，其主要目的是规制垄断行为，保护中小企业权益和数据安全、个人信息安全，消灭金融监管真空，营造公平、高效、有序的市场竞争环境，防止资本无序扩张。

二、互联网金融发展现状

自 2013 年起，互联网金融行业垂直化程度逐步提高，互联网金融行业业态丰富，产品与服务多元化。2014 年，互联网金融行业市场交易额为 46.8 亿元。2016 年始互联网金融行业迎来严监管时期，核心竞争力不强的互联网金融平台被淘汰，同时部分互联网金融企业调整业务模式，寻求合规化发展。2016 年互联网金融行业市场交易额增长速度放缓，年营收额为 117.6 万亿元，同比增长 46.5%。2014 年至 2018 年间，中国互联网金融行业市场交易额年均复合增长率为 48.9%。普惠金融和消费升级政策的持续落地，释放了大量信贷融资需求，助力互联网金融行业市场持续扩容，预计至 2023 年年底中国互联网金融行业市场规模突破 500 万亿元，如图 1-4 所示。

图 1-4　中国互联网金融行业市场规模（自 2014 年开始）

第三节　行业背景

一、政策环境

2015 年开始，政府在产品开发、技术发展、消费升级和普惠金融等层面陆续出台政策，推动互联网金融行业进一步发展。

在产品开发层面，2015 年 7 月，中国人民银行、工信部等十部门发布《关于促进互联网金融健康发展的指导意见》，鼓励银行、证券、保险、第三方支付和消费金融机构依托互联网技术，实现传统金融业务与服务转型升级，积极开发基于互联网技术的新产品和新服务，全面落实有利于互联网金融行业各细分业态产品的开发与拓展，推动互联网金融创新发展。

在技术发展层面，2019 年 8 月，中国人民银行发布《金融科技（FinTech）发展规划（2019—2021 年）》，支持互联网金融机构合理运用金融科技手段丰富服务渠道、完善产品供给、降低服务成本、优化融资服务，提升金融服务质量与效率。《金融科技（FinTech）发展规划（2019—2021 年）》有效赋能金融服务提质增效，助力互联网金融快速发展。

在消费升级层面，《关于促进消费带动转型升级的行动方案》和《关于进一步扩大和升级信息消费持续释放内需潜力的指导意见》等政策先后颁布，大力支持互联网金融行业开发与大众需求匹配的金融产品，为大众提供良好的金融支持环境，引导消费升级。其中，2017 年 8 月国务院出台的《关于进一步扩大和升级信息消费持续释放内需潜力的指导意见》，明确指出在通信、信贷、支付、物流等关键环节全面提升效率，鼓励金融机构开发更多适合信息消费的金融产品和服务，推广小额、快捷、便民的小微支付方式，降低信息消费金融服务成本。

在普惠金融层面，《推进普惠金融发展规划（2016—2020 年）》《关于进一步深化小微企业金融服务的意见》等普惠金融政策先后出台，推动了互联网金融行业的普惠金融业务增长。其中，2015 年 12 月国务院印发的《推进普惠金融发展规划（2016—2020 年）》对新业态、新模式和新主体的金融给予大力支持，一方面拓展城市金融服务广度和深度，显著改善城镇企业和居民的金融服务的便利性；另一方面推广创新针对小微企业、农户等对象的小额贷款，提高小微企业和农户贷款覆盖率。利好政策的持续落实，积极引导各类普惠金融服务主体创新金融产品和服务手段，降低金融交易成本，延伸服务半径。

2016 年 4 月，国务院印发《互联网金融风险专项整治工作实施方案》，明确互联网金融行业重点整治问题和工作要求，加大整治不正当竞争工作力度，提高互联网金融行业整治效果。2016 年 8 月，银监会出台《网络借贷信息中介机构业务活动管理暂行办法》，确定网络借贷平台管理基本体制，明确各政府部门对网络借贷平台的监管职责，如工信部对网络借贷平台具体业务中涉及的电信业务进行监管；公安部对网络借贷平台的业务活动进行互联网安全监管，打击网络借贷涉及的金融犯罪。2018 年 5 月，发改委、科技部、工信部和银保监会等 9 部委共同颁布《"十三五"现代金融体系规划》，明确要加强金融监管问责机制，健全对监管者的问责制度，实现宏观审慎管理和金融监管对金融机构、业务、活动及风险全部覆盖。2018 年 10 月，人民银行、银保监会和证监会联合发布《互联网金融从业机构反洗钱和反恐怖融资管理办法（试行）》，一方面明确提出互联网金融从业机构需建立健全反洗钱和反恐怖融资内容控制机制、有效进行客户身份识别、提交大额和可疑交易报告、开展涉恐名单监控和保存客户身份资料和交易记录等基本义务，促使从业机构强化内控建设、增强反洗钱意识；另一方面确立政府部门的监管职责，提升监管有效性。2022 年 7 月 15 日，银保监会印发《关于加强商业银行互联网贷款业务管理提升金融服务质效的通知》，从履行贷款管理主体责任、强化信息数据管理、完善贷款资金管理、规范合作业务管理、加强消费者权益保护等方面，进一步明确了商业银行互联网贷款业务管理要求。

二、金融环境

（一）金融市场不发达是互联网金融发展的动因

由于体制的特殊性，我国在金融机构审批、金融产品审核与发行等方面实行了严格的行业监管政策。然而，严格的金融管制造成了金融产品稀缺以及供给失调的局面，进而导致了我国金融市场化程度不够、开放性较低、信息不对称、资源配置效率低下等问题。

传统的金融机构（如银行、证券公司等）追求规模经济性，总是将有限的资源集中在利润贡献最大的客户群体和业务领域。相对于大中型企业，小微企业在向银行等金融机构申请办理贷款、小额理财、个人借贷担保等业务时，常常会被拒之门外。传统金融机构并非有意区别对待，但当考虑到成本、风险与收益不匹配等因素时，其更愿意选择实力更为雄厚的大中型企业。

然而，在发展的初期，金融行业依托互联网平台的延伸，加上相关的政策法规较少、互联网金融受到的约束也较少的优势，在很短的时间内得到了自由的创新和发展。随着互联网及信息技术的发展，互联网服务客户的成本日益降低。同时，互联网服务客户边际成本递减的特点，也决定了互联网服务可聚集起小微企业，甚至是个人的力量，积少成多。互联网金融迅速发展起来。

（二）多方需求拉动互联网金融行业发展

金融业务是人们生活中不可缺少的一项活动，也是当今社会一切交易活动的基本。人们对金融业务，尤其是大量小额金融业务的需求，极大地推动了互联网金融行业的产生与发展。

1. 传统金融机构的需求

随着金融深度和广度的提升，传统金融难以充分满足用户对金融日益多样化和复杂化的需求。相比互联网金融，传统金融模式表现出很多不足之处：在信息处理方面，传统金融的成本高、难度大，这就导致了信息收集不全面，市场信息不对称现象严重，而互联网的信息处理技术可以很大程度上弥补这种不足；在资金供求方面，传统金融以金融机构为中介来撮合借贷或交易，这会降低资源配置的效率，而互联网金融是依靠一定的算法和模型进行自动匹配，大大提高了效率；在支付结算方面，传统金融是在银行等金融机构中完成的，而互联网金融的支付结算可以在线完成，资金供需双方直接交易，大大降低了交易双方在时间、空间上的成本。

传统金融业务通过借助互联网技术，能够实现提升运营效率、降低自身运营成本、节约客户时间成本、增加客户体验度及增值服务等目标。诸多有利因素不断推动传统金融机构向互联网方向靠拢，也加速了传统行业的变迁与改革。

企业案例

> **商业银行入电商**
>
> "银行怎么开到淘宝上来了？""这是真的假的，里面的东西能买吗？"相信这是许多消费者对淘宝商城（后更名为天猫）"交通银行官方旗舰店"的质疑。不用怀疑，这的的确确是交通银行官方开设的旗舰店。2012年7月23日，交通银行与阿里巴巴共同宣布推出"交通银行天猫旗舰店"。这也是国内银行业首度登录淘宝商城。该旗舰店上线销售的产品有贵金属、基金、保险、个人及小企业贷款、贵宾客户服务、借记卡等，此外还可预约基金客户经理进行咨询。

浦发银行也选择天猫作为合作伙伴。2017年1月初，浦发银行贵金属天猫旗舰店上线运营，产品均为实物贵金属，相比原有的个人网上银行，天猫旗舰店新品较少，有熊猫金币、马年生肖纪念吊坠投资金条、迪士尼纪念金钞、千足银iphone5手机壳等17款实物贵金属。据浦发银行客服透露，该旗舰店上线时间仅一周左右，17款产品销售共计43笔。

商业银行入驻电商、在天猫上开旗舰店，丰富了金融产品的销售渠道，也可以说是网上银行的延伸，一方面借助天猫平台庞大的客流量，能够增加产品销售数量；另一方面大大提升了商业银行的知名度和美誉度，将很多顾客引导到商业银行的网上银行上来。

2. 非金融机构的需求

电子商务作为互联网的一大应用，使买家与卖家不再受到时空的限制，依靠互联网即便远隔千里也可随时完成交易，这极大地扩大了销售的地理范围和业务范围。

电子商务模式新颖、前景广阔。然而，电子商务在双方完成交易的过程中必然会涉及资金的转移，如何配合电子商务在线上的便捷交易，并且在妥善安排交易过程中资金流转的同时保障交易双方的利益，成为传统电子商务发展的瓶颈。在这样的环境下，新的互联网形态出现，推动电子商务模式的发展与创新。这个新的互联网形态就是现在以第三方支付为代表的互联网金融。

三、宏观经济环境

中国宏观经济态势良好。2021年中国人均GDP（国内生产总值）为81 000元，同比增长9.2%，如图1-5所示。中国经济发展稳步向前，经济基础日渐稳固。

中国居民人均可支配收入稳步提升，为大众的日常生活、教育文化娱乐等消费提供了坚实的经济基础。中国居民人均可支配收入由2014年的20 167.1元增长至2018年的28 228.1元，年均复合增长率达8.8%。中国居民人均可支配收入的持续增长有利于中国消费市场的发展。2018年中国居民人均消费支出19 853.1元，同比增长4.8%。中国居民的消费能力日渐提高，为中国金融行业的发展提供了良好的经济背景。

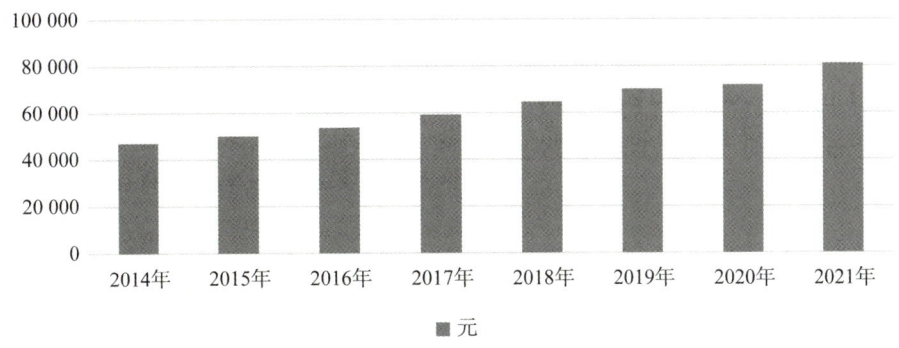

图1-5 中国人均GDP（2014—2017年）

居民收入增长推动中国国民总储蓄持续增加。2018年中国国民总储蓄为40.1万亿元，同比增长6.4%。中国国民总储蓄额的增加不断刺激金融机构创新产品，为用户提供多元化投资理财产品，引导储蓄分流。

在中国经济保持稳中上升的发展背景下，中国居民可支配收入水平持续提高，个人可投资金融资产增加。2018年中国个人持有可投资资产总体规模达到147万亿元，同比增长8.1%。中国个人财富水平不断提升，居民财富意识逐渐增强，对理财、基金、证券等资产管理产品需求增多，带动资产配置市场需求不断扩大。中国互联网络信息中心数据显示，2022年购买互联网理财产品的网民规模高达1.66亿人，同比增长17.5%。互联网金融行业的证券、基金等理财产品投资方式具有高效性与便捷性。同时，借助智能投资产品，金融机构能为用户快速匹配个性化资产配置产品，满足用户的财富增值需求。中国居民的资产管理需求持续释放，促进了互联网金融行业快速发展。

四、互联网环境

大数据、区块链、人工智能等技术能应用于互联网金融服务的获客、风险控制、资产安全防护等多个方面，显著提升了服务质量。各类技术的应用有力推动了行业发展。

名词解释

区块链：采用分布式数据储存、点对点传输、共识机制、加密算法等计算机技术的新型应用模式。

在获客方面，互联网金融企业可利用大数据技术对用户的电子交易、社交、征信、互联网行为特征等数据进行清洗和分析，并利用机器学习技术提升分析的精确度，进一步提高产品和用户的匹配度，为客户提供精细化的金融服务，有助于持续扩大用户规模。以京东旗下的京东白条为例，京东白条利用大数据技术将用户的职业背景、消费行为特征、信用状况等多维度信息数据进行清洗和分析，再利用随机森林、贝叶斯网络、聚类、逻辑回归等机器学习模型计算分期手续费率，有效提高产品的个性化、定制化水平，有利于进一步扩大用户规模。

在风险控制方面，互联网消费金融企业可通过大数据、机器学习等技术对无征信记录的用户的社交网络、电商交易记录等信息进行综合评估，如在社交网络方面，用户的手机紧急联络人、通信记录、通信录等信息均为重要参考信息。大数据、机器学习等技术能通过用户信息多维度分析提升信用评估精确度，从而提高风险控制能力。以阿里巴巴旗下的蚂蚁财富为例，蚂蚁花呗通过芝麻信用对客户的信用背景进行评估，芝麻信用利用数据挖掘、数据分析等大数据技术以及逻辑回归等机器学习模型对用户的信用历史、行为偏好、履约能力、身份特征、人脉关系五大维度的信息数据进行综合评估，有效提升了信用预测能力。

名词解释

逻辑回归：通过输入类别对象属性特征序列得到对象所处类别的二分类模型。

在资产安全防护方面，区块链技术作为一种分布式记账技术，具有去中心化特性，能在基础资产层面实现数据保真，防篡改，防止用户冒充他人身份进行资金交易，显著提升资金交易安全性，在反欺诈方面的应用表现尤为出色。在资金交易过程中，区块链将交易数据分成小块并将其分布在计算机网络中，防止数据丢失和被篡改，保障交易数据的完整性和准确性，提升资金交易安全性。以蚂蚁金服为例，蚂蚁金服将区块链技术应用于跨境汇款场景，为用户构建起多方信任的同一套账本，以多方共识认证用户身份，提升跨境汇款交易平台的安全性，同时降低协同和监管的时间与经济成本，使跨境汇款方便快捷，费用更加透明。

 课堂讨论

花呗会影响征信吗？

花呗是支付宝内的一种信用消费产品，根据支付宝官方消息，花呗升级服务后将接入央行征信，如实汇报用户的信用记录。

用户在使用花呗时享受的是先消费后支付的购物体验。从最初只能用于支付宝旗下的电商平台购物，到后面发展成生活费用、医疗超市等外部消费都可以进行提前支付。随着花呗的不断完善，市面上逐渐出现了关于花呗影响征信的说法，有的用户表示：只要花呗和央行征信有关联就立马停止使用。那么花呗上征信真的很可怕吗？其实并不是这样，因为资质信用好的客户，依然信用会好。

按照我国征信管理的规定，金融信用信息基础数据库接收从事信贷业务的机构按照规定提供的信贷信息。同时规定，有关信贷服务的平台必须向有关部门提供相应的用户信息。花呗完全符合征信管理的规定，所以花呗会和征信系统关联是必然的事。

第四节 互联网金融与传统金融

在实践中，金融企业的互联网化以及互联网企业的金融化进程加快。目前比较具有普遍性的观点是，互联网金融主要以第三方支付、网络借贷、众筹融资等为代表，是金融模式、金融理念、金融运营方法的创新。

在我国当前的主流金融生态中，以银行、证券、保险业为代表的传统金融模式最大的特点是分业经营和分业管理；金融垄断，非金融部门不得从事金融业务；缺乏产品创新，广大中小企业和居民很少能得到金融服务；手续繁杂，很不便利。借助互联网进行金融运行，是对传统金融的巨大挑战甚至颠覆。其优势主要表现在四个方面：一是互联网的虚拟网点网络可很大程度替代银行的物理网点网络；二是互联网金融更能突破时空局限，于任何时间、任何地点更灵活地服务更广大的消费者；三是互联网金融可大幅降低业务成本；四是大数据信息集散处理将大大提升互联网金融的服务能力与风控效能。

互联网金融是当前我国金融市场的必然产物。传统金融服务的落后和供给不足，实体经济没有被满足的巨大融资需求，为互联网金融的发展留下了空间；对传统金融市场的高度管制，对金融创新存在的监管盲区，使互联网金融作为市场新进入者有了存活的机会。这是互联网金融在中国得以旺盛的基本逻辑。

随着互联网金融的发展，未来将出现一种不同于传统间接融资和直接融资的新型金融。尽管互联网金融并不能完全取代传统金融，但互联网金融的兴起及发展极大地改变了我国的金融生态，也给传统金融业带来了巨大的转型压力。从目前来看，互联网金融机构或平台必须同传统金融机构合作才能发展。

当前互联网金融发展如火如荼，业内有个共识，即互联网金融的创新发展是大势所趋，不应过度监管，以免遏制其发展。但出于风险防范的考虑，应及时填补监管缺失，制定相关法律法规。

互联网金融是在社会需求、科技进步的推动下的必然产物。随着我国电子商务市场规模的扩大，对工农业生产、商贸流通和社区服务等的渗透不断加深，我国实现了实体经济与网络经济、线上与线下的不断融合，这成为互联网金融发展的初始契机。第三方支付、P2P、众筹等众多新型金融服务模式如雨后春笋般涌现，为互联网金融的异军突起提供了土壤。各大互联网创新企业逐步渗透，加速了传统金融机构和互联网企业的融合，掀起了互联网金融的时代热潮。

互联网金融大大降低了金融服务的门槛，使普通老百姓都能方便地参与到金融中去，使金融的生态环境更加民主化。作为一种新金融形态，互联网金融的诞生极大地冲击了传统金融，让金融的参与人数、参与方式、参与理念等都出现了新的可能。传统金融机构只有借势而为、加速变革，创新经营模式、盈利模式、服务模式和生存模式，才能避免被互联网金融的大潮吞没。

一、互联网金融与传统金融的异同

日新月异的金融产品，在给人们带来了实实在在的收益的同时，也对传统银行业务产生了实实在在的冲击。尽管市场上出现了种种对互联网金融的抨击，但不可否认，一场深刻的行业变革正在发生。传统银行的去中介化越来越明显，互联网金融也在不断挖掘还未被覆盖的传统金融的"边边角角"。二者相互融合，却也相互区分，在对立中寻求共存。

（一）互联网金融与传统金融的相同点

1. 在服务对象方面

参与者都有投资方、融资方。只不过在传统金融模式中，银行等传统金融机构是作为金融中介而存在的，而互联网金融则以直接融资为主，资金对接更加直接，带动了金融脱媒的步伐。但不管是传统金融还是互联网金融，参与金融活动、实现融资的实质是大同小异的，只是形式不同而已。

2. 在产品设计方面

不管是传统的信贷、金融服务产品还是互联网金融下的金融产品设计，都以满足投资者的理财需要为主要出发点，都讲求合理的定价等，基本盈利模式还是利差和服务费。可以说，互联网金融和传统金融本质上都是金融，只是盈利、运营的外在形式不同。

3. 在风险控制方面

互联网金融和传统金融都是以征信为前提、以风控为生命线。互联网金融虽然在很大程度上降低了信息不对称带来的风险，但是监管体系的不完善、征信数据的不安全等，都使互联网金融对风险的重视程度相比传统金融有增无减；传统金融虽然处理信息的能力比互联网金融平台低，但对风险的评估从未放松。可以说，传统金融与互联网金融都是以风控为生命线，都在发展各自的优势，不断改进自身的劣势。

（二）互联网金融与传统金融的区别

互联网金融与传统的银行、保险、证券行业相比，在运营模式、交易媒介、信息处理方式、产品销售方式、风控方式等方面都存在明显的差异。

1. 运营模式不同

传统金融机构的运营模式依靠传统的融资中介和支付平台的职能，互联网金融则是以间接融资的运营模式为主，同时在支付方式的多样性上有极大的创新，例如当前发展迅猛的支付宝等第三方支付平台。在信贷方面，互联网金融更注重发展小额的、零星的信贷，传统金融机构的客户以大中型居多，服务对象的不同也在某种程度上决定了互联网金融与传统金融运营模式上的不同。除了众筹融资模式、第三方支付模式、小额信贷模式，互联网金融还有互联网货币、互联网银行等众多新型运营模式，在运营模式种类的多样性上，传统金融可谓望尘莫及。

但是互联网金融新型的运营模式也向监管部门提出了新的挑战。相对于传统金融完善的监管体系，为了进一步控制互联网金融的风险，新兴的互联网运营模式有很多"雷区"不能涉足，比如P2P平台不能建立资金池、不能非法集资融资等。

2. 交易媒介不同

在传统的金融体系下，金融活动一般以传统金融机构为媒介。例如，借贷活动中的银行是媒介，其一方面吸收公众的存款，另一方面针对资金的需求方发放贷款。存款人与贷款人之间并未形成直接的借贷关系，而是以银行作为媒介开展资金活动。又如，债券或股票是以投资银行或证券交易所作为媒介来发行和承销的，虽然债券或股票的发行方与投资人构成了直接的债权债务关系，但是这一过程也是通过金融机构而发生的。

在互联网金融时代，更多的企业加入了"媒介"的行列。例如，P2P网贷平台直接作为信息中介平台，撮合了资金的出借方与借款方之间的借贷交易，成为借贷交易的"媒介"，从而在传统银行渠道之外，给投资人和借款人提供其他的选择。

不难看出，由于互联网的便捷高效，更多机构以各种方式介入金融活动，并逐渐成为新的金融媒介，在传统的银行、保险、证券、期货等金融机构以外，呈现了"泛媒介化"的趋势。

3. 信息处理方式不同

信息是金融的核心，构成金融资源配置的基础。金融部门向来对信息的获取和处理有着较高的依赖。在传统金融模式下，信息以非标准化、碎片化和静态化的形式存在，信息处理的难度非常大，通过人工处理又会降低信息处理的速度及精准度。在互联网金融模式下，资金供需双方通过网络揭示和传播信息，通过搜索引擎组织信息，再通过大数据和云计算最终形成时间连续、动态变化的信息序列，使信息处理更加有效快捷。

4. 产品销售方式不同

金融产品销售方式不同，是互联网金融与传统银行、证券、保险等金融机构的重要区别。由于交易成本等原因，传统的银行、保险、证券等机构的市场部门需要大量的业务拓展人员来获取客户资源。互联网金融利用网络技术和信息技术，信息点在互联网络中以低成本进行扩张和发散，摆脱了对熟人社会的依赖，并实现了远程交易。

以银行为例，在传统的银行业务中，借款方通常在线下与信贷员进行沟通，并提交相应的贷款申请资料，信贷员会与固定的企业进行业务沟通。而线上的 P2P 网贷机构主要的产品销售方式则是通过互联网。

5. 风控方式不同

金融机构的风控包括信用风险防范、法律风险防范等方面，核心是信用风险防范。这里所说的风控主要是从信用风险防范角度进行的比较。

传统金融机构防范信用风险，主要关注借款人或投资接受方的资产、现金流或负债历史等情况，对应的调查方式包括资信调查或尽职调查等。互联网金融的信用风险防范除了关注上述要素外，还通过大数据分析方法，将借款人或者被投资人的行为模式、消费习惯、诚信记录等纳入信用风险防范模型。

（三）互联网金融与传统金融的关系

互联网金融的健康发展应遵循金融业的基本规律和内在要求，互联网金融和传统金融不是两个对立的阵营，二者实际上是互补的关系。

首先，互联网金融的服务对象是海量、小微、低端的 80% 客户，刚好与传统金融服务的 20% 大型客户形成互补，两者服务对象的不同使得金融服务行业更加完善。

其次，互联网是从技术上优化金融服务的一种手段，互联网与金融是技术与业务的互补。互联网金融对金融的本质没有影响，只是提高了金融服务的效率和金融产品的质量，使金融业回归其服务业的本质，在交易时跳过所有中间人而直接在供需双方之间进行，回归金融"非中介化"，起到金融脱媒作用。

互联网与金融相辅相成，互联网有助于金融业创新产品、服务及低成本扩张，金融业可以拓展互联网服务功能的广度和深度，进一步提升自身的服务能力与效率，扩大服务领域与受众。互联网业与金融业的协同作用，优化了资源配置，使得金融资源良性运转。

最后，当前出现的互联网金融产品热，本质上也是阶段性的制度红利。在制度逐渐完善的过程中，互联网金融的创新为传统金融的改革提供了有益的补充。随着传统金融体系对互联网技术和思维的运用更加娴熟，金融体系治理结构得到改善，传统金融被互联网金融"冲垮""颠覆"的可能性将越来越低，二者将协同发展。

二、互联网金融与传统金融的融合

互联网金融带有明显的跨界组合色彩，随着大数据、云计算等互联网创新技术的应用和实践，互联网企业和金融企业在产品创新及用户服务和体验上均有合作的潜力与客观需求。一方面，互联网金融的兴起是基于电商平台对客户需求和客户体验给予的良好支持，互联网金融具备灵活配置金融产品和服务的能力，这种平台技术优势是传统金融渴望借鉴的。另一方面，传统金融企业具有良好的企业信誉和健全的行业法规，互联网金融无论以何种方式与传统金融相竞争，其产品或业务的本质及属性仍然属于传统金融的范畴，因此互联网金融与传统金融之间的竞争本质上是金融领域的竞争，这就意味着互联网金融企业在法律法规的约束和监管上必须向传统金融企业看齐。面对互联网技术带来的日新月异的变革与创新，互联网金融与传统金融需要发挥各自优势、合作共赢，才能为金融行业的健康及可持续发展注入动力和活力。互联网金融与传统金融间的融合主要体现在以下方面。

（一）客户服务体验上的融合

互联网金融的平台优势集中体现在用户服务的满意度上。互联网金融凭借电商平台开放、包容的客户体验，针对客户需求及时且有针对性地开发创新产品，借助平台对客户的黏性有效征集客户满意度。由于具有良好的客户服务体验，互联网金融的创新产品有了更广阔的市场。传统银行企业应加快转变服务意识，要以客户服务为中心，深入挖掘不同类型客户的金融需求，提供种类齐全的金融产品，借助互联网技术打造互联网客户服务平台，向客户提供更及时、优质的金融服务。

（二）金融服务覆盖范围的融合

实体经济的健康稳定和繁荣需要各种经济体的均衡发展和相互补充，以银行为代表的传统金融企业在贷款服务对象的选择上有非常严格的审批要求，因此，大型企业尤其是垄断型企业凭借其规模优势和高额的贷款份额成为商业银行的首选。而互联网金融的到来，为中小企业尤其是小微企业提供了门槛低、交易灵活的小额贷款，因此，无论是互联网金融还是传统金融都是服务于实体经济的。在金融服务能力和对象选择上，互联网金融具有技术优势和平台优势，而传统金融机构有着严格而完整的审批和风险防范体系。传统金融机构应当与互联网金融企业合作配合，银行等传统金融机构应该转变思维方式，发挥自身的竞争优势合作共赢，从而与互联网金融实现金融服务覆盖范围的无缝衔接。

企业案例

推进银行数据库国产化　网新恒天技术赋能金融信创

近期，浙大网新（600797）旗下子公司网新恒天与某国内领先城市商业银行合作开展的外汇牌价系统数据库国产化改造项目圆满完成。

在通过科技全球化实现数字科技加速发展的同时，大量应用在重要领域的外国软件系统，也给国家安全埋下隐患。推进国产化替代，加快实现关键领域信息技术自主可控，成为当前各行各业的焦点。

银行是国民经济的关键环节，银行服务的广泛性和关键性决定了银行数据具有体量大、重要性高的特征。随着数字化的推进，数据库早已成为银行的核心。但在当前，国内金融行业大部分仍然采购国外的 Oracle、IBM、微软等数据库，一旦涉及国家层面竞争，就有可能在关键时刻暴露安全隐患。及时响应信创国产化要求，为系统安全提前布局，实现银行 IT 资产自主可控，全面推进银行数据库的国产化改造刻不容缓。

凭借在金融业务领域的丰富项目经验和强大的软件开发能力，网新恒天形成了金融行业数据库国产化解决方案，能为客户完成对原有外汇牌价系统数据库的改造，响应国家相应要求推进数据库国产替代，获得了客户的一致好评，银行金融数据改造流程如图1-6所示。

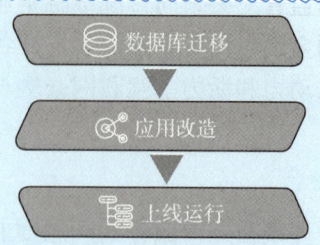

图 1-6　银行金融数据改造流程

　　在项目实施中，针对银行业务需求，项目团队先模拟测试环境搭建了一套牌价系统，并尽量与行方系统环境保持一致，以进行各项改造测试方案验证。在与客户积极沟通项目需求、解决改造中的难点、验证确认可行后，进行生产环境下的正式实施工作，成功实现系统平稳过渡。

（三）风险控制业务资源的融合

　　在"互联网+"与"大众创新、万众创业"的推动下，互联网金融发展迅猛，传统金融机构加速创新整合，已经开始形成互相融合的趋势。互联网金融作为一种共享经济，具有效率高、成本低等特点，可以把各种数据资源进行有效整合，更加强调信用，形成以移动支付为主导的模式。24 小时无时空限制、成本低、开放性和多样性等特点极大地增强了互联网金融服务和产品的可获得性。

　　金融行业无信不立，无论是传统金融还是互联网金融都离不开对金融风险的防范和管控。而信用风险是金融风险管理中最核心的内容。以银行为代表的传统金融机构早在 2006 年就凭借自身掌握的大量客户资源建立了个人征信系统，以此作为审批借贷服务的重要依据和参考。然而，商业银行过分追求利润、重大轻小的思维，使银行征信数据只注重优质、高端客户的信息采集，而对于普惠金融背景下的全民覆盖存在极大的漏洞和缺失。电商企业在主导互联网金融快速发展的同时，对于中小企业或小微企业以及个人消费类融资需求给予了积极响应和支持。然而，以 P2P 人人贷为代表的一类金融创新项目也存在金融风险评估防范的先天不足和管理缺失，因此，互联网企业需要借助电商平台的信息整合功能，利用大数据和云计算的技术优势，挖掘客户信息，帮助金融行业创新客户信用等级评价算法，补充和完善金融行业征信系统。在大数据时代背景下，商业银行应与互联网金融紧密结合，实现互利共存。

课后练习

一、选择题

　　1. 从狭义层面来看，互联网金融是指以互联网平台企业为主体，具备互联网精神，基于互联网平台，借助（　　）开展的金融业务。

　　A. 金融技术　　　　B. 移动技术　　　　C. 互联网新技术　　　D. 云计算技术

2. 中国金融行业目前进入（　　　）。

A. 萌芽期　　　　　　B. 启动期　　　　　　C. 成长期　　　　　　D. 调整期

3. 互联网金融与传统金融是（　　　）的关系。

A. 对立　　　　　　　B. 互补　　　　　　　C. 不对等　　　　　　D. 差别

4. 使用支付宝花呗会影响征信吗？（　　　）

A. 不会　　　　　　　B. 不知道　　　　　　C. 会　　　　　　　　D. 不确定

5. （　　　）是互联网金融发展的动因。

A. 金融市场不发达　　　　　　　　　　B. 政府政策推动

C. 国外金融资本进入　　　　　　　　　D. 互联网技术推动

6. 互联网金融行业于（　　　）处于启动期。

A. 2013—2015 年　　B. 2005—2012 年　　C. 1997—2004 年　　D. 2016 年至今

二、多选题

1. 基于互联网平台开展的金融业务，包括电子银行、网络证券、网络保险、第三方支付、网络理财、众筹等，它们都属于互联网金融的范畴。用户对互联网金融的主要需求有（　　　）等几个方面。

A. 支付　　　　　　　B. 融资　　　　　　　C. 风险管理　　　　　D. 投资理财

2. 互联网金融与传统金额在（　　　）方面有融合。

A. 金融技术　　　　　B. 客户服务　　　　　C. 金融服务范围　　　D. 风险防范

三、简答题

简述互联网金融与传统金融的异同。

四、实训题

背景知识

2021 年《互联网周刊》发布了"中国互联网金融 50 强"榜单，50 家企业涉及中国的互联网银行、互联网票据、互联网保险、互联网证券、互联网理财、互联网基金、互联网分期、第三方支付、P2B、P2L、众筹、大数据金融等 16 类互联网金融企业，从业态看，互联网理财发展较为迅猛。

在互联网理财领域，2013 年 6 月余额宝的诞生逐渐掀起全民理财的热潮。在此之后，"宝宝"类理财产品成为国民理财的重要选择之一。在"后余额宝"时代，互联网理财产品日渐多元。从榜单看，有例如从记账管理切入理财市场的"随手记"、从信用卡功能应用来实现个人财富的智能化管理的"51 信用卡管家"等新型理财产品。

与此同时，传统金融领域的融合已经跨越单纯渠道合作阶段，催生出各种各样新的金融产品及业务形态。众筹、第三方支付等业态也在稳步发展。此外，尽管诸如互联网银行、互联网保险、互联网票据、互联网分期和大数据金融等互联网金融业态均仅有一家企业上榜，但这些互联网新秀也在加速整个行业向垂直化、细分化方向发展。

操作演练

登录互联网金融门户、网贷之家等网站，查阅我国互联网金融发展现状，并分析互联网金融未来的发展趋势。以融 360 为例，融 360 推荐页如图 1-7 所示。

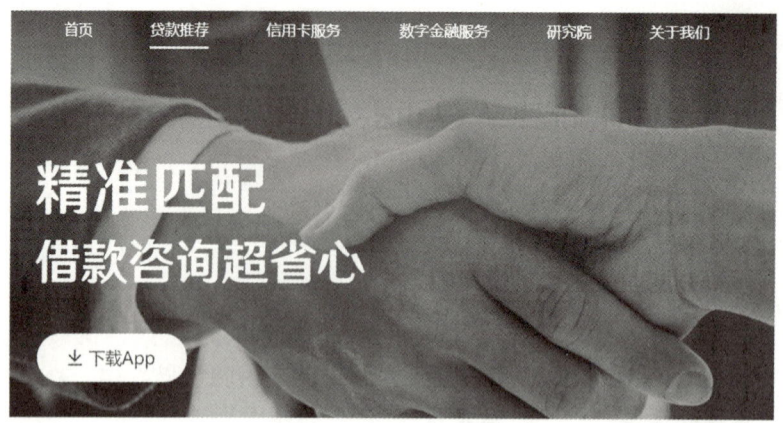

图 1-7　融 360 推荐页

1. 融 360 介绍

融 360（北京融世纪信息技术有限公司）是"互联网+金融"的典型业态，是新型的互联网金融服务公司，其利用大数据、搜索引擎等技术，让上百家银行的金融产品直观地呈现在用户面前，能够为企业、个人提供最佳融资服务，为企业和个人提供贷款、信用卡、理财等金融产品的搜索比价及申请服务，致力于为广大中小企业和个人用户免费提供最可靠、最便捷、最划算的贷款推荐。平台上的金融产品来自包括国有银行、股份制银行、外资银行、城市银行、小额贷款公司等在内的国家认可的金融机构。

2. 产品服务

登录网站，融 360 为用户提供了一个筛选用户真实情况的表单，在勾选了基本的财务状况后，用户输入贷款用途、金额、期限，即可查询到有哪些金融机构提供该种贷款以及贷款条件。此外，融 360 提供了货比三家的功能，让借贷需求和条件一目了然，用户可以根据自己的偏好，在线选择跟哪家金融机构的借贷经理联系。融 360 从商业性小额贷款、房贷、车贷等消费贷款的搜索推荐起步，快速进入信用卡领域。有申办需要的用户可以一站式搜索和比较上千张信用卡，直接填写资料，进行网上申请。

理财搜索和比价服务，使老百姓能够获取理财产品更全面的信息。互联网理财、银行理财、网贷理财等领域目前还没有专门做信息归集和查询比较的平台，融 360 的理财搜索正好弥补了这一市场空缺。

贷款用户线上提交申请，融 360 在判断其意向的真实性后，会邀请其到线下的贷款网点进行纸质资料收集，用户不用再一家一家机构地跑。贷款用户不需要另外交费，融 360 向金融机构收取一定比例的服务费。

同时，融 360 "天机"大数据风控系统通过大数据分析，会根据身份认证、还款意愿和还款能力三个维度，给申请贷款的用户进行评分，依据分值来为合作机构提供放贷建议。针对特定的细分市场，融 360 的目标是力争 5 万元以内的小额贷款最快 10 分钟审批，当天放款。除了贷款审批速度实现了突破，贷款获批率也得到了显著提升——同一类用户，用抵押物、收入流水证明等粗放式的传统风控方式申请，贷款获批率在 15% 左右，而使用大数据模型结合人工审批后，获批率可以达到 30%。

融 360 还上线了手机 App，软件内可进行搜索比价的信用卡有 1 万多张，理财产品 8 万多个，贷款产品 7 万多款，金融产品均按时间、金额、申请人职业等进行了规范，方便用户快速检索比价。个人信用若出现不良记录会直接影响贷款的审批，甚至会影响就业、出国等多个方面。针对这一问题，App 新增了个人信用查询功能，后续还将陆续增加各类商业征信的一站式查询服务，让用户能够方便地了解自己的信用状况。

3. 商业模式

融 360 的商业模式是"搜索+匹配+推荐"。例如，用户想借 5 万元装修房子，可以在网站上输入贷款用途、金额、期限及个人信息，系统自动在数据库中搜索、配对，找到不同金融机构的产品，输出一份相应的银行及其他信贷机构的列表。这张列表上呈现了银行名称、信贷产品、利率、总利息、月供、放款时间和贷款总额等信息。用户进行比较后，可以在线填写申请材料，申请一家或几家银行的贷款。申请完成后，相关银行的信贷经理会与申请人进行电话联系，确认信息，之后就可以去分行或支行申请贷款。融 360 对用户免费，其盈利主要通过以下四种渠道。

（1）向金融机构推荐贷款客户，并收取推荐费。这一部分盈利来源需要平台的细致匹配来支持。

（2）撮合交易。在用户申请贷款的过程中，融 360 帮助用户完成整个贷款流程。贷款获批后，融 360 收取贷款额的一定比例作为佣金。

（3）金融机构投往该网站的广告费。广告收益需要依托海量流量产生，但广告收益并不是融 360 的收入重点。

（4）一站式服务费。融 360 为金融机构提供风险管理，风险管理的服务费占融 360 盈利越来越大的份额。

实训内容

请登录并浏览融 360 网站，体验融 360 的运作模式。

第二章
互联网证券市场

🎯 学习目标

1. 互联网证券的相关概念
2. 互联网证券不同券商的类型
3. 互联网证券风险特点

✒️ 能力目标

1. 掌握互联网证券电子平台的使用
2. 能够对不同端口证券平台进行分析与比较

情景导入

中信证券股份有限公司

中信证券股份有限公司（以下简称"中信证券"）成立于1995年，是中国证监会核准的第一批综合类证券公司之一，是中国第一家A+H股上市的证券公司。2014年中信证券获批开展互联网证券业务，成为首批试点单位。截至目前，中信证券拥有员工超16 000人，境内分支机构超过400家。

数据显示，2021年上半年，中信证券营业收入主要包括经纪业务、资产管理、证券投资、证券承销、其他业务五大部分。其中，证券投资业务收入最高，为97.7亿元人民币，其次为其他业务和经纪业务，收入分别为97.3亿元人民币和92.5亿元人民币。在互联网布局上，中信证券拥有中信证券、中信期货等App，中信证券财富管理、中信证券研究等微信公众号，以及中信证券投顾等微博账号及抖音账号。2021年中信证券互联网业务媒体矩阵如图2-1所示。

数据显示，2021年三季度，中信证券实现营业收入578.1亿元，手续费及佣金收入（包括经济业务、投行业务和资管业务的手续费净收入）为256.0亿元，投资收益

159.3 亿元，营业支出 339.3 亿元，营业利润 238.8 亿元，利润总额 238.4 亿元，归属于母公司股东的净利润为 176.5 亿元。

管理体系

中信证券以践行国家战略、服务实体经济、为社会创造更大价值为己任，以成为全球客户最为信赖的国内领先、国际一流的中国投资银行为愿景，从客户服务、员工发展、环境友好及社区义务等方面，积极履行企业社会责任。

精准扶贫

中信证券建立各负其责、各司其职的责任体系和上下联动、统一协调的扶贫工作协同体系，成立扶贫专项工作小组，综合运用公司多种资源，形成帮扶体系，强化责任担当，践行国家脱贫攻坚战略。

社区投资

中信证券的生存与发展有赖于国家政策、市场环境和社会各界支持，只有得之社会、回报社会才能实现和谐共生、持续发展。公司力求成为优秀的企业公民，通过捐资助学、济贫帮困、关注弱势群体、投身环保公益等方式，热心支持社会公益事业。

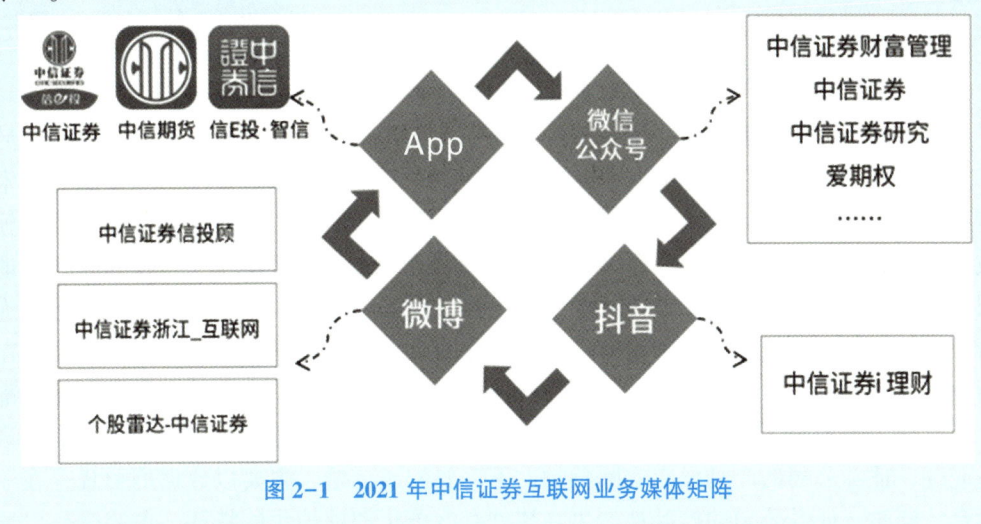

图 2-1 2021 年中信证券互联网业务媒体矩阵

互联网证券指证券企业以互联网技术为核心手段，重新构造传统证券产品以及优化证券服务流程。按业务载体划分，互联网证券可分为网页端互联网证券和移动端互联网证券两大类型。网页端互联网证券通过 Web 形式向用户提供互联网证券业务产品。移动端互联网证券通过 WAP、App、小程序等形式向用户提供证券交易产品与服务。在移动互联网蓬勃发展以及用户社交形式趋向移动端的大背景下，移动端互联网证券的用户渗透率较高，成为互联网证券平台的主流获客平台。由于平台服务内容与运营模式不同，中国互联网证券行业盈利模式具有多元化特点。

第一节　互联网证券市场概述

自21世纪以来，互联网技术在世界各领域得到快速发展和普及，人类生活的各方面都与网络发生了亲密的"结合"。互联网技术的发展在改变了信息处理方式的同时，也给传统的金融证券行业带来了许多挑战和机遇。

一、互联网证券市场的内涵及发展条件

互联网证券是指通过互联网方式来进行证券交易等相关活动。从狭义上理解，它包括网上开户、网上交易、网上资金收付、网上销户四个环节，也被称为网上证券交易。从广义上理解，互联网证券是指通过互联网技术搭建平台，为投资者提供一套贯穿研究、交易、风险控制、账户管理等投资环节的服务方案，帮助投资者提高交易频率和效率，扩大交易品种，降低进入多品种交易及策略投资的门槛，实现低成本、跨时点、跨区域投资。

互联网证券产生的条件主要有以下几个方面。

（一）互联网的发展与渗透

在互联网环境优化和终端技术进步的推动下，互联网的渗透率不断提升，成为生活的一部分。同时，移动互联网的崛起，LBS（手机定位）技术、移动支付、二维码等技术的应用，大大提高了用户的便利性，越来越多的用户开始由线下转移至线上。信息技术独特的技术平台和底层架构赋予了互联网强大的连接功能，这种连接摆脱了传统的时间、地点的限制，并且有着覆盖范围广、传输效率高、时效性强等特点，相对传统行业的信息连接有着极大的优势。慢慢地，这种具有极强连接性的互联网技术开始影响到各个行业，在各个行业之间开始相互渗透和交叉，原来的产业界限也日益模糊，新产品和新服务往往都是多个产业融合的结果。这又逐渐引发了一场新的产业革命。而金融业对这种融合有着天然的适应性，证券公司的产品没有实际货物，不需要配送运输，主要以数据的形式存在于系统后台。同时，证券公司的产品从产生之初就有电子化和虚拟化的特征，也完全可以通过远程实现，这使互联网技术可以很好地应用到证券公司的产品上，利用互联网技术可以有效提升证券市场的效率。

📖 企业案例

网上路演是网上信息披露的延续和深化。路演是被广泛采用的证券发行推广方式，是证券发行者在一级市场上发行证券前针对机构投资者的推介活动，内容包括公司产品、业绩、募股投向、公司发展方向等，目的是向潜在投资者充分阐述拟发行股票公司的投资价值。

1999年8月24日，中国网上路演翻开"第一页"，《证券时报》网络版策划推出了为时2小时的"清华紫光新股发行网上路演"。这一全新模式一经推出，立即引起广大投资者、上市公司、券商等关注。

随着网上路演被越来越多的上市公司运用，网上路演引起了市场各方和监管部门的关注。2001 年 1 月中国证监会发布了《关于新股发行公司通过互联网进行公司推介的通知》，正式规定新股发行前必须进行网上路演。上证所网上路演样例如表 2-1 所示。

表 2-1　上证所网上路演样例

阶段	时间	事项	说明
路演前	14：30—15：00	现场辅导	项目负责人介绍路演流程及现场注意事项
	15：00—15：20	路演嘉宾拍摄	照片拍摄
			照片同步上传网站
	15：20—15：30	直播倒计时准备	致辞嘉宾到主席台就座
			其他嘉宾按照座牌顺序就座
			工作人员完成话筒音量调节和相关技术调节
	15：00—15：30	现场参会人员入场	进场相关要求说明
			名单（身份证件）核对
现场交流	15：30—15：40	公司概况及嘉宾介绍	根据现场负责人提示，直播正式开始
			主持人介绍公司概况、业绩推介信息、风险提示
			各位嘉宾介绍
	15：40—15：50	公司领导致辞	嘉宾致辞，进行相关说明
	15：50—16：30	回答现场提问	需注意时间控制
	16：30—16：40	回答公司事前征集的问题	主持人代提问，若无可延长现场回答时间
网上互动	16：40—16：45	网上互动交流倒计时准备	各嘉宾分散就座
			现场投资者有序离场
			录入员入场，帮助嘉宾熟悉路演页面及程序
	16：45—17：25	网上互动交流	公司把握回答尺度
			嘉宾可互相代答
结束	17：25—17：30	宣布路演圆满结束	公司领导答谢
			主持人宣布本次路演活动圆满结束

（二）电子商务的发展

电子商务在我国发展得如火如荼，如今电商平台及垂直行业电商都已经非常普及，这使得在互联网上进行选购和支付成为用户易于接受的事情，而互联网化证券产品类似于电商产品，在这一过程中也逐步为客户所接受。另外，一些大的电商在稳步推进传统电子商务的同时，开始逐步涉足互联网金融，包括互联网证券，这倒逼证券公司互联网化，以应对互联网企业涉足证券行业的竞争。

（三）政策的支持

随着我国金融体制改革的进一步深化，一系列规范、鼓励互联网证券的政策密集出台。2015年3月5日，第十二届全国人民代表大会第三次会议提出"互联网+"行动计划。在这次政府工作报告中，"互联网金融"作为新业态，由国家层面将其定义为"大力调整产业结构"的新动力。

我国先后颁布了《关于证券公司开展网上开户业务的建议》《国务院关于进一步促进资本市场健康发展的若干意见》等文件，紧接着在2015年出台对证券业互联网化的重要制度，即取消证券账户"一人一户"，该制度的推出为网络券商的发展提供了政策保障。另外，国家证券的监管方式也发生了许多变化：监管层一方面放松事前审批制，另一方面加强事中、事后的监督和控制。这些管理方式的转变为互联网证券发展提供了政策便利，同时又为其健康发展提供了制度保障。网络券商的发展受到各界极大的关注。

2021年年初，银保监会工作会议提出，要切实加强对互联网平台金融活动监管，依法将金融活动全面纳入监管，对同类业务、同类主体一视同仁，并加强对银行保险机构与互联网平台合作开展的金融活动的监管。

（四）宏观经济方面

2021年我国互联网行业增长势头强劲，新型基础设施建设成效显著，关键核心技术不断创新，信息技术融合应用加速落地，网络安全保障能力持续提升，国际交流合作不断拓展，网络治理体系建设获得丰硕成果。具体来看，2021我国互联网行业呈现以下几个发展特征。

一是以网络强国战略思想为指引，基础设施迈上新台阶。截至2021年年底，我国累计建成并开通5G基站142.5万个，建成全球最大5G网络；我国IPv6地址资源总量位居全球第一；算力规模排名全球第二。

二是以科技自立自强为引领，技术领域取得新进展。2021年，人工智能、云计算、大数据、区块链、量子信息等新兴技术跻身全球第一梯队；我国信息领域PCT国际专利申请数量超过3万件，全球占比超过三分之一。

三是以人民为中心的思想为指导，融合应用赋能新发展。2021年，我国"5G+工业互联网"在建项目超过1 800个，覆盖钢铁、电力等20多个国民经济重点行业；我国数字经济规模增至45.5万亿元，总量稳居世界第二；我国电子政务在线服务指数全球排名提升至第9位。

四是以维护国家网络空间安全为抓手，网络安全迎来新机遇。2021年，我国网络安全产业总体稳中向好，网络安全服务市场快速拓展，产业规模约为2 002.5亿元，增速约为15.8%。

五是以创造互信共治的数字世界为动力，网络治理取得新成效。

六是以构建网络空间命运共同体为共识，国际合作开创新局面。

中国证券App用户规模增长迅速，从2015年的4 000万人增长至2021年的1.5亿人，在六年时间里增加了 2.8 倍，平均增速为 46.7%。2021 年中国证券 App 用户同比增长 15.4%。相关专业分析师认为，由于中国证券市场不断成熟以及投资者数量持续增多，中国证券 App 用户规模仍将保持较快增长，预计 2023 年将突破 2 亿人。

二、互联网证券市场的特点

近些年，证券公司开始与互联网进行结合，拓展了许多业务，诸如网上开户、网上商城售卖金融产品、与电商联合拓展业务等。证券公司和互联网企业顺应金融生态的发展趋势，发挥自身的优势，更主动地探索开拓互联网证券的发展路径。互联网证券发展形式各样，总体呈现以下几个特点。

（一）即时性

电脑客户端软件的出现使得即时性成为可能，而移动设备及移动互联网的发展使得即时性逐渐成为互联网证券的最大优势。当前，用户通过各种软件或者移动设备，可以随时随地办理转账、证券交易、产品购买等各种业务。此外，如今的各种软件及客户端还有信息整合及推送功能，让用户省去整合信息的时间，在最短的时间内获得所需信息。

（二）移动化

随着智能手机和移动互联网络的发展，移动互联网金融也获得了快速发展，同时有了更多产业生态类型。目前，支付宝和财付通等第三方支付平台的业务都在逐渐往移动端转移。支付宝交易中，移动支付的比例占总体交易的比例已经超过 50%，超过 4 500 万笔。而其中某些细分业务，如转账，已经有 97% 的支付宝用户通过移动端来进行操作。互联网金融的移动化带动了证券产品的移动互联网化，各大券商纷纷推出手机客户端。而 5G 等移动互联网技术的不断发展使得通过移动互联网办理证券业务越来越有吸引力，未来将很难想象人们还需要通过营业网点购买证券产品。而更多的证券业务，如证券开户、证券交易等都可以通过智能手机及其他移动设备随时随地实现。

（三）低成本

2007 年以后，中国证券业的交易佣金率一直稳步下降，证券行业的佣金在逐步降低。佣金自由化本身就是金融自由化的一部分，互联网券商的出现，则加速了这一过程。我国券商行业整体佣金率水平因网络开户降至新低。目前华泰证券、国泰君安、海通证券等大型券商已经通过自有网络平台开通网上开户，网上开户的佣金率为 0.03%；国金证券也与腾讯合作，开放了网上开户业务，推出"佣金宝"，佣金率为 0.025%，基本上已经达到网上开户的成本线。而在未来，网上开户将一步普及，而营业部也会往轻型营业部发展，进一步降低成本，券商佣金率还有继续下降的可能。

第二节　互联网证券市场的分类

网上证券根据互联网与证券业者主导权的不同可分为三种：互联网主导型、均衡型、证券主导型。

互联网主导型网上证券是指主导权掌握在互联网公司手中的一种互联网与证券业之间

的合作业态。这种类型的网上证券可以充分调动互联网公司的资源，不仅体现在互联网公司引以为傲的庞大用户量、先进的技术水平上，更体现在其基于创新的服务理念方面，使其拥有更广阔的创新空间。但这种网上证券又受到互联网公司的金融实力相对较弱的限制。

背景资料

2022年财通证券在相关投资者关系平台答复，公司与蚂蚁的合作主要涉及金融科技、财富管理、证券服务等方面。一是金融科技方面，在大数据应用、区块链技术、人工智能、阿里云等方面合作均在推动过程中。二是财富管理方面，公司基金投顾、财通基金、财通资管的优秀产品和服务均已对接蚂蚁财富平台，部分产品已进入蚂蚁优选，并通过蚂蚁财富平台进行销售；同时财通证券财富号、财通基金财富号、财通资管财富号等均已在蚂蚁财富平台上线。三是证券服务方面，公司发挥自身在证券投顾业务领域的专业优势，与蚂蚁财富平台进行紧密的合作，目前已在支付宝平台上线指数信号等服务，并持续进行内容创新。

均衡型网上证券是指在该合作模式中，互联网公司和券商的实力对等，主导权也相对均等。其优势在于可以最大限度地融合、共享证券公司与互联网公司的资源，但这种模式却在实际开展中有较大难度，主要原因在于使这种模式的优势得以发挥的前提是双方管理层的高度信任，否则将会产生事倍功半的效果。

证券主导型网上证券是指合作主导权在证券公司手里的网上证券。目前绝大多数网上证券合作均属于这种模式，这种模式可以最大化发挥证券公司在行业内所拥有的专业优势，保证证券公司在战略定位以及业务开展上的绝对主导地位，但这种模式的不足也由此体现：二者的合作程度停留在较浅的层面，合作期限较短。

一、网上证券运营模式

网上证券的运营模式可以分为三类：开户导向模式、网上商城模式以及O2O模式。

（一）开户导向模式

开户导向模式是比较简单的一种证券互联网化运营模式。对于有开户或转户需求的用户，证券公司以收取更优惠的佣金的方式，利用互联网提供开户平台，使用户可以在网上享受所需服务。

开户导向模式的优势有两点。一是可以短时间扩大用户规模。大部分用户所使用的是证券公司提供的股票交易服务，因此证券公司以牺牲佣金的方式可以吸引更多用户，利用网上平台开户，在短时间内积累更大的用户量。二是手续简单。开户导向模式承袭了金融互联网化可以简化服务手续这一重要优点，方便用户使用，被视为证券互联网化的重要一步。

开户导向模式的劣势有两种。一是创新力度不够。开户导向模式仅仅简化了开户手续，并未对业务种类进行扩增及对传统服务理念进行革新，创新性较小。二是妨碍行业的长远发展。从长远来看，打佣金的价格战并不利于整个证券行业的发展，不仅会大大削弱企业的创新意识，降低市场的创新活力，还在一定程度上扰乱了市场秩序，不利于金融市场的稳定发展。

（二）网上商城模式

网上商城模式是指证券公司通过与互联网公司进行合作，在原有官网的基础上添加网上商城，并在该商城提供金融产品、金融服务，甚至一些软件产品，用户可以通过该商城进行购买的一种运营模式。

网上商城模式的优势主要在于可以在短时间内让用户了解证券公司的最新业务动态。证券公司开展零售业务的传统渠道是线下网点，但线下传播效率低，产品的透明度又不高，导致客户不能全面深入地了解券商提供的所有业务。网上商城的出现使用户能在最短时间内了解证券公司所提供的所有产品、业务，并且网上商城是嫁接在证券公司原本的官网之上的，方便用户使用。

网上商城模式的劣势主要有两方面。一是开发成本高。一般来说，由于技术方面的限制，证券公司开发网上商城平台往往需要借助互联网公司的专业技术。目前，国内金融机构的信息技术开发被有限的几家技术公司垄断，这种形式提高了研发成本，使得部分实力较弱的证券公司望而却步。二是产品种类少。不仅证券公司自身的产品种类有限，而且由于证券公司所持有的用户量不足，因此来自网上商城输出方的需求力度不够。这两方面或直接或间接地使证券公司在丰富金融产品的道路上还任重道远。

（三）O2O模式

O2O模式是一种以线上标准化的投资需求对接已满足的线下非标准化融资需求的较高级的网上证券合作业态。这种模式融合了互联网公司、证券公司两者的优势，是一种较好的互联网与证券相结合的方式。

为保证O2O模式能够发挥证券公司的优势（资本实力雄厚、线下网点丰富、良好的客户经理与客户的信任关系），证券公司应做到以下三点：一是在与互联网公司的合作中，以营销推广为主，尽量避免由于利益分配不均而导致合作时间受限的问题，充分利用互联网的优势扩大用户规模，并积极推动深度合作，实现更多功能的后台对接。二是建立充足的线下网点，使传统金融业的用户能更好地接受这一模式。三是加强对现有用户的宣传、引导力度，逐步将网络渠道推广开来。

二、国外证券市场券商模式

由于各国文化、制度和发展进程不同，各国证券市场券商模式也有所差异。海外网络券商可以概括为以下三种模式。

（一）美国模式

基于各券商的经营定位、服务目标，国外的大多数专家和学者将美国的网络券商分为三种经营模式：美林模式、嘉信模式、E-Trade模式等。下面就这三种主要模式进行简单分析。

（1）美林模式。这是指全能服务经纪商的运营模式，券商会向其客户提供专业的投资建议、交易策略及投资顾问等全方位服务，因此其证券电子商务经营首先侧重于服务深度和广度创造的价值，其次才考虑客户对交易佣金的敏感性。美林证券是美国全能型服务投资顾问模式的代表，为全球最大的经纪商，以零售业务起家，兼具机构业务，主要定位为高端客户。

（2）嘉信模式。这介于 E-Trade 和美林两者模式之间，以 O2O 互动体验方式展开线上线下经营，采用网上交易、电话交易及店面交易等混合方式，以技术创新来降低交易成本，在不牺牲服务质量的前提下，达到降低服务价格的目的。成立于 1971 年的嘉信理财，当时为美国市值第三大券商。在 1975 年美国佣金自由化后，初期定位为中小客户，慢慢地为大客户、机构客户服务。经历了从纯粹折扣佣金经纪商到基金超市，发展到线上证券交易经纪商，再到提供全面理财咨询服务产品，成为一家线上线下相结合的综合性财富管理券商。嘉信理财实施低佣金折扣、综合财富管理平台、资本中介三大业务战略，在推出网络经纪业务后，资管业务逐步成为嘉信的主要收入来源。美国嘉信理财公司介绍如图2-2 所示。

图 2-2　美国嘉信理财公司介绍

（二）日本模式

与美国券商"实体+网络"即线上、线下 O2O 的混合经营模式不同，日本券商在"互联网+"的进程中涌现出一大批专业的"纯网络"证券公司，它们成为现今日本证券市场的主流。

从 1999 年 10 月开始，日本的网络证券的经纪业务佣金率实行开放，实施完全的自由化竞争政策。经过十余年的发展，目前个人投资者股票交易中，网络交易达到了 90%。日本的六大网络券商（SBI 证券、Monex 证券、乐天证券、松井证券、Kabu.com 证券、GMO CLICK 证券）占据了八成的市场股票交易份额。在网络券商的发展过程中，涌现出较为典型的三种模式：全能型 SBI 模式、技术 Monex 模式、电商收购型的乐天模式。

（1）全能型 SBI 模式。成立于 1999 年的 SBI 控股集团，前身是做风投起家的软银投资。作为日本起步较早的网络证券，SBI 通过网络证券成功进入网络银行业务、保险业务等其他金融领域。目前旗下有 200 多家公司，包括金融服务、资产管理服务、生物科技三大中心。其有三个特点：第一，全能金融服务。证券、银行、保险为三大支柱，形成了一站式金融服务，构建成"金融生态体系"。第二，国际化战略特点。在全球 20 多个国家开展业务，拥有客户 1 794 万，并在日韩两地上市。第三，注重线下网点设置和扩张。除了线上销售，线下同时增强客户体验，线下网点数远超同行竞争者。

（2）技术 Monex 模式。Monex 成立于 1999 年，由松本大创立。Monex 通过投入在系统开发以及解决网络稳定与安全的性能，奠定了在网络证券技术领域的优势。其特点在于：第一，不断扩大自己的交易功能和交易品种。第二，不断改善客户的交易体验。第三，通过并购和海外扩张，成为一家面向个人投资者的国际性网络综合金融集团。

（3）电商乐天模式。乐天集团是日本最大的电商平台，2003 年通过收购 DLJdirect SFG 证券，成立了乐天证券。从 2005 年至今，新增开户人群中，乐天会员占比长期超过 50%，通过电商平台向乐天证券导流的效果尤为明显。发展至今，乐天已经成为日本的第二大网络券商。该模式的特点是利用会员制数据基础和各业务之间的协同作用，通过乐天集团的"积分"导流，打通电子商务和互联网金融各领域，产生协同效应。近十年间，乐天证券营业收入不断增加，互联网金融业务和电子商务业务比例相对稳定，网络证券收入超过总营业收入的 30%，成为乐天集团重要的利润来源。乐天证券网页如图 2-3 所示。

图 2-3　乐天证券网页

（三）韩国模式

与美国、日本等国的网络券商发展模式相比，目前大部分国家的网络券商普遍是传统券商营业部从线下往线上转型发展而来，而韩国则被认为是在亚洲地区最先开展网上交易服务的国家。

韩国证券市场以个人投资者为主，更类似我国的证券市场情况。韩国网络券商主要从传统券商发展而来，其中主要的创新有以下两种模式：技术 Kiwoom 模式和全能三星模式。

（1）技术 Kiwoom 模式：由 IT 公司转型为通道类网络券商，特点是超低佣金策略、定位年轻网民、布局移动端。该模式代表是 Kiwoom 公司。成立于 2000 年年初的 Kiwoom，本来是一家软件公司，它将 20～40 岁的年轻互联网客户定位为目标客户，采用超低佣金策略（0.015% 的佣金率水平），经过短短五年的发展，从 2005 年 1 月就变为韩国经纪业务市场份额第一的大型通道类券商，随后十年持续保持领先地位。有 IT 技术背景的大股东使 Kiwoom 对科技发展具备强烈的感知力，在预判到移动端将接替 PC 端成为互联网主力渠道这一趋势后，调整战术迅速拿下移动交易市场 30% 的份额，成功位居细分市场首位。

（2）全能型三星模式：主攻高端财富管理市场，为高净值客户提供金融解决方案。刚成立两年时间，三星证券就与三星鹏泰公司进行合作，建设韩国金融证券业最大的证券信息化系统，目前代理买卖业务的网上交易量已超过 80%。三星证券不以低佣金作为吸引客户的主要手段，佣金率达到 0.15%，是所有韩国券商中平均佣金率最高的券商。目标主攻高净值高端人群，其高净值客户资产占比达 85%，客户资产名列行业第一。因此，三星一手打造了自己的 POP（Platform of Private-Banking，私人银行平台）品牌，在韩国核心城市区域打造"SNI"私人银行和会所，为高净值客户提供一站式金融综合服务方案。三星证券网页如图 2-4 所示。

交易所编码	基金	交易货币#	香港交易所价格1	估计每单位资产净值*	交易股份数目	最新基金月刊
ETF						
3132	三星彭博环球半导体ETF	港元	12.3100	12.4333	100	浏览
2814	三星NYSE FANG+ ETF	港元	15.9600	16.1344	200	浏览
9814	三星NYSE FANG+ ETF	美元	2.0400	2.0554	200	浏览
3187	三星亚太高息房地产信托(新西兰除外)ETF	港元	19.8700	19.8691	200	浏览
9187	三星亚太高息房地产信托(新西兰除外)ETF	美元	2.5320	2.5311	200	浏览
2812	三星中证中国龙网 ETF	港元	10.1000	10.2266	200	浏览
9812	三星中证中国龙网 ETF	美元	1.2920	1.3028	200	浏览

图 2-4　三星证券网页

三、国内网络券商发展模式分析

（一）全能型模式分析

从传统券商转型发展而来，以海通证券、国泰君安等为主要代表。通过集团作战，在互联网金融领域形成相应的子公司，搭建 O2O 平台进行混合经营。

 案例分析

国泰君安证券——全品类的财富管理

国泰君安是传统的大型券商，拥有全市场资产配置能力，可以实现全品类的财富管理。目前，其在互联网业务布局加快了步骤，力图通过线上、线下经营成为全能型的互联网券商。国泰君安主要通过以下五种方式进行转型。

（1）自建电子商城金融超市：国泰君安自建君弘金融商城，与银行、基金、期货等公司合作，打造一站式的"金融超市"，即一个账号登录即可实现股票、期货、基金等一站式理财操作，将产品快速推广到用户手中；提供私人定制，微融资服务解决客户的资金短期周转问题；同时配备了综合性服务功能，如购物、水电气等费用缴纳，提高服务和用户流量。但由于商城开发成本过高，传统券商缺乏专业的互联网思维，流量和服务存在问题。

（2）定制移动客户端App：在移动客户端方面，开发君弘一户通、易阳指，定制专业App软件锁定移动客户端。有效挖掘移动客户的需求，实施交互服务，有效扩大客户群规模。但由于传统的券商技术薄弱，券商定制的App软件在用户体验和性能等各方面与互联网公司、第三方信息服务商提供的服务相差较远。

（3）传统嵌入电商平台（即开旗舰店）：借助大型B2C电商平台（淘宝）拓展互联网券商业务，打造网上旗舰店，销售理财产品、投资咨询顾问服务等，同时根据客户的体验及时调整产品和服务满意度，注重企业品牌形象和评价。

（4）开户引流模式：与互联网平台型公司达成合作协议，双方以利益共享为目的达到双赢。互联网公司提供流量，券商利用低佣金率策略提供网上开户服务，双方利用自己的优势和特点共同引来资金和流量。

（5）线下构建新型营业部：公司广设新型营业部，2014年设立的营业部全部转型为创新型微型营业部，配合线上业务提供O2O服务。

（二）券商平台模式分析

以中小券商华泰证券、中山证券为代表，通过低折扣佣金，借助互联网技术，增强客户体验，建立金融产品综合服务生态体系进行变现，从而实现转型和成长。

 案例分析

华泰证券——低折扣券商

华泰证券在互联网变革的背景下，积极寻找突变。2014年，通过低佣金折扣策略快速转型，成功跃居经纪业务市场份额第一，而两融业务市场份额跃居第二。

第一，以低佣金折扣策略，吸引客户开户。在经纪业务方面，公司主动求变，进行了弯道超车，以低佣金策略在网络上进行引流，获得客户数快速增长，同比增长30.97%；佣金率下降为0.047%，同比下降20.74%。该策略带来的结果是，市场份额增至6.63%，同比增长11.55%，跃居市场份额第一。

第二，依靠获得的客户实现其他业务变现。在经纪业务引入客户后，两融业务获得爆发式增长，通过两融业务实现了第一步变现。2014年，华泰证券的资本中介业务总规模同比增长254.75%。两融市场份额只次于中信证券。

第三，互联网金融布局，建立综合产品生态体系。建立"涨乐网"电商平台，网上开户业务，与互联网企业腾讯等深度合作，在移动端进行积极布局，通过增值服务，增强客户黏性，建立综合产品体系，通过资产管理服务等方式实现变现。

（三）技术转券商模式分析

以资讯服务、金融数据服务、手机信息、金融平台等在积累了大量用户和流量后，转型升级向互联网证券进行全面渗透，通过并购或收购传统券商获得牌照，将流量向证券公司变现发展。国内以东方财富收购同信证券为典型代表。

 **案例分析**

东方财富——建立人与财富的生态圈

作为证券业的前端资讯服务商，东方财富网是垂直网站业内客户数最大的一家财经资讯公司，具有极大的财经垂直流量价值，日均覆盖人数千万。其目前已通过四步从资讯服务商转型为网络券商。

第一，建立天天基金网，基金销售业绩快速增长。随着资本市场的发展，搭建的天天基金销售平台，业绩呈爆发式增长，实现基金销售 2 298 亿元，收入占比达到 61%。

第二，收购同信证券获得券商牌照，进行流量变现。获得券商牌照，将大量的原有流量导入，在网络上成为全新的零售经纪业务券商。

第三，重点发展移动 App 社交型社区。升级东方财富 App 进行更大流量引流，在资讯和股吧的基础上建立新的投资者社交平台，增强客户黏性。

第四，搭建资产管理平台，形成流量的另外一个变现点，进一步构建业务生态圈。目前，东方财富成立财富管理子公司，在升级版的东方财富社交网站的基础上建立资管产品为主的财富管理平台。

（四）技术转平台模式分析

以同花顺为代表，其通过打造与各券商合作的大平台，以其股票交易资讯软件吸引流量，将其流量转化为各合作方的业务，发展以平台为基础的互联网金融服务体系，双方实现共赢。

 **案例分析**

同花顺——互联网券商导流平台

同花顺构建了与所有券商合作的导流平台，构建开放式的生态合作系统，打造经纪业务、资管产品、投资咨询、配资融资的生态系统，未来拥有非常广阔的市场空间。其具有以下特点：首先，移动端流量优势明显。提供资讯服务、数据分析、股民互动社区，提供免费软件下载，开通特色服务，与专家沟通搭建平台。其次，与各券商合作，合作导流效应显著。如与传统券商财通证券合作，开展 O2O 模式。利用自身巨大的客户资源、大数据处理能力充分引流，双方开展线上、线下的合作，使广大投资者得到一站式、多方位的综合金融服务，共同探索合作分成模式。最后，技术优势明显，未来在大数据领域市场上前景明朗。作为上市公司的同花顺拥有前端资讯到后端交易系统的全产业链，未来可以依靠大数据进行人工智能投资探索数据变现的方式。

课外拓展

未来网络券商形式：电商收购型模式分析

目前国内还没有相应的代表形成，但是未来以阿里巴巴、腾讯为代表的互联网巨头是否收购国内一家券商进入该领域成为如日本乐天证券的模式，还要拭目以待。传统券商服务对象主要为专业机构和专业人员，互联网公司则要提供普惠证券金融服务。虽然目前更多的合作以平台来支持服务所有券商，但已开始进行相应的布局。如阿里巴巴收购香港中瑞证券，正式成立蚂蚁金服集团；腾讯入股富途证券，开展与传统券商的合作，掌握客户和流量资源等。一旦国内政策允许，通过收购或其他手段成为真正的网络券商指日可待。

 案例分析

阿里巴巴、腾讯——未来的纯电商证券公司

乐天证券模式给中国互联网公司最大的启发就是，电商巨头凭借自己的网络电商客户基础进入互联网证券行业，以网络为媒介通道为客户提供电子商务金融增值服务，从而使自己的生态系统得到完善和巩固，用户黏性更加增强，从单位客户身上获得的收入相应增加。目前中国的电商巨头阿里巴巴和社交巨头腾讯等都已具备了大量的客户基础，因此其发展方向为通过不断地增加服务品类，从而建全自己的生态系统。

目前，阿里巴巴集团拥有多张金融牌照，通过支付宝、阿里小贷、网商银行等在互联网金融领域进行尝试，成立的蚂蚁金服集团开发一站式的理财 App 蚂蚁聚宝涉及多种理财产品和服务资讯；腾讯集团利用在移动社交领域的强大客户基础，快速布局互联网金融移动端，不断完善自身的生态系统。成立微众银行、发起设立众安保险，入股香港富途证券；微信的支付功能不断完善，自主研发"自选股"App，提供精编股票资讯，全球股票实时行情；上线企业 QQ 证券理财服务平台，提供一站式证券理财服务；与国金证券进行了战略合作开发佣金宝。百度、乐视等也纷纷在互联网金融方面进行布局。普惠金融的缺失，使得腾讯、阿里等互联网企业在互联网金融背景领域有了创新的机会和动力。在"用户体验、社区化、精准推荐"三方面的变革和创新中，互联网公司凭借大数据优势，让普通客户能及时掌握选股资讯。潜在的市场力量将让中国的互联网巨头在金融改革的过程中打造出属于自身的生态系统。根据以往日本的互联网证券发展经验，互联网巨头往往会采取并购一家中小型金融机构的策略，快速达到进入市场的目的。因此我们可以进一步做出猜测：作为中国互联网巨头的民营企业，未来在政策允许的前提下，将获得一席之地。

第三节　互联网证券市场发展带来的影响

一、对金融行业带来的影响

互联网金融的发展给金融行业的业态带来了许多变化，主要体现在以下两个方面。

1. 缓解信息不对称

金融的主要作用是将资金的需求与供给对接到一起，而形成有效对接的关键是信息。当前信息对接过程中经常存在信息不完整和信息不对称的现象，甚至事实与公开信息不一致的，使得需求与供给的匹配困难，或者需要高昂的成本，长远来看，这将极大地影响金融的发展。而互联网有利于打破信息壁垒，促进信息自由流动，从而打破信息不对称，这就对传统依靠信息不对称存在的商业模式形成挑战。对于金融服务的提供方来说，随着互联网技术的突飞猛进，个人消费活动、兴趣爱好甚至企业生产经营等都被有效地记录下来。数据的积累和分析，有助于企业更好地为用户提供个性化的服务，也有利于用户进行风险识别、判断、评估和管理。而对于个人用户来说，信息的自由流动使得用户可以在获得足够的信息之后选择最合适的金融产品，大大减少由于信息不对称造成的决策失误。

2. 去中心化发展

去中心化是互联网金融的一个明显的趋势。在传统金融业态中，银行是投资者者与融资者在有相关需求时第一个对接的机构，因此银行在传统金融业态中具有中心化特征，这也使得投融资渠道相对单一。而在互联网金融时代，银行不再是人们进行投融资的唯一选择，各种电子商务平台，非传统的金融服务机构，P2P、众筹等模式的出现，使得投融资渠道大大扩展，开始呈现百花齐放的业态。在互联网技术的帮助和互联网运营的支持下，金融不断进行跨界联动。金融业的特性和互联网的渠道、载体深入结合后，新的业务模式不断出现，新的产业链和业态系统也开始形成。以支付宝为代表的第三方支付开始深入每个人的生活，阿里和京东的上下游数据使其具有极大的供应链金融发展潜力，P2P及众筹平台等也使得投资从专业化走向平民化。可以预见，在未来，互联网金融还会不断拓展应用场景，深入构建广泛的生态圈和平台。

二、对互联网证券市场发展趋势的影响

自2014年起，中国互联网证券行业进入稳步发展期，市场规模稳定增长。2014年中国互联网证券行业营收规模达2 113.5亿元。2015年受益于股票、基金市场的活跃度，互联网证券行业市场规模迎来爆发式增长，2015年互联网证券行业市场规模为3 750.8亿元，同比增长77.5%。2016年开始，证券行业佣金率持续下滑，互联网证券行业营业收入同比下降。2016年中国互联网证券行业市场规模为2 851.9亿元，同比下滑24.0%。2020年中国互联网证券行市场规模增长至3 216.4亿元，2020年至2021年期间的年均复合增长率为11.1%。

互联网证券企业持续革新服务形式，打造个性化用户服务体系，以提升互联网证券用户活跃度，扩大互联网证券营收规模。此外，互联网证券重视金融科技的应用，加大技术

研发力度，创新证券产品服务模式，增强证券产品吸引力，导流用户持续消费，推动中国互联网证券市场规模快速增长，2023年互联网证券市场规模将突破4 000亿元。

（一）深化用户分层分类服务，打造精细化会员服务体系

互联网证券行业专家表示，互联网证券企业主要以C端个人用户为服务对象。截至2020年，证券用户在移动端开户占比超过97%，移动端是用户流量的聚集地。而在互联网红利渐少的大背景下，唤醒沉睡用户比获取新用户的成本低，因此互联网证券企业更加注重用户运营，重视移动端用户流量。互联网证券企业为提高证券用户对自身App的忠实度，基于大数据技术进行用户交易以及行为数据挖掘，分析用户画像，实现个性化证券产品推荐与精准服务。基于精准的用户画像，互联网证券企业可借鉴新零售业务场景的会员服务模式，为用户提供分层、分级的专业服务，打造精细化的产品与服务体系。新零售业务场景的会员服务模式根据不同消费特征的用户实行分层服务，从而向用户提供更精准的高附加值服务和权益。例如，2020年华泰证券在"涨乐财富通"App中设置会员制度，将会员分为U1、U2、U3、U+四类从低到高的会员等级，并赋予不同的权益；2019年兴业证券推出会员服务体系，并设立普通会员、白银会员、黄金会员和铂金会员四个会员等级，为会员提供不同的服务。

互联网证券企业基于海量的移动端用户流量，结合用户的个性化需求，为用户提供分层分级的证券服务，将有效推动其深挖用户价值，导流用户流量。同时，会员服务体系的设立，将有利于提升用户对互联网证券企业的忠诚度。用户的信任度不断提高是互联网证券企业可持续发展的核心驱动力。

（二）企业持续加大技术研发投入，加速证券产品与服务革新

证券企业的信息系统建设投入情况被中国证券业协会于2017年纳入年度证券公司经营业绩考评范围，并且行业排名结果将供证券企业分类监管工作参考。中国证券业协会对证券企业的信息化系统建设重视力度增加，刺激了互联网证券企业积极加大核心技术研发，创新证券产品业态与服务形式。中国证券业协会发布的《2020年度证券公司经营业绩排名情况》数据显示，2020年98家证券企业的信息系统投入金额突破130亿元，较2017年全年增长16.9%，证券企业技术研发投入呈现大幅增长态势。

未来在金融科技与证券业务领域不断深化的背景下，互联网证券企业将加大技术研发力度，促进金融科技与业务的融合发展，提升企业的智能化服务水平，为用户资产的保值增值赋能。例如，2019年上半年，广发证券通过构建经纪业务极速交易体系、建设投易通交易平台等产品优化服务模式；国泰君安完善道合App和君弘App，布局低延时交易系统和多层次快速交易体系，提升用户体验；华泰证券加大人工智能、云计算等金融科技研发能力，打造智能交易、一体化投资管理、高速行情、量化投研、数字虚拟化员工等数字化产品服务。此外，部分互联网证券企业通过与科技企业合作，加速核心业务的数字化转型。例如，2019年银河证券与腾讯达成合作协议，共同以大数据、人工智能等金融科技打造智能风控、企业图谱等场景下的证券产品，提升银河证券的运营智能化水平。

（三）改善未来中国互联网证券行业竞争格局

从互联网证券交易规模来看，传统券商的证券交易规模远高于新兴券商，占比超过80%。传统券商的牌照资源较为丰富且行业经验丰富，可满足用户的多元化投资需求，用

户黏性强，同时，传统券商将证券交易入口布局于合作的互联网平台中，引导潜在用户进行投资交易。未来，用户流量、牌照资源和核心技术的壁垒不断提高，行业新进入者逐渐减少，行业马太效益更加明显。同时，互联网证券的核心技术不断革新，智慧化产品日渐多元化与成熟化，具有较强技术核心竞争力的互联网证券企业可持续为用户提供优质的证券服务，而缺乏技术优势的互联网证券企业将被淘汰。

以华泰证券与兴业证券为例，其移动端会员服务体系如表2-2所示。

表2-2　华泰证券与兴业证券的移动端会员服务体系

互联网证券 App	会员等级	会员特权
涨乐财富通（华泰证券）	U1	会员专区
	U2	会员专区、持仓透视、资讯产品
	U3	会员专区、持仓透视、咨询产品、形态雷达、会员专享理财
	U+	会员专区、持仓透视、咨询产品、形态雷达、会员专享理财、股力值测算、Level2、金牌路演、投顾组合折扣
优理宝（兴业证券）	普通会员	积分奖励、视频直播、风口内参
	白银会员	积分奖励、视频直播、风口内参、筹码分布
	黄金会员	积分奖励、视频直播、风口内参、筹码分布、形态选股、研报、Level2
	铂金会员	积分奖励、视频直播、风口内参、筹码分布、形态选股、研报、Level2、资产体验、资产配置报告

第四节　互联网证券市场监管

在互联网金融证券业务经营中，也会面临各种各样的风险，特别是在当前相关监管机制不健全的情况下。对于这些风险因素，证券机构在业务开展中应当予以重视，并且采取适宜的措施进行风险控制。

一、互联网证券经营风险的表现

（一）信息安全风险

信息安全风险是互联网证券业务经营中较为重要的一个风险因素。互联网证券业务同传统证券业务办理方式不同，会涉及大量的用户个人信息，而作为证券机构，有义务和责任为客户保护这些信息。基于互联网金融的证券业务经营中，无论何种产品方式，都会在不同程度上涉及用户个人信息安全的问题，这就要求证券机构有严密的信息保护措施。而从当前的实际情况来看，很多证券机构在开展互联网证券业务时并没有重视信息安全问题，所采取的用户个人信息保护措施较为有限。由于证券业务会涉及大量的用户银行账户等财产信息，一旦用户个人信息泄露，将会严重威胁到用户的财产安全。而在监管制度方面，我国目前关于互联网证券业务客户个人信息保护方面的制度尚不完善，缺乏细化的规定。

（二）技术风险

技术风险主要是指证券机构在开展互联网金融时，由于缺乏完善的互联网技术体系，如硬件设备、技术管理团队等，互联网证券平台和产品存在技术漏洞，这有可能造成产品交易错误或者系统瘫痪的风险。相较于信息安全危害，技术风险所造成的损失更加直接，一旦发生技术风险问题，将会直接影响到证券机构的交易业务，给客户造成巨大损失。例如，在 2013 年 8 月 13 日发生的光大证券"乌龙指事件"，光大证券策略投资部在进行股票套利交易时，由于出现技术问题和操作问题，套利策略系统出现问题，瞬间完成 70 亿元的自营交易，对当天的股市走向造成了极大的影响，光大证券也因此受到了严重的惩处。特别是对于一些刚进入互联网金融领域的证券机构来说，由于缺乏较好的技术支持团队和互联网金融产品开发经验，其推出的互联网证券业务存在一定的漏洞，或者存在网络信息管理系统不稳定等因素。在客户使用这些业务和系统时，如果出现技术问题导致系统瘫痪，对于客户来说就不能够进行实时交易操作，由此可能产生极大的损失。

（三）自营投资风险

自营投资风险是指证券机构在进行自营投资时，由于对证券市场判断不准确所造成的损失。从市场角度来看，自营投资风险是无法完全避免的，对于任何一家证券机构来说都是如此，在不进行非法操纵市场的前提下，证券机构的自营投资方案制定是基于对股票市场的判断。而股票市场的走势是瞬息万变的，其投资方案是否能够取得盈利并不以证券结构的意志为转移。证券机构自营投资风险表现在互联网金融中，不但会涉及投资者客户的利益，还会影响到其他的金融业务产品。例如，一些涉及众筹短期项目或者理财购买项目的互联网金融业务是证券机构通过互联网金融平台开展的，所吸纳的资金也来源于互联网金融渠道。如果在投资过程中出现了亏损，那么对于投资者客户来说，也会承担一定的损失，这样一来，不但影响到了投资者的收益，还会损害证券机构的品牌价值和形象。

（四）资金流动性风险

对于证券机构来说，普遍存在一定的负债，负债水平的高低便是证券机构资金流动性风险的直观表现，这不但涉及负债偿还的结算日期因素，还涉及负债结构组成和利息。例如，某证券机构以负债的形式通过互联网金融平台向投资者发行债券，每月定期支付利息，在某一时期通过负债本金偿还结算，假设到偿还日期后期负债本金需要偿还的额度为 A，其当期现金净储备为 B。如果 $A<B$，表明该证券机构能够偿还本金，没有流动性风险；如果 $A>B$，表明该证券机构不能够偿还本金，具有流动性风险。

另外，由于负债需要支付利息，假设该证券公司每年需要支付的利息为 C，其每年的净盈利为 D。如果 $C<D$，表明该证券机构具有偿还利息的能力；如果 $C>D$，表明该证券机构不具有偿还利息的能力。

当该证券机构不具有偿还利息的能力时，事实上表明其资金流动性风险已经超出临界值，进入了恶性循环，如果在负债偿还日期之前没有提高盈利水平，则无法按时偿还本金。

二、互联网证券经营风险控制

针对互联网金融的证券经营风险，分别从信息安全、技术支持、合理投资和控制负债方面，提出以下几条经营风险控制措施，为证券机构控制互联网证券风险提供借鉴。

（一）加强信息网络安全建设

首先，基于互联网金融的特点，证券机构在开展互联网金融业务时应当注重对用户个人信息的安全。我国相关法律规定，证券机构在开展互联网金融业务时负有保护用户个人信息安全的责任和义务。近年来随着一些互联网个人信息泄露事件的发生，人们对保护自己的个人信息安全也更加重视，在这一背景下，证券机构更应加强对于用户个人信息的保护。因而证券机构应当加强相关信息网络安全的建设，引进先进的网络安全设备，制定完善的网络信息安全保护制度，特别是针对网络维护管理人员，应当制定严格的操作行为规范。此外，在日常网络维护管理中，也应当做好用户个人信息的加密和备份工作，及时检查和修补网络漏洞，防止由于受到网络攻击而造成用户个人信息泄露。

（二）建立完善的技术支持机制

建立完善的技术支持机制，主要是为了保证互联网证券业务的正常运行。特别是一些证券机构自行建立的网络平台，由于缺乏相应的网络运营和管理经验，可能出现各种各样的问题，如服务器、技术调试、维护保养等方面的问题。通过建立完善的技术支持机制，对于可能影响网络正常运营的漏洞进行检验和修补，防止由于技术问题造成的互联网证券业务损失。特别是在交易时间内，应当确保其网络系统的正常运行，防止由于系统顽疾而给客户带来损失。必要的系统检修时间，可安排在非交易时间段内。建立完善的技术支持机制，也需要成立专门的技术团队，引进高素质的相关技术人才，并且针对互联网证券业务的特点和维护要点对技术团队进行培训。在硬件设施保障方面，应当加大投入力度，打造稳定、高效的运营网络，提升客户的使用体验，为客户提供安全、高效、便捷的网络证券产品使用环境。

（三）制定合理的投资方案，降低自营投资风险

对于证券机构而言，自营投资风险是无法完全避免的，降低自营投资风险的较好途径便是制定更加科学、合理的投资方案，所有的投资决策都应当在进行严密市场分析后才进行。证券机构的自营投资风险不但涉及自身的收益，还涉及相关投资者的利益，因而在制定投资方案时，应当确定风险可控。在这一理论指导下，可在投资中使用对冲的一些方法来降低风险。大量实践表明，在证券市场投资中进行风险对冲是较为有效的一种降低风险的途径。

另外，作为证券机构，应当严密监视实时的证券市场动态，根据市场变化情况及时调整投资方案，积极获取各种相关的信息，在降低投资风险的基础上提高投资收益。对于互联网金融筹资中涉及投资者资金的一些项目，如众筹、理财、基金等，应当将投资方案的整体情况和风险评估对投资者说明，充分保证投资者的知情权，而是否进行投资和投资比例多少完全由投资者自行决定，明确各方权责。如果在投资过程中，证券市场出现了较大的变动，整体投资已经处于亏损并且预计短期内会继续亏损，证券机构应当及时将情况和评估结果对投资者进行说明，在获得投资者同意后采取果断措施进行清仓止损处理。

（四）控制负债水平

控制负债水平是控制资金流动性风险的根本措施。证券机构应当对自己的负债水平和

盈利能力进行客观分析，综合对比负债水平的偿债能力和盈利情况，确定合理的负债水平。在确定负债水平后，采取必要的措施来降低负债水平，例如，减少产生负债的互联网金融产品，同时根据不同负债形式的利率情况对负债结构进行调整，降低负债利率支出。建立起完善的内部控制机制，当证券机构的负债水平超过警戒线时，内部控制机制应当进行示警，并且提出相应的解决方案。对于一些上市证券公司来说，控制负债水平还可通过抛售部分股权来实现，当证券公司的负债水平较高，并且已经进入恶性循环时，应当同各大股东进行协商，按照一定的比例进行股份减持，在二级市场套现，将资金用于偿还债务，降低负债的利率支出。另外，还可通过提高盈利能力来控制负债水平，对其资产结构进行优化，处理不良资产，扩大良性资产，降低资产负债率。

课后练习

一、单选题

1. 互联网证券是指通过（　　）方式来进行证券交易等相关活动。

A. 线下门店　　　　B. 互联网　　　　C. 广播媒体　　　　D. 平面

2. （　　）网上证券是指主导权掌握在互联网公司手中的一种互联网与证券业之间的合作业态。

A. 发展型　　　　B. 均衡型　　　　C. 证券主导型　　　　D. 强券型

3. （　　）模式是指证券公司通过与互联网公司进行合作，在原有官网的基础上添加网上商城的平台，并向该平台提供金融产品、金融服务，甚至还有一些软件产品。

A. 网上商城　　　　B. 开户导向　　　　C. O2O　　　　D. 集团型

4. 日本乐天证券属于（　　）类型的国外证券市场券商模式。

A. 全能集团型　　　　B. O2O+资管型　　　　C. 电商收购型　　　　D. 技术转券商

5. （　　）是互联网证券业务经营中较为重要的一个风险因素。互联网证券业务同传统证券业务办理方式不同，会涉及大量的用户个人信息，而作为证券机构，有义务和责任为客户保护这些信息。

A. 技术风险　　　　B. 信息安全风险　　　　C. 自营投资风险　　　　D. 资金流动风险

6. 假设到偿还日期后期负债本金需要偿还时，偿还的额度大于当期现金净储备，则（　　）。

A. 有流动性风险　　　　B. 没有风险　　　　C. 具有信用风险　　　　D. 不确定

二、多选题

1. 互联网证券帮助投资者提高交易频率和效率，扩大交易品种，降低进入多品种交易及策略投资的门槛，实现了（　　）的投资。

A. 低成本　　　　B. 跨时点　　　　C. 跨区域　　　　D. 人数多

2. 互联网证券市场的特点有（　　）。

A. 范围广　　　　B. 及时性　　　　C. 移动化　　　　D. 低成本

三、简答题

简述互联网证券控制经营风险的手段。

四、案例分析题

互联网券商案例分析——研究不同类型券商的核心业务、发展特点的不同，根据以下材料进行分析。

目前中国互联网券商企业主要包括发展互联网证券业务的传统券商、以线上业务为主的纯互联网券商和从其他领域切入证券业务的互联网企业。传统券商因为更长的发展时间和更好的品牌口碑仍然是市场主流，但近年来居民投资理财更加多元化，同时在境外市场上市企业增多，需要市场化程度较高的企业提供投行、ESOP 等机构服务。互联网企业发展证券业务标杆企业——东方财富，传统券商互联网化标杆企业——华泰证券，纯互联网券商标杆企业——老虎证券。

五、实训练习：手机 App 证券开户——以××证券为例

1. 下载软件

（1）扫描专属开户二维码；

（2）输入手机号码获取开户验证码；

（3）根据提示下载安装【广发证券开户】App。

2. 手机验证

（1）核对营业部信息；

（2）填写省份、城市；

（3）填写营业部、客户经理。

3. 上传身份证照片进行个人信息确认

4. 风险测评

5. 选择账户类型，设置密码

6. 选择三方存管银行

7. 适当性匹配及客户确认

8. 适当性匹配及客户确认

9. 纳税信息申明

10. 开户后账户实际控制人及受益人确认

（体验到这一步如没有开户需要，可以不提交）

第三章
互联网银行市场

学习目标

1. 互联网银行的相关概念
2. 互联网银行与传统银行的异同
3. 互联网银行的特点

能力目标

1. 体验不同银行手机银行的使用
2. 了解实体网点运行与虚拟网点运行的不同

情景导入

互联网三大巨头银行

微众银行

微众银行于 2014 年正式开业，总部位于广东深圳，是国内首家互联网银行。微众银行专注为小微企业和普罗大众提供更为优质、便捷的金融服务，运用金融科技探索践行普惠金融、服务实体经济的新模式和新方法，并坚持依法合规经营、严控风险。微众银行严格遵守国家金融法律法规和监管政策，以合规经营和稳健发展为基础，致力于为普罗大众、微小企业提供差异化、有特色、优质便捷的金融服务。

微众银行已陆续推出了微粒贷、微业贷、微车贷、微众银行 App、微众企业爱普 App、小鹅花钱、We2000 等产品，服务的个人客户突破 2.5 亿人，企业法人客户超过 170 万家。

微众银行在区块链、人工智能、大数据和云计算等关键核心技术的底层算法研究和应用方面开展技术攻关，在 2017 年成为国内首家获得国家高新技术企业资格认定的商业银行。

微众银行已跻身中国银行业百强，国际评级机构穆迪和标普分别给予微众银行"A3"和"BBB+"评级。国际知名独立研究公司 Forrester 定义微众银行为"世界领先的数字银行"。微众产品如图 3-1 所示。

图 3-1　微众产品

网商银行

网商银行全称"网商银行股份有限公司"，法人为蚂蚁金服 CEO 井贤栋，注册成立于 2015 年 5 月 28 日，并于 2015 年 6 月 25 日正式开业，所在地为浙江杭州，注册资本 40 亿元，经营范围包含证券投资基金销售业务。

网商银行沿袭了蚂蚁小贷风控体系。蚂蚁小贷基于互联网和大数据的一个典型模型被称为"水文模型"。有了这个数据库，网商银行不仅可以完善风险管理，平滑各种特殊因素对于授信对象的影响，帮助授信单位在更详尽数据基础上进行授信，还可以对小微企业自身经营的走向及小微企业资金需求的节点和量等进行预判。网商银行首页如图 3-2 所示。

图 3-2　网商银行首页

新网银行

作为全国第三家、中西部首家基于互联网模式运行的民营银行，新网银行注册资本为 30 亿元，由新希望集团、小米、红旗连锁等股东发起设立，是全国第七家民营银行，也是四川省首家民营银行。

新网银行服务的客户超过 900 万，人均借款金额 3 300 元，笔均借款周期 75 天。

在核心能力方面，新网银行的单笔信贷审批均值为 40 秒，最快审批时间为 7 秒，因此可见，其审批的速度和效率是相当高的。并且用户日交易峰值为 300 万笔，目前管理资产余额已经突破 100 亿元。新网银行首页如图 3-3 所示。

图 3-3 新网银行首页

第一节 互联网银行概述

一、互联网银行的内涵

互联网银行指以互联网为技术手段，为用户提供存款、贷款、支付、结算、汇转等金融服务的金融机构。与传统银行相比，互联网银行不发放实体银行卡，用户借助电脑、手机等智能设备获取金融服务。互联网银行相较于传统银行具有"轻资产"运营、获客能力强等优势。

二、中国互联网银行的发展现状

（一）中国互联网银行商业模式

互联网银行聚焦于支付、信贷和理财等小额且高频业务领域，其中民营互联网银行以"一行一店"经营，吸收存款能力较弱，其核心收入来源为贷款业务的利息差，以及理财产品代销产生的手续费与佣金等。

以网商银行、微众银行为例。截至 2021 年年末，网商银行总资产为 4 258.31 亿元，较上年年末增长 36.81%；负债总额 4 078.90 亿元，较上年年末增长 37.21%；2021 年全年，网商银行实现营业收入、净利润分别为 139.03 亿元、20.92 亿元，同比增长 61.33%、62.74%。微众银行 2021 年年末的总资产为 4 387.48 亿元；2021 年全年实现营业收入、净利润分别为 269.89 亿元、68.84 亿元。

直销银行依托传统商业银行的线下网点，在商业银行金融产品基础上开展存款、贷款以及贵金属、保险等金融产品销售业务。货币基金、储蓄存款以及银行理财等线上金融业务是直销银行着重开展的存款端业务。2020 年，75.4% 的直销银行开展货币基金产品，68.8% 直销银行布局储蓄存款产品，65.3% 直销银行经营银行理财产品。在贷款端业务方面，布局在线贷款业务的直销银行仅 44.7%。截至 2021 年年末，89 家银行（其中 84 家为中小银行）通过第三方互联网平台吸收的存款余额约 5 500 亿元，较 2020 年年末增长 127%，其中央行评级 8 级以上的高风险银行吸收存款余额占比近 50%。某家高风险银行 70% 的存款为通过第三方互联网平台吸收的异地存款，而其同业融资占总负债比重从 2020 年年末的 30% 下降至 3.2%。

（二）中国民营互联网银行的市场规模

2014 年 12 月微众银行的成立标志着民营互联网银行的诞生，2015 年成立的网商银行是中国第二家民营互联网银行。2015 年中国民营互联网银行行业资产规模为 398.7 亿元。自 2016 年始，各大互联网企业以及部分传统零售巨头相继成立民营互联网银行，开展普惠金融与供应链金融业务。2018 年，中国民营互联网银行共计 8 家，资产规模高达 4 445.2 亿元。2015—2018 年间，中国民营互联网银行行业资产规模年均复合增长率为 123.4%。伴随互联网银行持续创新信贷产品、存款产品以及拓展与同业银行的合作模式，互联网银行资产规模将有望持续扩容。

由于 2021 年上半年经济增速较快，GDP 增长 12.7%，民营银行的业绩继续向好。已经公布业绩的民营企业，都取得了不错的成绩。虽然苏宁集团和苏宁易购上半年陷入债务危机，不得不引入股东解围，但苏宁银行上半年营业收入 15.31 亿元，净利润 1.85 亿元。中关村银行主要股东是用友网络和碧水源。2021 年上半年，中关村银行营业收入 5.77 亿元，净利润 1.19 亿元。新网银行上半年净利润 4.28 亿元，达到 2020 年全年利润的六成。百信银行上半年实现营业净收入 13.18 亿元，净利润 1.04 亿元，相比去年全年的净亏损 3.88 亿元，扭亏为盈。民营银行的发展是中国银行体系的重要一环，服务小微企业、服务社区是国家对民营银行的定位，中国民营企业的发展还任重道远。

在金融科技持续助力下，民营互联网银行将不断提升精准化与智能化的风险控制能力，降低普惠金融的不良贷款率。此外，民营互联网银行强化与外部企业合作，以开放形式接入不同用户场景，深耕用户需求，触达更多用户。中国互联网银行市场规模将有望持续扩容。

三、互联网银行的特点

互联网银行与传统银行比较如表 3-1 所示。

表 3-1　互联网银行与传统银行比较

项目	互联网银行	传统银行
机构设置	线下网点设立少，部分互联网银行仅有一个网点	线下网点众多
获客渠道	线上	线下
业务内容	存、贷、汇基本业务	包括但不限于存、贷、汇等基本业务
资金来源	以同业负债和股东存款为主	以存款为主
服务对象	个人消费者、中小微企业、"三农"客户	大型企业和信用背景较好的个人客户

在机构设置层面，互联网银行线下网点设立少，且部分互联网银行仅在总行所在地设立一个线下营业网点，并不进行异地线下经营，前期投入资金大幅度降低。

在客户群体方面，传统银行向大中型企业和信用背景较好的个人客户提供优质的金融服务。互联网银行以个人消费者、中小微企业和"三农"客户为核心服务对象，通过大数据技术挖掘用户的金融需求，精准批准产品和服务。

第二节　行业发展背景

一、对传统银行业的冲击

互联网企业的金融业务让传统银行业不得不改变。

（一）资金转移绕过银行

在中国，个人、家庭的余钱或拟在将来使用的钱都存在银行里，企业日常大量的与其他企业或个人的经济业务往来也都是通过银行结算的。银行是社会经济活动中各项资金流转清算的中心。毋庸置疑，银行最核心的功能就是存、贷、汇。可以说，存款是商业银行资金的主要来源，也是银行的业务基础。由此，银行积极地争取存款资源，并把揽储指标作为评判各级银行管理层的关键业务指标，当然有其合理性。对银行而言，活期存款及中短期定期存款都是银行所有业务中资金成本最低的负债，其平均成本常常低于同业其他负债。银行揽储是银行开展资产业务的重要保证和基础。

在规模和业务上逐渐庞大的互联网金融企业及其他非银行金融机构占据了银行的资金来源。一方面，第三方支付、众筹、P2P、互联网理财等互联网业态抢占了银行业务。另一方面，原属于银行代卖的保险、信托等业务也有很多进入互联网金融超市。互联网购物成为百姓生活的常态，而支付宝的充值，就相当于银行的揽储，同时新兴的互联网金融的理财回报常常高于银行，资金进退灵活，且部分理财产品具备了可视性和较强的趣味性，在金融市场上获得了很高的认可度。2014 年 1 月 22 日，微信理财通首日上线的客户量就导致网络"堵车"。在超过 7.3% 的年化收益率下，当日存入资金总额 8 亿多元。而作为阿里巴巴标志性的互联网理财产品的余额宝，前些年更是被大多数投资者接受。

中小储户成为最早转向互联网金融中投资的群体。这些储户在传统银行的理财业务中收益较少、级别较低，不但享受不到优质服务，经常排队，还因储蓄金额较小而需要缴纳各类手续费。这些中小储户在互联网金融中获得了便利。也正因如此，互联网金融的规模越来越大。截至 2021 年 8 月 31 日，余额宝客户数已达 7.12 亿人，规模高达 7 808 亿元，平均下来每人只买了 1 000 元左右的基金。这个金额在传统银行经营中属于小额度，但是经过数量的积累，却成就了互联网金融。

火爆的抢红包也"抢"走了银行的资金。以微信红包为例，如果使用者在微信零钱里没有余额，就需要绑定银行卡进行充值，造成大量资金流出原来所在的银行，进入第三方支付平台，沉淀资金的数量相当可观。利用微信钱包的功能，能够极为便利地实现点对点或点对多的定向转移支付，而这些转移过程都完全发生在银行业务之外，切断了银行与客户之间的直接联系。同时，随着微信、支付宝等 App 使用场景的扩展，抢红包得来的钱可以很方便地用于打车、手机充值、购物消费，而不是通过提现操作回到原来的银行账户。如此，将本应属于银行与客户联动的多笔支付压缩成一笔转账业务。事实上，目前无论是手机银行还是支付宝钱包、微信钱包等第三方移动支付平台，都存在较多的业务重合，如购买电影票、网上支付、转账、交水电煤气费、手机充值、信用卡还款等，而互联网平台之所以能够获得如此多用户的青睐，是因为更贴近用户。

2021 年 9 月，中国人民银行发布了《中国金融稳定报告（2021）》，对 2020 年以来我国金融体系的稳健性状况进行了全面评估。其中，在专题八中明确"规范第三方互联网平台存款"。

央行指出，近年来，互联网金融快速发展，一些银行借助互联网平台的流量和场景优势，通过第三方互联网平台销售个人存款产品，突破了经营的地域限制。此类产品已成为部分中小银行跨区域吸收存款、缓解流动性压力的主要手段，加大了风险外溢的隐患。2021 年 1 月，银保监会、央行出台文件对第三方互联网平台存款业务进行规范。

据初步统计，截至 2020 年年末，约 89 家银行（其中 84 家为中小银行）通过第三方互联网平台吸收的存款余额约 5 500 亿元，较 2019 年年末增长 127%，其中央行评级 8 级以上的高风险银行吸收存款余额占比近 50%。某家高风险银行 70% 的存款为通过第三方互联网平台吸收的异地存款，而其同业融资占总负债比重从 2019 年年末的 30% 下降至3.2%。2021 年 20 家互联网银行存款结构如表 3-2 所示。

表 3-2 **2021 年 20 家互联网银行存款结构**

序号	银行名称	营业收入/亿元	净利润/亿元	不良贷款率/%	股东背景
1	微众银行	269.89	68.84	1.20	腾讯（30%）、立业集团（20%）、百业源（20%）
2	网商银行	139	20.9	1.53	蚂蚁集团（29.99%）、万向三农（26.78%）
3	江苏苏宁银行	34.56	6.03	1.01	苏宁易购（30%）、日出东方（23.6%）
4	百信银行	29.98	2.63	1.55	中信银（65.70%）、百度（26.03%）
5	新网银行	26.41	9.18	1.05	新希望（30%）、小米（29.5%）

续表

序号	银行名称	营业收入/亿元	净利润/亿元	不良贷款率/%	股东背景
6	重庆富民银行	19.76	3.27	1.45	瀚华金融（30%）、宗申集团（28%）
7	湖南三湘银行	17.5	4.49	1.60	三一集团（30%）、汉森制药（15%）
8	蓝海银行	16.53	6.15	1.09	威高集团（30%）、赤山集团（22.5%）
9	上海华瑞银行	16.01	2.23	1.67	均瑶集团（30%）、美邦服饰（15%）
10	众邦银行	15.01	3.28	1.11	卓尔控股（30%）、当代集团（20%）、壹网通（20%）
11	吉林亿联银行	14.35	0.52	1.75	中发金控（30%）、美团（38.5%）
12	天津金城银行	12.42	0.44	—	三六零（30%）、华北集团（20%）
13	北京中关村银行	11.61	3.57	0.83	用友网络（29.8%）、碧水源（27%）
14	新安银行	8.72	1.21	1.28	南翔集团（30%）、新彩牛（30%）、华泰集团（20%）
15	无锡锡商银行	7.7	1.38	0.34	红豆集团（25%）、澄星集团（24%）
16	辽宁振兴银行	7.53	—	1.35	荣盛地产（30%）、天新浩（28%）、启源工业泵（22.5%）
17	温州民商银行	7.14	3.03	0.46	正泰集团（29%）、华峰化学（20%）
18	江西裕民银行	4.2	0.62	0.54	正邦集团（30%）、博能控股（29.5%）
19	福建华通银行	3.13	0.05	1.59	永辉超市（27.5%）、阳光控股（26.25%）
20	梅州客商银行	2.87	0.67	0.04	宝新能源（30%）、塔牌集团（20%）

注：以上数据来自各家银行披露的 2021 年报，按营业收入排序。

（二）银行的资金成本升高

上一章节提到，存款是银行资金的主要来源。可是，越来越多的银行存款搬家了，被互联网金融企业抢夺去了；另外，这些资金反过来又以货币资金形态（余额宝等）存入银行。如此大额的资金，大大增加了与银行的议价能力，必然要求银行支付高于普通存款户的利率。这势必会增加商业银行的存款成本。

银行以往季度末的"买存款行为"也会增加银行的成本。一家股份制银行地方分行部门负责人也坦言，市场理财产品收益争相攀高，"只能尽量去减少存款流失，压力很大"。在存款增长放缓的情况下，买存款已经是一种常态。按照该负责人说法，银行存款的收益相较其他产品来说开始逐渐减少。

（三）互联网企业办银行

中国政府门户网站（www.gov.cn）报道，2015 年 1 月 4 日，时任国务院总理李克强在深圳前海微众银行敲下电脑回车键，卡车司机徐军拿到了 3.5 万元贷款。这是微众银行作为国内首家开业的民营互联网银行完成的第一笔贷款业务，该银行既无营业网点，也无营业柜台，更无须财产担保，而是通过人脸识别技术和大数据信用评级发放贷款。

阿里巴巴集团的网商银行（全称浙江网商银行）也于 2015 年 6 月 25 日在杭州正式营业，注册资本 40 亿元，阿里巴巴集团的蚂蚁金服占 30% 股份，是大股东。网商银行的高管团队多来自传统银行，行长俞胜法曾经是杭州银行的行长，副行长赵卫星有民生银行、华夏银行从业经验，而首席信息官唐家才原来是农行总行软件开发中心主任。网商银行有员工 300 人，其中 75% 是技术人员。作为互联网银行，网商银行被称作运行在"云"上的银行，不设物理网点、不做现金业务，没有分行、没有柜台、没有线下服务团队，也不会涉足传统银行的线下业务如支票、汇票、抵押贷款等，服务对象面向小微企业，计划用大数据服务长尾客户。贷款最高上限是 500 万元，超过这个范围的就会把客户转给合作银行。

截至 2015 年 6 月末，第一批试点的 5 家民营银行，即深圳前海微众银行、上海华瑞银行、温州民商银行、天津金城银行、浙江网商银行都已全部获批开业，随后作为苏宁云商旗下的苏宁银行也获得了批准。截至 2021 年年底，已有超过 35 家带有"银行"字眼的企业获得核准。

二、传统商业银行转向互联网金融的可行性

互联网金融冲击了银行、保险、基金、信托、期货等几乎所有金融业务，传统金融机构互联网化势在必行。或者说，积极拥抱互联网是银行等传统金融机构转型的必由之路。以商业银行为例，传统的金融企业存在着开展互联网金融业务的可行性，主要表现在以下几方面。

（一）顾客基础

商业银行是以货币作为经营对象的特殊企业，主要从事吸收公共存款、发放贷款和办理结算等三大类业务。在没有互联网金融的时代，企事业单位的工资发放，居民的储蓄存款、转账汇款等都依赖银行，加之金融产品客户关系的持续性以及顾客的路径依赖等消费惯性，传统商业银行里的顾客排队已经成了常态。

顾客经常抱怨的银行排队，主要原因是相对于日益增长的金融需求（缴费、购物支付、理财等），银行的服务供给不足（结构性供给不足）。当然，传统商业银行的部分业务流程设计不够科学，业务分工与内部管理不够合理等，致使每笔业务的平均处理时间过长，也是不能忽视的原因。可从另一侧面来观察，银行排队也说明了商业银行拥有庞大的忠诚度很高的顾客群。这是中国银行业能在全球银行业排名靠前的重要条件，也是其互联网化得以实现的顾客基础。

（二）风险管控基础

风险管控是事关银行经营成败的关键因素。与互联网企业办理金融业务相比，传统的商业银行在风险管控方面积累了丰富的经验。无论是信贷方面的风险（如潜在的坏账等），还是流动性风险（资产和债务不匹配等），抑或操作风险（如虚假个人消费贷款、关联企业骗贷、票据诈骗等），传统银行都有非常规范的制度、流程和严密的风险控制体系。专业的风险防控能力、良好的信用保障是传统商业银行的重要砝码。

（三）人才保障

近两年，传统商业银行的人才流失比较严重，大部分流入了互联网金融公司和新成立的民营银行。前中信银行副行长、中国进出口银行副行长曹彤到互联网银行——微众银行任职。

不仅管理人才，还有技术人才流失。P2P 平台的很多技术人才也来自传统银行。有利网副总裁尹娜介绍，面对 P2P 平台的处理平台账户、资金流通等涉及金融的技术问题，银行技术部的人有经验、有优势。众信金融 COO 谭阳也表示，在目前接近 2 000 家 P2P 平台中，至少有 300 家平台有来自银行业的员工。如 100 多人的团队中，有 10 人来自银行业。

银行人才流失，其成因固然有多个方面，如薪酬差别、个人职业成长等，可是从中也可以看出，传统商业银行有雄厚的人才基础。这为其拥抱互联网金融提供了人才保障。当然，合理任用、发挥个人特长也是非常必要的。

（四）政策法规的逐步放松与鼓励

相关政策法规的逐步放松与鼓励也使传统银行互联网化成为可能，其中最为关键的有以下几个。

1. 许可混合所有制改革

2013 年 11 月，党的十八届三中全会通过的《中共中央关于全面深化改革若干重大问题的决定》提出，"国有资本、集体资本、非公有资本等交叉持股、相互融合的混合所有制经济，是基本经济制度的重要实现形式，有利于国有资本放大功能、保值增值、提高竞争力，有利于各种所有制资本取长补短、相互促进、共同发展"。与 2020 年相比，2021 年银行股上市节奏加快。2020 年仅有厦门银行一家在 A 股上市，2021 年有重庆银行、齐鲁银行、瑞丰银行和沪农商行 4 家 IPO，共募集资金逾 160 亿元。

2. 取消了商业银行的存贷比

2015 年 8 月 29 日，全国人大常委会表决通过关于修改《中华人民共和国商业银行法》的决定，删除实施已有 20 年之久的 75% 存贷比监管指标。取消对存贷比监管，能释放出更多的信贷资源，也是为商业银行适应市场环境、调整自身营销战略预留了更大的空间。

3. 鼓励传统金融机构布局互联网金融

在由中国人民银行等十部委联合颁布的《关于促进互联网金融健康发展的指导意见》明确规定，"鼓励银行、证券、保险、基金、信托和消费金融等金融机构依托互联网技术，实现传统金融业务与服务转型升级，积极开发基于互联网技术的新产品和新服务。支持有条件的金融机构建设创新型互联网平台开展网络银行、网络证券、网络保险、网络基金销售和网络消费金融等业务"。

三、传统银行已有的互联网金融实践

中国最早的网上银行只是一个互联网上的网页，主要用于发布信息，用户只能在网页上浏览信息，不能办理实际的金融业务。1996 年 2 月，中国银行在互联网上建立了主页，随后，1997 年 4 月，招商银行开通了自己的网站。1998 年，中国银行开始提供简单的网络银行业务，如网上查询账户状态等。1998 年 3 月，中国国内第一笔互联网支付业务成功实现。银行业触网不晚，发展却比较迟缓，并没有因科技水平的提升而有效改善客户服务体验。

随着互联网技术及其应用的日益普及、监管政策的调整，各家银行逐步加快了拥抱互联网的进程。以中国工商银行为例，自从 2000 年开始，就构建了以网上银行为主体的电子银行体系，从起始之初的 PC 网银到手机银行再到移动互联，从零散的单个互联网金融产品创新到整体互联网金融架构搭建，再到互联网金融总体发展战略的确立，中国工商银行始终因时而变、因需而变，加快金融与互联网的融合。2015 年 6 月，中国工商银行正式成立了互联网金融营销中心，统筹全行互联网金融业务的营销推广和运营管理。这是国内商业银行成立的第一个互联网金融营销机构。

第三节　互联网银行的分类

2014 年 5 月 10 日首届清华五道口全球金融论坛上，最受业界瞩目的话题是"互联网金融"。此次互联网金融分论坛提出，互联网金融和传统金融最本质的关系是优势互补、相辅相成。

一、传统银行自主升级

（一）商业银行办"电商"

2012 年 6 月 28 日，中国建设银行第一个推出电商服务平台，为从事电子商务的企业和个人客户提供产品信息发布、在线交易、支付结算、分期付款、融资贷款、资金托管、房地产交易等服务。中国工商银行、招商银行、兴业银行等此后也相继建起了电商平台，支持积分兑换。

中国建设银行将其电商平台的 B2C 业务与 B2B 业务分开，分别称为个人商城、善融商务和企业商城。中国工商银行 B2C 业务和 B2B 业务也分开，分别称作融 e 购和融 e 购·企业商城。招商银行的电店平台则称网上商城。各大银行网购页面如图 3-4 所示。

在此，以中国工商银行的电商平台为例进行简要说明。关于银行电商的优势，工行电子银行部总经理侯本旗说："融 e 购最核心的竞争优势是真和值。银行做电商关键在于诚信，我们在合作的商户和商品选择上坚持名商、名品、名店的定位，为客户提供高质量的商品。同时我们的平台不向商户收取额外费用，显著降低了商户经营成本，商户可以把这部分成本以优惠的形式提供给消费者。"

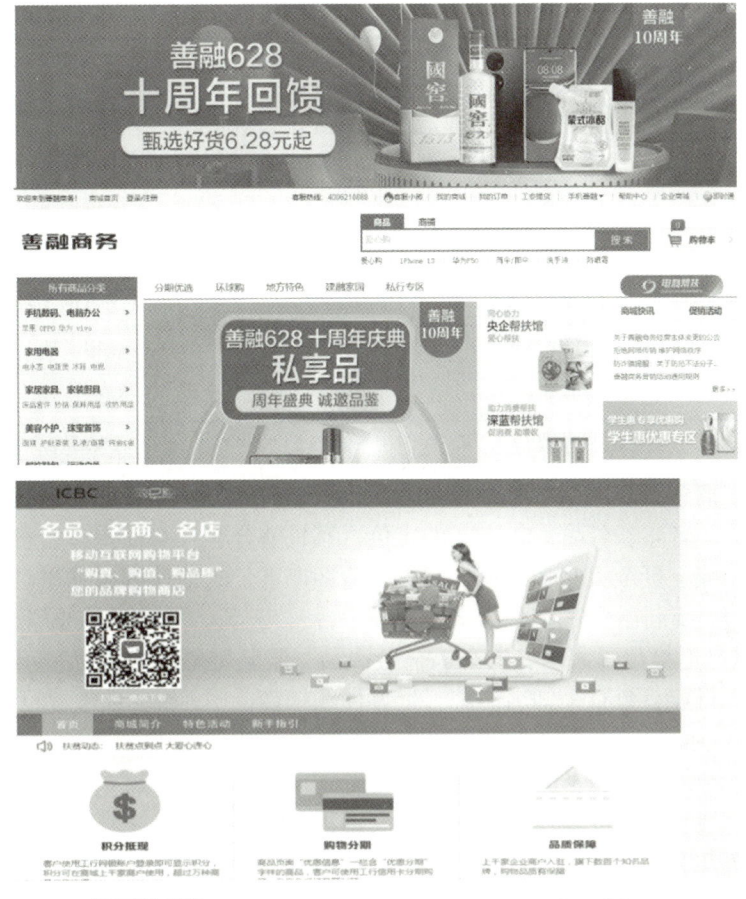

图 3-4 各大银行网购页面

2021 年商业银行电子商城排名如表 3-3 所示。

表 3-3 2021 年商业银行电子商城排名

排名	银行名称	电子商城名称
1	中国工商银行	融 e 购
2	中国建设银行	善融商务

续表

排名	银行名称	电子商城名称
3	中国农业银行	e商管家
4	交通银行	交博汇
5	民生银行	民生商城
6	兴业银行	兴业银行网上商城
7	招商银行	招商银行网上商城
8	桂林银行	桂银e购
9	浙商银行	购销e购
10	中国银行	中银易商

根据中国工商银行官网，"融e购"电子商务平台于2014年1月12日正式营业。"融e购"平台秉承"名商、名品、名店"的定位，有机整合客户与商户，有机链接支付与融资，有机统一物流、资金流与信息流，努力打造客户喜爱的消费和采购平台、商户倚重的销售和推广平台、支付融资一体化的金融服务平台、"三流合一"的数据管理平台。目前，"融e购"商城已汇集数码家电、汽车、金融产品、服装鞋帽、食品饮料、珠宝礼品、交通旅游等十几大行业，数百个知名品牌，近万件畅销商品。"融e购"电子平台中还有针对企业采购的"企业商城"，它是中国工商银行为广大企业客户提供的集商贸信息撮合、商品在线交易、金融增值服务于一体的综合性电子商务平台。"融e购"企业商城覆盖工程机械、家具家装、箱包皮具、服装配饰、农用物资、珠宝首饰、食品饮料、乐器及工艺品等，聚集众多知名企业。

显然，商业银行经营电商，不仅仅是为了获取商品本身的利差收入。银行做电商业务，关键要把银行的客户锁定住。前面刚提及的中国工商银行通过搭建"融e购"电商平台，打通了生活、信息、金融服务全链条，从中获取到涵盖商户和消费者注册、社交、物流、交易等各个节点的信息，使商品流、资金流和信息流三流合一，形成了数据的聚合效应，是非常好的获客渠道。中国工商银行为此建立了一支400人的数据分析师队伍，运用大数据技术，专门对这些信息进行深度挖掘。

2020年，中国建设银行善融商务扶贫交易额达170.80亿元，增幅达18.48%，帮助销售贫困地区农产品25.18亿元，位居银行业前列，员工购买贫困地区农产品3.06亿元，中国建设银行被国务院扶贫办、社科院工业经济研究所评为"中国企业精准扶贫专项案例50佳"，在中国电商扶贫联盟第一届第四次工作会议上获"突出贡献奖"，在网金联盟组织的2020年度银行数字化转型优秀案例征集活动中获得"最佳普惠金融服务奖"。

（二）积极开放合作，拓宽金融场景

商业银行运营网上商城、电商平台的根本目的是扩大金融产品的应用场景。金融产品的应用场景数不胜数，都依靠商业银行自己经营是不可能的。心态开放、积极合作、拓宽金融产品的应用场景，几乎是所有金融企业的愿望。一方面，商业银行运用自身服务体系提供更多应用场景，引导客户参与更多消费、信贷、投资等活动。例如，在银行信用卡商城的基础上完善产品、服务种类，优化积分服务体系，构建有吸引力的内部应用场景。另一方面，加强与外部应用场景的深度融合。例如在餐饮、购物、购房、用车、旅游、文化、医疗等重点领域，加强与线上线下平台的合作，共享客户资源，通过开放合作，将银行的金融服务融入线上线下的各个领域、生产生活的方方面面。

中国银行的中银易商在最近几年的商业银行电子商城排名位居前10。实际上，中银易商不仅仅是商城，而且是链接各种场景的网络金融系统。中银易商是中国银行推出的围绕易金融、泛金融、非金融、自金融四个维度，在支付、理财、融资、跨境、在线产业链等方面提供服务的平台。中银易商负责人解释说，易金融主要是利用互联网的工具和手段，解决传统金融服务贵、烦、慢的问题；泛金融是通过广泛合作建立大联盟，以O2O的模式拓展电子商务领域；非金融是介入非金融服务领域，实现金融与相关产业结合的深度融合；自金融是建立平台、机制与规则，在开放平台进行个性化定制产品和服务等。

中银易商设有开放平台、应用商店、e社区、网络通宝（解决中小企业融资难题）、同业通（金融机构业务在线交易）、养老宝（余额理财好帮手）、V钱包等。

以"中银易商e社区"为例，它是通过整合社区生活参与者，包括物业公司、周边商户、小区住户和银行的利益需求，建立集管理、服务、运营于一体的数字物管平台和数字商铺平台。目前中国银行已为上千家企业园区、上万家社区提供门禁、车禁、园区就餐、园区消费、物业管理、社区消费等一条龙的整体服务，网络金融则依托现有业务，提供更具象化的场景，满足园区、社区的运营管理者以及企业、个人的各类服务需求。"中银易商e社区"能够实现物管公告、缴费、报修、周边商户下单、银行服务预约等多重功能，让业主足不出户就了解小区最新的物业公告，随时浏览购买网上金融超市的高收益理财产品，随时随地查阅缴纳水电、煤气、物业等小区各类日常生活费用。中银易商e社区宣传图如图3-5所示。

图3-5　中银易商e社区宣传图

📖 讨论案例

某银行互联网授信业务的探索

1. 项目背景

某大型国企A，近期在经营上出现了很多困难。由于国家的政策法规及相关的技术牌照限制，A公司业务范围内的多项新型业务无法全面展开。同时，受行业内竞争对手的冲击，A公司在一季度的客户新增数量大幅下滑。此外，中小企业的兴起及新兴产业的逐步成型，势必对传统的业务形成冲击。因此，A公司的短期市场形势不容乐观。

面对这种情况，A公司希望通过推出互联网金融模式（简称A金融）的方式，将旗下的B2B电商平台业务在市场上进行推广，以确保A公司在上下游产业链的行业地位，并增加新的利润增长点。该互联网金融模式主要是根据A公司的几十万家以中小企业和个体工商户为主的代理商在A公司开发的B2B电商平台上经营行为的大数据进行分析和对未来收益进行预测。B银行则根据数据信息，结合电商与银行审批系统专线对所提取的经营数据进行独立审查，为代理商核定授信额度，用于支付该B2B平台上下游企业直接的订单货款。

2. 项目的难点与职责分工

显然，新生的A金融项目需要在A公司和B银行的共同合作下才能完成；且在这个互联网金融项目中，A公司负责互联网，B银行负责金融。从产业链的角度来看，B银行是产业链上游的供应商，A公司则更像是经销商，而A公司电商平台上的各种中小企业、个体工商户是A金融项目的最终消费者。

从本质上来说，A公司倡导的A金融项目还是一种金融服务，是有别于银行信贷业务的，基于大数据、线上办公等互联网特性的金融服务。风险控制是金融服务的重要环节，也是银行机构的核心竞争力。因此，探索互联网金融合作模式的核心问题还是在于风险控制，怎样将风险降到最低是合作双方需要解决的主要课题。由于这是双方在互联网金融方面的第一次尝试，基本都是"摸着石头过河"。

对A公司来说，工作相对简单，却至关重要——数据的核心维护。数据是A金融模式的核心，是银行防范信用风险的基础。银行给客户多少贷款才能保证客户不会还不上，又能保证银行自身收益，都是根据A公司提供的数据进行测算的。因此，数据的积累量、真实性、时效性等问题是该金融模式能否成功实施的关键。

和A公司不同，B银行是最终承受风险的一方，是金融服务的最终提供者，相对于A公司，B银行所面临的风险压力更大。除信用风险外，还包括国家在互联网金融方面的政策风险，以及业务全面线上化的操作风险，这些都是B银行需要解决的问题。为了应对上述各类风险，B银行需要研究现行政策法规，开发新的各类数据分析模型，设计新的授信产品及业务流程，制定新的管理办法，开发适应电商平台的线上服务系统，提出完整的解决方案。

不难想象，B银行在内部推行A金融项目所遇到的阻力也会空前强大，这不仅仅是因为工作量大、业务部门多，还因为很多环节是颠覆传统理念的，是不符合传统银行业的信贷思想的，例如，A金融项目是纯信用类的授信，A公司平台上的代理商不需要向银行提供任何抵押物、质押物或担保，即可通过银行获得一笔贷款。这与银行原本通过房、车等抵押物、质押物或担保公司的担保来覆盖风险敞口的惯例相背。尤其是对中小企业及个体工商户，纯信用授信更是一种风险极高的业务，商业银行通常只会对资产十分优质且相互合作时间较长的企业批准此类授信。像上述这种受到B银行内部质疑的环节还有很多，包括开户流程、线上贸易票据交付、授信线上系统审批、计息原则等。

由于风险太大，各个部门不敢承担责任，A金融项目在B银行的进展速度并不快，经常是十几个各部门讨论一天，最终所有的方案全部被否决。在这种情况下，B银行的领导表现出了对A金融项目的高度重视，多次以专题会议、现场调研等方式推动项目，以项目需求带动行内创新。很显然，B银行在面对如此多不利条件下，仍然积极推进项目，绝不仅仅是希望赚取其中的收益，更是因为项目为B银行带来的其他收益。

3. 项目对B银行的重大利好

B银行在得到业务需求后，对该项目极为重视，行领导在每个决策关键节点上，都亲自出面，强力推动合作进展，充分显示出互联网金融的探索精神和敏锐嗅觉。这说明在互联网金融的创新模式下，不仅大型传统企业有需求，大型金融机构也有迫切合作的意愿。这主要集中在下面几个方面的利好。

（1）打造互联网金融共赢模式。A公司拥有大型国企背景，代理商有几十万家，与A公司这样既具备传统产业优势，又有创新动力的企业合作，既有利于A公司探索新业务模式、巩固行业地位、建立良好的客户关系，又有利于B银行快速抢占互联网金融入口，稳固与A公司的合作关系。

（2）搭建互联网贷款的基本框架和系统雏形。该业务要求B银行能支持向代理商提供全流程在线的信用贷款，突破了传统银行线下授信模式下的逐户调查、评级、核定授信的手工操作模式。B银行希望以此为基础，建立互联网贷款管理系统的基础功能、标准业务流程、风险防范机制，形成互联网贷款产品的基本框架和系统雏形。

（3）规模效应明显，为客户拓展和派生业务另辟蹊径。项目不仅可以获得较好的经济收益（年化贷款利率超过10%，远高于传统信贷业务收益），更重要的是，它提供了一条颠覆传统拓展客户模式的捷径，有利于B银行向B2B平台上的中小企业、个体户进行快速扩张。

（4）抢占互联网金融商机。根据市场调查显示，A公司的需求具有较强的普遍性，有利于银行开发企业经营融资和支付的产品。此类产品通过简单的个性化修改，即可满足市场上与A公司较为相似的其他大型公司的需求，成为B银行拓展客户的利器。

4. 项目对A公司的益处

项目为A公司的B2B电商平台上的中小企业和个体工商户提供贷款，从而有利于平台上的代理商日常经营，提升平台的活跃度，使A公司在电商平台上占据领先地位。形成A公司的整体品牌优势，巩固A公司的行业地位。

5. 解决方案

双方经过8个月的反复磋商及内部协调，终于在2014年年底正式在中国某省试点上线。最终解决方案如图3-6所示。

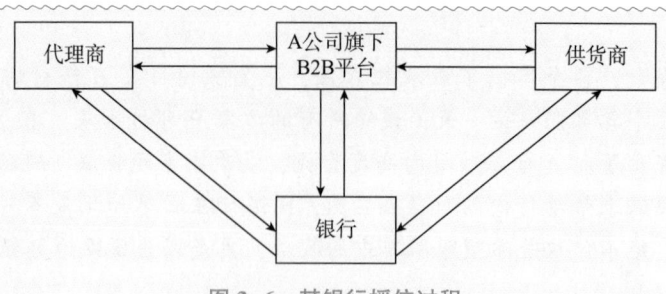

图 3-6 某银行授信过程

（1）由 A 公司对 B2B 平台上的代理商进行筛选，将存在金融需求、合作时间长、业务数据较好的优质客户推介至银行。B 银行网贷系统利用模型和规则计算预授信额度，并将客户分配至客户经理。

（2）A 公司代理商向 B 银行申请贷款，为在 A 公司平台以银行贷款资金支付订单货款提前做好准备。批准的贷款额度有效期一年；额度有效期内可以不限次数提款和还款、每笔提款的用款时间不超过 60 天，可以提前还款；贷款利息按日计算，利随本清，按实际用款天数计算利息。该贷款日息为万分之四。同时，A 公司在贷款中支付一定金额的手续费。

（3）B 银行在收到贷款申请后，根据代理商信息，将各代理商分配至客户经理。客户经理上门亲访意向客户，对其进行面谈，收集客户基本材料，并引导客户开立 B 银行借记卡、办理网上银行、签署贷款合同。客户经理需要将面谈结果及收集到的信息录入 B 银行系统。B 银行根据各类信息，调用决策模型，进行审批。

（4）代理商在线上向 B2B 平台提出贷款申请。

（5）B2B 平台通过系统接口实时向 B 银行网贷系统传送基于订单的放款指令。

（6）B 银行网贷系统收到 B2B 平台的放款指令后，进行放款前风险检查。若检查通过，则网贷系统将款项打至供货商的存款账户。

（7）代理商在线上向 B2B 平台提出还款申请。

（8）B2B 平台通过系统接口向 B 银行网贷系统发送客户还款指令。

（9）B 银行从借款人账户直接划扣，收取本金、利息。

（10）将交易的手续费转存至 A 公司账户。

资料来源：作者依据访谈资料整理。

二、传统银行与互联网企业的金融合作

"共生"是一个生物学名词，是指两种不同生物之间所形成的紧密互利关系。在共生关系中，一方为另一方提供有利于生存的帮助，同时也获得对方的帮助。互利共生会使得共生的成员彼此都受益。1966 年艾德勒（Adler）在《哈佛商业评论》上发表题为《共生营销》的文章，提出了共生营销（Symbiotic Marketing）的概念。这就是合作营销的理论雏形。共生营销，也称合作营销或协作营销，是指两个或两个以上的品牌或企业，为了实现资源的优势互补，增强市场开拓、渗透与竞争能力，达成了长期或短期的合作联盟关系，共同开发和利用市场机会，以期达到共同生存、共同成长的目标。

（一）做好后台资金服务，支持互联网企业金融业务

受监管等因素的影响，以第三方支付为代表的互联网金融不可能脱离银行，反而必须依赖于银行，如备付金账户仍然是互联网第三方支付无法绕开的一环。也就是说，互联网金融机构的资金一定要以不同的形式存放在各家商业银行。由此，关联银行就成了互联网金融企业的资金后台。后台服务如何，直接关系各银行可获得的资金数额及其所带来的利益，因为存放在银行的资金是要支付费用的。

根据 2013 年 6 月中国人民银行公布的《支付机构客户备付金存管办法》，支付机构接收的客户备付金必须全额缴存至支付机构在备付金银行开立的备付金专用存款账户。该办法所称客户备付金，是指支付机构为办理客户委托的支付业务而实际收到的预收待付货币资金；所称备付金银行，是指与支付机构签订协议、提供客户备付金存管服务的境内银行业金融机构，包括备付金存管银行和备付金合作银行。2014 年 5 月中国建设银行与支付宝（中国）网络技术有限公司签署第三方支付机构备付金存管框架协议，中国建设银行成为支付宝备付金存管银行。

早在 2011 年，中信银行就计划通过阿里巴巴的电子商务平台，共享数百万家的中小企业客户资源。2011 年 4 月 20 日，中信银行与阿里巴巴集团在北京签署全面战略合作协议。根据合作协议，在零售银行业务方面，双方推出"无限额"快捷支付信用卡。对信用良好的网上支付客户，中信银行提供没有支付额度限制的信用卡，这是银行与阿里巴巴第三方支付的创新产品。

对中信银行而言，通过与阿里巴巴的合作，有益于增加信用卡发卡量，扩大信用卡消费额。不仅如此，双方进行全面合作后，阿里巴巴将向中信银行提供包括云计算在内的数据分享，帮助更多的中小企业融资。通过阿里巴巴的互联网平台，中信银行可以获取广大的中小企业客户，并在广泛开展传统小企业信贷业务的同时，探索开展网络联保贷款、订单融资等创新型融资业务。

（二）互联网金融企业托管、存管资金

托管作为中间业务，具有不占用经济资本、收入稳定、低成本、资金沉淀稳定、业务协同效应显著等优势，业已成为各商业银行新的利润增长点，故此属于商业银行的战略性业务。截至 2021 年年末，全市场共有 58 家托管机构，包括 30 家商业银行、27 家证券公司以及中国证券登记结算有限责任公司。

银行业资产托管规模有望稳健增长。2020 年年末银行业资产托管规模近 170 万亿，当年托管费收入达 529.6 亿元。随着居民财富增长及财富管理的大发展，未来托管规模有望保持近 10% 的增速。托管业务各品类规模占比均衡，但费率差异明显。

从目前情况来看，估算托管费收入、托管账户沉淀存款带来的净利息收入占总营收的 1%~2.5%。托管业务同质性较高，竞争激烈，近年来托管费率走低，其继续下降空间有限，主要由于托管服务内容不断增多、系统改造和人力成本逐年提升、监管约束等。

对标海外，国内托管业务将趋于集中化专业化及国际化。海外托管业务呈现四大特点：一是行业高度集中；二是法律法规健全；三是金融科技赋能，增值服务不断丰富；四是托管业务全球化。

竞争加剧，各类机构差异化发展。短期看，由于城农商行/券商/外资行陆续获得托管资质，入局者增加，行业集中度有所下降。但由于托管业务同质性较高，且有规模优势，

长期看行业集中度必然提升。大行先发优势/代销优势明显，在公募基金/保险资金/养老金托管业务中份额较高；股份行依托其同业/资管业务投资 SPV，带动托管业务发展；城农商行规模体量小，通过整合行内资源，发力资管计划/银行理财/信托。

银行全方位拓展，券商重点发力私募基金/指数基金。银行获取托管牌照较早且更齐全，各类业务拓展均衡。券商起步较晚，仅有证券投资基金托管牌照，为获取更多交易佣金，重点发力交易频繁的指数基金/私募基金。在公募基金领域，银行有先发优势、代销优势、投资优势，2021 年 4 月银行公募托管规模占比达 98.5%。在私募领域，券商优势明显，2019 年年末托管产品数量占比达 64%。

（三）联合办卡

下面以中信银行与支付宝快捷支付联合发售中信淘宝联名信用卡、中信白条联名信用卡为例。

2012 年 12 月开始，中信银行信用卡中心与支付宝快捷支付联合发售如图 3-7 所示的中信淘宝联名信用卡。通过网络渠道填写"淘宝信用卡"申请表，并通过"柜台取卡"或"网银验证邮寄取卡"方式发卡。客户在申请中信淘宝卡时，需要正确填写姓名、手机号、支付宝账户、地址、邮编信息。这些信息将作为用户参与开卡送红包活动的指定账户及抽奖活动奖品邮寄信息。

图 3-7 中信淘宝联名信用卡

对 2012 年 12 月 1 日至 2013 年 2 月 28 日期间成功申请中信淘宝卡的用户，自成功开卡后 5 个工作日后（2013 年 4 月 10 日前）可获得 30 元支付宝红包；自成功领取红包后 30 天内，在淘宝、天猫网站购物，并使用中信淘宝卡、支付宝快捷支付付款时，即可使用红包抵扣等值付款金额。红包不能提现、不设找零，不能与中信信用卡快捷支付同期每周三立减活动同时使用。若使用红包付款后发生退款，红包将退回支付宝账户，但仍须在有效期内使用。每个用户只能参与一次红包活动，且参与活动的中信淘宝信用卡用户为中信信用卡新用户，即用户名下无其他中信信用卡。

2015 年 8 月 27 日，中信银行信用卡中心与京东金融在北京联合举办"就是要白"的新闻发布会，共同宣布推出国内首张"互联网+"概念信用卡——中信白条联名信用卡，简称"小白卡"，如图 3-8 所示。

图 3-8 中信白条联名信用卡

一般说来，无论是到银行申请信用卡，还是银行销售人员上门服务，都需要填写纸质表格。而"小白卡"申请取消了纸质表格，全程线上操作，填写内容为个人基本信息和工作单位信息，办理速度快。

"小白卡"能享受一些优惠：第一，免息期增加到 80 天（普通信用卡的免息期一般为 50 天，加上原有的通过京东打白条在京东购物享受 30 天免息）；第二，截至 2022 年 2 月，成功开通"小白卡"的用户，首次刷卡消费即送 25 元刷卡金，之后每月刷卡都会送 5 元京东白条代金券；第三，6 期免息券、20 元白条立减券、280 元京东支付立减券、10 倍钢镚加速等。

（四）联合开发互联网理财

2015 年 8 月 19 日，中国第一张互联网金融理财银行卡由厦门银行和 91 金融联合发布。该卡于 2015 年 7 月 10 日在中国银联完成备案，是国内首张由互联网金融公司与传统银行共同发行的理财银行卡。拥有此卡的消费者既能享受到互联网金融理财的便捷，又拥有传统银行的安全性。

"厦门银行-91 金融"联名银行卡拥有厦门银行借记卡的所有功能和服务，包括自助兑换台币、通存通兑，以及异地取款、转账免费等功能。同时，该卡兼备互联网金融理财功能，持卡用户不仅能够在 91 金融购买到更高收益率的理财产品，还可以享有 91 金融与厦门银行联合发行的定制化理财产品。故此卡也称为"互联网理财特色卡"。"厦门银行-91 金融"联名银行卡如图 3-9 所示。

图 3-9 "厦门银行-91 金融"
联名银行卡

"厦门银行-91 金融"联名银行卡采用的是直联系统，这意味着持卡用户可以直接通过该卡购买 91 金融所有理财产品。这些产品安全性等同于银行理财产品，收益率又高于银行理财产品，可以说是银行业与互联网金融业合作带给用户的优惠。并且，整个交易过程全部在银行系统中进行，资金无须再经过第三方平台转账，从而实现真正的银行存管，保障用户资金的绝对安全，也完全符合《关于促进互联网金融健康发展的指导意见》中的银行第三方存管政策。

📖 讨论案例

中国银行牵手阿里巴巴、蚂蚁集团

2020年8月24日，中国银行与阿里巴巴、蚂蚁集团在杭州签订全面深化战略合作协议。三方将根据新的形势，加快构建互联网+金融的合作发展新生态。根据协议，基于"对等开放、互利共赢"的合作原则，各方将发挥各自优势，整合平台、用户、市场、渠道、数据和技术等资源，致力于成为数字经济时代下互联网公司与金融机构深度合作的典范。

中国银行方表示，随着互联网与科技的发展，金融业正在发生深刻变革，快速步入数字化时代。此次全面战略合作协议的签署，是深化银企合作、促进银企共赢的新起点，也是中国银行深化数字化转型、引领高质量发展的一个里程碑。希望利用中国银行超过百年的积累沉淀，为阿里巴巴集团、蚂蚁集团带来新的业务发展契机，同时也为中国银行在数字时代的发展和转型提供助力，携手共赢发展、同创美好未来。

蚂蚁集团表示，阿里巴巴集团和蚂蚁集团在长期的科技应用过程中积累了丰富的创新技术和应用经验，中国银行则在金融领域具有广泛的网络和卓越的专业能力，希望此次合作能聚集双方的优势资源，共同探索金融与互联网融合发展的有效途径。同时，本次签约也代表了科技企业与商业银行对金融科技创新前景的共同期待。双方携手，将在数字经济的浪潮下，更好地服务广大消费者和小微企业，更好地服务实体经济。

当天现场，三方交流表示，通过此番全面深化战略合作，围绕双方特色板块业务优势，加强双方联动，聚焦重点领域创新，打造标杆效应，实现合作共赢。根据协议，在当前合作的基础上，中国银行、阿里巴巴、蚂蚁集团将在传统金融、个人数字金融、金融科技、综合化经营、市场创新等领域升级合作。尤其是将利用互联网技术优势，共同开展金融科技合作和创新，包括数字化转型和互联网场景融合、网点智能化转型等，双方将筹建联合实验室应用于智能化的场景。

近年来，国内银行业与金融科技平台通过合作，优势互补、资源共享，走出一条既"普"且"惠"的金融之路。随着中国银行、阿里巴巴、蚂蚁集团在数字技术、云计算、人工智能、物联网、5G应用、区块链等创新技术领域的合作日益深入，将为包括小微企业和大众金融消费者在内的所有客户，持续提供优质、领先的金融服务。

（五）合办互联网银行

2015年11月17日，上市公司中信银行发布公告称，根据业务需要，为进一步推进中信银行在互联网金融领域的业务，发展普惠金融、支持实体经济，董事会同意拟与百度共同设立直销银行，该直销银行拟定名称为"百信银行股份有限公司"，注册资金暂定为20亿元人民币，拟由中信银行绝对控股。

事实上，中信银行与百度结缘已久。2015年6月5日，百度与中信银行就曾签署全平台战略合作协议，并计划在联名信用卡、新型电子商务平台、大数据、云计算、金融支付、客户关系管理、App、位置信息服务以及其他金融产品等相关业务方面进行深度合作。作为最大的中文搜索引擎，百度手握搜索、贴吧、O2O等多个生态平台，拥有巨大的流量入口优势和大数据分析能力，这些恰是转型中的传统银行所看重的。

百信银行业务覆盖消费金融、财富管理、汽车金融、小微金融和金融同业等，陆续发布了好会花、钱包Plus、百度闪付卡、百车贷、百商贷、百兴贷、百票贴等数字金融产品。

2020年11月，银保监会正式批复百信银行增资扩股方案，同意引入加拿大养老基金作为新战略投资者。"让百姓乐享简单可信赖的金融生活"，这就是百信银行发展的口号。

第四节　互联网银行的运行模式

进入互联网时代，互联网企业金融业务如火如荼地展开，传统商业银行物理网点的重要性减弱。网点租金和人工成本上涨，硬件维护成本和设备更新投资需求在竞争的压力下大幅度"被动"上升，进一步加大了银行网点的盈利压力，提升网点渠道整体投资回报率成为银行关注的核心问题。面对网点这种"昂贵"的渠道资源，银行转型迫在眉睫。近两年，手机银行、直销银行等在传统银行互联网化的进程中呈快速增长之势。

一、网上银行与手机银行

网上银行（Online Bank）是指传统银行开通网络服务，以便于客户办理金融业务。如今，几乎所有商业银行均已开通网上银行业务。网络已成为商业银行向客户推送现有金融产品或业务的一种新渠道。同时，如果用移动终端（手机）上网，接入网上银行，则又称手机银行。网上银行或网络银行有广义与狭义之分。狭义的网上银行就是传统银行的网络窗口，此时的网上银行属于传统银行业务的网络渠道；广义的网上银行包括直销银行，它不仅仅具有狭义网上银行的属性，还有直销银行的属性，既是生产者（设计金融产品），又是中间商或渠道商（分销金融产品）。当然，直销银行不仅仅借助互联网，还可以采取信件、ATM和电话等远程通信手段来提供服务。

手机银行作为移动的网上银行，PC网上银行的手机客户端，自然也有广义与狭义之别。狭义的手机银行是第一阶段的手机银行，其性质就是狭义网上银行的手机客户端，是渠道；广义的手机银行是现阶段（第二个阶段）的手机银行，包括了狭义手机银行，也包括了直销银行的手机客户端。其性质不仅仅是渠道形式，已经变成了平台，兼有了产品属性。

（一）质疑安全与营销不足制约了手机银行的快速发展

手机银行是网上银行的延伸，也是继网上银行、电话银行之后又一种方便银行用户的金融业务服务方式，有贴身"电子钱包"之称。手机银行一方面延长了银行的服务时间，扩大了银行服务范围，另一方面无形地增加了许多银行经营业务网点，真正实现了24小时全天候服务，拓展了银行的中间业务。

而有相关调研报告显示，手机银行用户在使用相关业务时最看重交易安全性，其次才是开通是否便捷，以及费用是否便宜。用户对手机银行安全性的担忧，是阻碍手机银行进一步发展的重要因素。用户普遍最担心的是手机银行的安全性，手机丢失后产生较大损失、手机银行防护措施，以及手机信息易被窃取是关注度最高的三个安全问题。

调查中，问及受访用户选择哪一家手机银行时，代发工资银行的手机银行开通使用率最高；其次的选择依据是使用功能丰富、优惠力度大和知名度高等。除了受用户的当前银行账户和银行卡使用习惯影响以外，企业（银行）在手机银行方面的营销力度不够也是重要的影响因素。

（二）便捷使用满足需求，手机银行迅猛发展

网上银行与手机银行经过多次升级，相继提升了各自的功能，使得它们不再仅仅是渠道，而是兼有渠道和产品的双重属性，由此，网上银行与手机银行就有了平台意义，是移动支付平台。借助网上银行、手机银行实现存、贷、汇等金融功能的用户越来越多，可谓连年增长，而且是大幅度增长。

从 2021 年年报来看，中国工商银行、中国建设银行、中国农业银行分列三家手机银行个人客户总数前三，总计超 12.86 亿户。中国工商银行披露，个人手机银行客户突破4.69 亿户，其手机银行网点业务替代率已超 90%。中国建设银行个人手机银行用户数达4.17 亿户，增幅 7.52%。截至 2021 年年末，中国农业银行手机银行注册客户超过 4 亿户。另外，邮储银行手机银行客户规模突破 3.26 亿户；中国银行手机银行注册用户规模已超2.35 亿户；交通银行 2021 年年末手机银行月度活跃客户数达 3 811.03 万户。通过各大行年报发现，近几年各家银行均较为重视手机银行 App 的搭建。

"从各家银行年报披露的数据看，中国工商银行、中国建设银行、中国农业银行等手机银行个人用户数或者注册数均在 4 亿户以上，可以看出三家银行在移动端的争夺较为激烈。"零壹研究院院长对《证券日报》记者表示，从数据看，在 2021 年三家大行的手机银行月活均出现 30%以上的同比增长，非常不易。接下来，如何进一步激活存量用户，转化成活跃用户，促进业务增长，是各家手机银行运营的重点。

随着银行线上化转型的步伐加快，提升用户体验和服务质量成为银行机构共识。各大行手机银行正向精细化、创新性方向发展。多家银行在 2021 年年报中提及，为不同客户群体的体验感和需求推出"定制化"服务。

比如，中国工商银行针对不同的应用群体推出了多个专属版本手机银行。其创新打造了多个专属版本来提升老年、县域、小微、跨境、代发工资等重点客群专属服务，满足客户多元化金融需求。

用户一旦开始使用手机银行后，就会将查询业务、简单的小额的业务、需要外出办理的业务转移到手机银行上。手机银行给用户提供的强大功能，使用户逐渐形成首选手机银行，甚至只用手机银行的习惯。

网上银行和手机银行 App 排名如表 3-4 所示，这说明近年来各家商业银行的 PC 端网上银行与移动端手机银行的发展并不平衡。有的银行 PC 端网上银行的发展在行业中领先，位居前 10 位，但移动端的手机银行发展不尽如人意，如平安银行、广发银行和民生银行；相反，有的银行移动端的手机银行发展位居前 10 位，但 PC 端网上银行的发展略显薄弱，被竞争对手挤出了前 10 位，如邮政储蓄银行、兴业银行和光大银行。招商银行与中信银行在 PC 端网上银行和移动端手机银行都有上乘的表现，都是前 10 名。在此还要特别指出的是，四

大国有银行在网上银行和手机银行领域都处在行业领先地位，都是前五名的行业排名。

表3-4　网上银行和手机银行 App 排名

排名	网上银行排名	域名	App 排名
1	中国银行	boc. cn	中国工商银行手机银行
2	招商银行	cmbchina. com	中国建设银行
3	中国工商银行	Icbc. cpm. cn	中国农业银行掌上银行
4	中国建设银行	ccb. com	招商银行
5	中国农业银行	adchna. cpm/cn	中国银行手机银行
6	交通银行	bankcomm. com	中信银行手机银行
7	平安银行	bank. pingan. com	邮储手机银行
8	中信银行	bank. ecitic. com	交通银行
9	广发银行	cgbchina. com. cn	兴业银行手机银行
10	民生银行	cmbc. com. cn	光大银行手机银行

这一定程度地说明四大国有银行在互联网（包括 PC 端和手机端）金融领域并不是"后进生"，相反在网上银行和手机银行领域还是行业的领先者。

2021 年电子银行交易额增长 20%，达到 2 174.54 万亿元，用户规模达到 8.72 亿，以互联网业务为主的电子银行业务在全部业务量的比重超过 90%。

二、直销银行与互联网银行

直销银行是一种商业模式，也是一种经营理念，是指业务拓展不以柜台为基础，而主要通过电子渠道提供金融产品和服务来从事银行运营及客户开发。这种适应互联网时代的新型银行运营模式及客户发现机制，打破了时间、地域、网点等限制，主要表现形态就是"去实体化"，所以，直销银行常被称为在线银行。

（一）城市银行率先兴办直销银行

在与境外战略合作伙伴荷兰 ING 集团研发筹备多年后，北京银行直销银行服务模式于2013 年 9 月 18 日在北京正式开通，标志着国内第一家直销银行破土萌芽。

据了解，在世界范围内，直销银行最早可追溯到 1965 年在法兰克福成立的储蓄与财富银行。目前欧洲同时也是全球最大的直销银行机构 ING-DiBa，是与北京银行具有战略合作关系的 ING 集团的下属分支机构，可向客户提供活期账户、储蓄账户、个人房地产金融以及中间业务等各种金融产品。北京银行在国内率先引进并开通直销银行服务，其模式并非简单复制，而是结合我国特点进行了大量探索创新。这是我国金融服务创新的体现，也有利于借助互联网技术深刻变革传统金融服务模式，让实体网络和虚拟网络互补结合，让便捷性和安全性有效统一，为客户提供更好的服务体验。

继北京银行直销银行投入运营后，民生银行、兴业银行、平安银行等也都相继上线了自己的直销银行，推出了自己的金融产品。

（二）国有大行直销银行发展强劲

2015 年 2 月 9 日起，中国工商银行推出工银直销银行（原工银融 e 行），供部分工商银行内部员工试用。2015 年 11 月 18 日起，品牌更名为工银直销银行。根据工商银行公开资料，工银直销银行是指不依托工商银行物理网点和柜员，客户可以通过互联网方式直接完成在线注册、购买产品、获取服务，主要交易均通过互联网操作完成的一种线上线下融合的金融服务模式。只要客户持有任意一个银行的银行卡，就可享受便捷的投资理财服务；产品覆盖存款、保险、理财产品、账户贵金属、公积金等，满足客户的核心投资理财需求；提供方便快捷的体验，在"点触"之间投资理财，7×24 小时提供服务。

至 2021 年年底，直销银行移动端用户接近 1.1 亿户，年交易额超过 10 万亿元。

（三）各直销银行参差不齐

直销银行，不同于互联网银行（在中国主要表现为民营性质＋互联网科技属性的银行），也不同于手机银行、网上银行。

直销银行最早出现于英国的 First Direct，通过提供 24 小时电话服务开展业务，目前最成功的直销银行是荷兰的 ING 集团，其中一半的从业人员为客服人员，仅开设极少的"咖啡屋"形式的网点。

在我国，直销银行的建立则有特定的时代特点。2013 年 6 月，蚂蚁金服推出余额宝，同年 8 月，财付通与微信合作推出微信支付。而这一年也成了直销银行在中国兴起的元年：7 月，中国民生银行设立直销银行部；9 月，北京银行与荷兰 ING 集团达成合作意向。

2017 年，第一家具有独立法人性质的直销银行——百信银行成立，标志着又一家互联网性质的巨头公司进入银行业。到 2020 年年底，陆续有国有银行设立的独立法人性质的直销银行获批，如同一时间获批筹建的招商拓扑银行和邮惠万家银行。招商拓扑银行由招商银行和京东科技旗下网银在线共同成立，延续了百信银行的合作思路，具有强强联合的发展优势。邮惠万家银行由以物理网点众多为特色的邮储银行成立，系首家国有大行开设的独立法人直销银行。

从 2014 年的 20 余家到 2021 年的超过 100 家，直销银行的发展现状是几家欢喜几家愁，有的已经实现盈利，成为本行的特色业务；有的则下线、整合；有的还在摩拳擦掌，准备大显身手。2021 年 5 月直销银行排名（前 10 名）如表 3-5 所示。

表 3-5　2021 年 5 月直销银行排名（前 10 名）

排名	银行名称	直销银行名称	用户体验（40%）	产品设计（30%）	市场营销力（30%）	总分
1	江苏银行	天天理财	9.6	9.7	9.6	9.63
2	徽商银行	徽商有财	9.4	9.5	9.5	9.46
3	中国民生银行	民生直销银行	9.4	9.5	9	9.31
4	兴业银行	兴业银行直销银行	9.5	9.4	8.5	9.17
5	平安银行	平安银行口袋	9	8.8	8.3	8.73
6	上海银行	上行快线	9.2	8	8.3	8.57
7	宁波银行	宁波银行直销银行	8.5	8.6	7.7	8.29
8	中信银行	百信银行	8.5	8.5	7.7	8.26
9	北京银行	北京银行直销银行	8.6	8.4	7.4	8.18
10	恒丰银行	一贯	8.2	8.3	7.5	8.02

民生银行直销银行市场表现好，且比较稳定。其原因是多方面的，在此不得不提及的原因之一是，在经营模式、产品推广、获客渠道上，民生银行直销银行基本上是与母体剥离的独立子机构。与此同时，民生银行直销银行与民生银行的互动也一定程度提升了直销银行的市场认知与信任，民生银行的官网界面简洁，直销银行显示得非常清晰；与此相对，民生银行直销银行的页面也非常简洁，有"返回中国民生银行首页"的醒目标示。

 拓展阅读

电子银行、网上银行、直销银行的区别

随着网络的发展，尤其是智能手机的普及，互联网银行、互联网金融得到了飞速的发展，银行相继开通了网上银行、手机银行、直销银行等各种银行业务，那么这些银行业务之间有什么区别？

网上银行

网上银行是银行通过互联网向客户提供账户管理、转账汇款、投资理财、信息查询等 7×24 小时全天候不间断金融服务的渠道，分为个人网银和企业网银。目前几乎所有银行均已开办网上银行业务，是目前应用最广泛的一种方式，不用去银行，就可以轻松完成转账、查询余额等业务。

产品特点：功能丰富，界面清晰；转账汇款，方便快捷；行内转账免费，免收网银互联转账手续费，跨行转账手续费执行优惠折扣；安全可靠，提供 USBKey 数字证书认证，免收 USBKey 工本费。

手机银行

手机银行顾名思义是在手机端登录的银行，是银行为客户量身打造的移动金融服务平台，其实也是网上银行的一种，为客户提供账户管理、转账汇款、投资理财、移动支付、信息查询等 7×24 小时全天候不间断的金融服务。

手机银行最大的特点就是行内、行外转账免手续费。

直销银行

直销银行通过互联网向客户提供电子账户开户、投资理财等金融服务，不发放实体银行卡，不设营业网点，只需要本人身份证、手机号及一张本行或指定其他银行的借记卡就可以完成直销银行的注册、开户手续。

直销银行目前在国内还是一个新生事物，但是发展速度很快，竞争也很激烈。直销银行让很多传统银行看到了重生的机会。

产品特点：投资门槛低，投资收益高；期限灵活，购买方便；资金安全有保障，免收账户开户费、管理费、年费。

第五节　互联网银行的监管

一、互联网银行易出现的问题

（一）互联网银行机构账户功能受限，客户存款规模低

2015 年 12 月央行出台《关于改进个人银行账户服务加强账户管理的通知》，明确将银行账户分为Ⅰ类、Ⅱ类和Ⅲ类账户三种。Ⅰ类银行账户要求用户在现场渠道开户，Ⅱ类和Ⅲ类账户可在远程完成开户。其中Ⅱ类和Ⅲ类不能独立存在，需用户开通Ⅰ类账户方可开通。互联网银行远程开设存款账户，属于Ⅱ类和Ⅲ类账户，账户功能与限额具有局限性。中国个人银行账户类型如表 3-6 所示。

表 3-6　中国个人银行账户类型

账户类型	开户条件	开户方式	账号功能	限额
Ⅰ类账户	直接开户	柜面，或远程制品柜员机和智能柜员机开户，并现场核实身份	全功能账户：办理存款、购买理财产品、支取现金、转账、消费和缴费等支付行为	无限额
Ⅱ类账户	需开通Ⅰ类账户	Ⅰ类账户开户方式、网上银行和手机银行开户，同时需绑定开户人的同名Ⅰ类账户	办理存款、购买理财产品、转账、消费和缴费等支付行为	与个人绑定账户转账无限额，消费及支付单日不超过10 000 元
Ⅲ类账户	需开通Ⅰ类账户	Ⅰ类账户开户方式、网上银行和手机银行开户，需同时由开户人从同名Ⅰ类账户向Ⅲ类账户转入任意金额	消费和缴费等支付行为	账户支付额度限制不超过 1 000 元

互联网银行的用户银行账号功能受限，用户储存规模较低。业务规模方面，互联网银行资产负债规模保持稳步增长趋势。截至 2021 年 9 月，网商银行实现总资产 3 746.4 亿元，总负债 3 574.42 亿元；新网银行总资产 502.7 亿元，总负债 447.71 亿元；亿联银行总资产 580.83 亿元，同比增长 51.34%，负债总额 548.03 亿元，比年初增加 128.51 亿元，同比增长 51.48%。

（二）互联网银行机构的信用风险增加

互联网银行的客户群体是传统银行机构难以覆盖的长尾用户，其抵押担保资质较弱，且收入稳定性不强，抗风险能力较低。同时，部分小微企业或个人用户尚无信贷记录，仅依靠其在淘宝、天猫、微信、QQ 等互联网平台中的行为数据进行信用风险评估，这会提高互联网银行机构的信贷经营风险。

此外，小微企业存在财务制度不健全以及偿还能力弱等诸多问题。在财务制度建设层

面，多数小微企业没有聘请专职的财务人员对企业财务进行科学管理，财务管理水平较低，小微企业对现金管理不足。在经营层面，受经济下行、监管趋严等影响，小微企业盈利空间承压，资金回报周期长，资金链短缺的频率增加，如部分生产制造小微企业受环保监管政策影响，需停顿整改，且业务调整难度大，企业经营成本难以降低，企业经营风险加剧。小微企业的经营风险增加，使互联网银行的信用风险提升。

二、中国互联网银行行业相关政策法规

近年来，国家日益重视面向小微企业等群体的金融服务，先后出台《推进普惠金融发展规划（2016—2020年）》《中国银监会办公厅关于2016年推进普惠金融发展工作的指导意见》《关于进一步深化小微企业金融服务的意见》等普惠金融政策，缓解小微企业等群体"融资难、融资贵"困境。普惠金融政策的颁发与实施推动了银行普惠金融业务增长。互联网银行作为银行行业的细分领域，其普惠金融业务增速亦加快。中国互联网银行行业相关政策如表3-7所示。

表3-7　中国互联网银行行业相关政策

政策名称	颁布日期	颁布主体	主要内容及影响
《关于规范商业银行通过互联网开展个人存款业务有关事项的通知》	2021.01	人民银行	商业银行不得通过非自营网络平台开展定期存款和定活两便存款业务
《关于进一步深化小微企业金融服务的意见》	2018.06	人民银行、银保监会、证监会、国家发改委、财政部	银行金融机构要加强对互联网、大数据、云计算等信息技术的运用，改造信贷流程和信用评价模型，降低运营管理成本，提高贷款发放效率和服务便利度
《中国银监会办公厅关于2016年推进普惠金融发展的指导意见》	2016.02	原银监会	持续推进小微企业和农村金融服务工作，大力推广手机银行、网络银行等新兴终端服务渠道，丰富金融服务手段
《推进普惠金融发展规划（2016—2020年）》	2015.12	国务院	至2020年建立与全面建成小康社会相适应的普惠金融服务和保障体系，加大对新业态、新模式和新主体的金融支持，满足人民群众日益增加的金融服务需求

2015年12月，国务院印发《推进普惠金融发展规划（2016—2020年）》，明确表示至2020年建立与全面建成小康社会相适应的普惠金融服务和保障体系，满足人民群众日益增中的金融服务需求，特别是小微企业、农民、城镇低收入人群、贫困人群等对象，提高金融服务覆盖率、金融服务可得性和金融服务满意度。《推进普惠金融发展规划（2016—2020年）》对新业态、新模式和新主体的金融给予大力支持，一方面拓展城市金融服务广度和深度，显著改善城镇企业和居民的金融服务的便利性；另一方面推广创新针对小微企业、农户等对象的小额贷款，提高小微企业和农户贷款覆盖率。要持续落实利好政策，积极引导各类普惠金融服务主体创新金融产品和服务手段，降低金融交易成本，延伸服务半径。互联网银行作为普惠金融服务主体的一部分，其发展速度亦不断加速，互联网银行市场规模持续扩容。

2016年2月，银监会出台《中国银监会办公厅关于2016年推进普惠金融发展工作

的指导意见》，明确表示持续推进小微企业和农村金融服务工作，大力推广手机银行、网络银行等新型终端服务渠道，丰富金融服务手段。

2018 年 6 月，人民银行、银保监会、证监会、国家发改委和财政部联合印发《关于进一步深化小微企业金融服务的意见》，明确银行业金融机构要加强对互联网、大数据、云计算等信息技术的运用，改造信贷流程和信用评价模型，降低运营管理成本，提高贷款发放效率和服务便利度。国家政策大力鼓励银行业金融机构为金融科技创新产品服务，提高金融服务可得性，进一步驱动互联网银行加大技术研发投入，创新金融服务产品，增强技术与产品核心竞争力。

2021 年 1 月 13 日，银保监会和人民银行联合下发《关于规范商业银行通过互联网开展个人存款业务有关事项的通知》，明确规定商业银行不得通过非自营网络平台开展定期存款和定活两便存款业务，甚至包括由网络平台提供营销宣传、产品展示、信息传输等服务。

课后练习

一、单选题

1. 首先逃离传统银行适应互联网的储户是（   ）。

A. 高端储户　　　B. 中小储户　　　C. 大量资金客户　　D. 年轻储户

2. 使用者在微信零钱里没有余额，就需要绑定银行卡进行充值，造成大量资金（   ）原来所在的银行。

A. 流入　　　　B. 不变　　　　C. 流出　　　　D. 不确定

3. 余额宝等资金存入银行。如此大额的资金，大大增强了与银行的议价能力，必然要求银行支付（   ）普通存款户的利率。

A. 高于　　　　B. 低于　　　　C. 等于　　　　D. 不确定

4. 中国建设银行的（   ）属于商业银行版电商的传统银行升级。

A. 网上商城　　B. 善融商务　　C. 融 e 购　　　D. 交博汇

5. 百信银行是百度与（   ）的合办互联网银行。

A. 中国建设银行　　B. 中国银行　　C. 中信银行　　D. 交通银行

6. （   ）银行账户要求用户在现场渠道开户，（   ）账户可在远程完成开户。其中Ⅱ类和Ⅲ类不能独立存在，需用户开通Ⅰ类账户方可开通。

A. Ⅰ类、Ⅰ类和Ⅱ类　　　　　B. Ⅱ类、Ⅱ类和Ⅲ类
C. Ⅰ类、Ⅱ类和Ⅲ类　　　　　D. Ⅲ类、Ⅰ类和Ⅱ类

二、多选题

1. 互联网银行指以互联网为技术手段，为用户提供（   ）等金融服务的金融机构。

A. 存款　　　　B. 贷款　　　　C. 支付　　　　D. 结算

2. 传统的金融企业存在着开展互联网金融业务的可行性，主要表现在（   ）等方面。

A. 顾客基础　　　　　　　　　B. 风险管控基础
C. 人才保障　　　　　　　　　D. 政策法律的逐步放松与鼓励

三、简答题

互联网银行和传统银行在哪几方面存在不同，分别是什么？

四、案例分析题

2012 年 10 月，洪某在温州永嘉的一家银行办理了借记卡。2015 年 2 月，洪某发现借记卡被盗取了 10.25 万元，遂向当地警方报案。警方调查后发现，2014 年 11 月 22 日，犯罪嫌疑人假冒洪某的名义用假身份证在该行温州分行开通了网上银行业务，并获取了网上银行的客户证书和密码。接着犯罪嫌疑人在 2015 年 2 月 2 日通过网上银行将孔某借记卡内的资金分两次转出。

请思考：网上银行业务风险主要有哪些？如何避免这些风险？

五、实训练习

1. 请访问两家网上银行，调查其开通网上银行的主要程序，掌握其主要功能，了解其主要功能和其主要的风控策略，并对调查结果进行必要的分析和推断，并将结果填入表 3-8。

表 3-8 各银行网上银行分析

序号	银行名称	主要开通程序	主要功能	风控策略
1（示例）	中国建设银行	1. 登录网站 2. 阅读风险提示 3. 填写信息	1. 缴费 2. 转账	1. 短信验证码 2. 网银盾
2				
3				

2. 开通手机银行之后可以根据自有资金使用需求进行练习。

第四章
互联网保险市场

学习目标

1. 互联网保险的概念
2. 互联网保险的发展历程
3. 互联网保险的业务流程及营销模式
4. 互联网保险的发展现状、存在的问题及发展趋势

能力目标

1. 能够比较分析互联网保险和传统保险的异同点
2. 能够熟练掌握互联网保险的业务流程
3. 能够区分不同互联网保险的产品结构、营销方式
4. 能够分析互联网保险的未来发展趋势

情景导入

众安保险公司

2013年2月28日，受业界关注的众安在线财产保险股份有限公司（以下简称"众安在线"）正式获得原保监会批复。浙江阿里巴巴电子商务有限公司、深圳市腾讯计算机系统有限公司、中国平安保险（集团）股份有限公司等9家公司共同发起筹建众安在线，进行专业网络财产保险公司试点。这是保险行业一次重大创新，这也意味着在互联网与金融业大融合的新趋势下，中国互联网保险正式启动。众安在线定位于"服务互联网"，产品需求来自互联网，保险流程通过互联网技术手段解决，有望成为互联网金融渠道新的发展形态。正如业内知名人士所称，科技发展带来的变化是颠覆性的、革命性的。一旦市场准入政策限制得以突破，科技企业将快速抢占市场，对于传统金融业形成势不可当和毁灭性的冲击。在这一领域，目前保险业正在做的网

络销售仅是行业的第一步。

从价值链的角度分析，众安在线的参与方阿里巴巴、腾讯集团、平安保险分别处于价值链的三个环节：平安集团处在上游，主要为众安在线提供产品和理赔服务；阿里巴巴则专注于为新集团提供基于电商的网络销售渠道、交易平台和相关技术支持；腾讯集团则依托先前建立起来的庞大用户群体，通过微信二维码支付打通线上线下支付链条，为合作的成功提供用户基础。作为互联网金融背景下的网络保险公司，众安在线的产品本质依然是保险，这一特点决定了平安集团在团队中所发挥的核心作用，阿里巴巴与腾讯集团各自发挥自己的优势，但也存在较强的竞争关系。

随着电子商务平台的兴起，互联网市场迎来了新一轮的发展热潮，互联网保险作为一种便捷的投保渠道逐步进入人们视野。与传统保险渠道相比，互联网保险具有产品场景化、销售成本低、信息透明、便于互动、打破上门销售的限制等优势。

第一节　互联网保险市场概述

一、互联网保险市场概念

（一）互联网保险的基本概念

根据《互联网保险业务监管办法》规定，互联网保险业务是指保险机构依托互联网订立保险合同、提供保险服务的保险经营活动。其内涵包括以下两点。

（1）保险机构通过互联网和自助终端设备销售保险产品，消费者通过保险机构自营网络平台的销售页面独立了解产品信息，并自主完成投保行为；

（2）保险机构及其从业人员通过线下面对面、在线交流、语音通话、电话销售、媒体宣传等方式开展保险咨询和销售活动，向投保人提供互联网投保链接的，属于互联网保险。

保险公司或新型第三方保险网以互联网和电子商务技术为工具来支持保险销售的经营管理活动，实现了保险信息咨询、保险计划书设计、投保、交费、核保、承保、保单信息查询、保全变更、续期交费、理赔和给付等保险全过程的网络化。

总结下来，互联网保险指保险机构依托互联网和移动通信等技术，通过自营网络平台、第三方网络平台等向用户提供保险产品及服务。互联网保险将传统保险模式中的销售、核保、承保、理赔等运营环节迁移至线上，并使用大数据、物联网、人工智能、区块链等前沿科技进行业务赋能，实现简化运营流程和增强产品创新性等效用。按照产品结构划分，互联网保险的险种有人身险、财产险、创新型保险三种，如表4-1所示。

表4-1　互联网保险险种

互联网保险产品	险种
人身险	人寿保险、年金保险、意外伤害保险和健康保险
财产险	车险、非车险（包括意外险、责任险、信用保证险等）
创新型保险	车险、退货运费险、航班延误险、雾霾险等短期意外险

（二）我国互联网保险发展现状

2016 年，互联网保险迎来元年，互联网金融浪潮席卷保险行业。我国互联网保险虽然起步较晚，但规模急速扩大，成为互联网金融领域的一个新风口。

2016 年上半年，互联网保险保费收入高达 1 431.1 亿元，是上年同期的 1.75 倍。互联网保险产品逐渐丰富，从最初的车险、意外险等条款、费率标准化程度较高的险种，逐步扩展到货运险、信用险、万能险、健康险等一系列条款相对复杂的险种。线上渠道正以其低成本、高保障、场景化、高频化、碎片化的独特优势强力冲击着现有格局。

中国已是世界第二大保险市场，近十年来超过 20% 的年均增速也使保险业成为中国增长最快的产业之一。但放眼世界，不可否认的是，我国保险业与发达国家的保险市场还存在不小的差距。

保险深度是当地保费收入与国内生产总值之比，反映了该地区的保险业在当地 GDP 中的地位；保险密度是指区域内常住人口的人均保费额，反映了该地区保险业务的发展程度以及人们保险意识的强弱。2019 年中国行业保险深度为 4.3%，低于全球、亚洲均值水平。

2014 年国务院发布的《国务院关于加快发展现代保险服务业的若干意见》（简称"新国十条"）明确提出，到 2020 年我国的保险深度要达到 5%，保险密度要达到 3 500 元/人，基本建成保障全面、功能完善、安全稳健、诚信规范，具有较强服务能力、创新能力和国际竞争力，与我国经济社会发展需求相适应的现代保险服务业，努力由保险大国向保险强国转变。2017 年 7 月，国务院办公厅印发的《关于加快发展商业养老保险的若干意见》提出，发展商业养老保险要坚持改革创新，提升保障水平；坚持政策引导，强化市场机制；坚持完善监管，规范市场秩序。到 2020 年，基本建立运营安全稳健、产品形态多样、服务领域较广、专业能力较强、持续适度盈利、经营诚信规范的商业养老保险体系，商业养老保险成为个人和家庭商业养老保障计划的主要承担者、企业发起的商业养老保障计划的重要提供者、社会养老保障市场化运作的积极参与者、养老服务业健康发展的有力促进者、金融安全和经济增长的稳定支持者。

（三）互联网保险产品结构

按照产品结构划分，互联网保险主要分为互联网财产险和互联网人身险两种。

1. 互联网财产险

传统财产险公司中 70% 以上的保费来自车险，车险的 70% 在三大保险公司（中国人保、太平保险、中国平安）手上。通过互联网的手段，用户可以在互联网上进行车险比价，自主购买。在互联网财产险领域，随着商业车险定价改革的推进，网销车险的价格优势慢慢削弱，加上银保监会对第三方车险网络平台的监管逐渐加强，互联网车险发展陷入困境，2021 年上半年车险产品占比为 24%。占比持续下降。与之相反，互联网非车险业务保持了快速增长。在第三方平台的科技驱动下，场景化、碎片化互联网非车险业务高速发展。根据中国保险行业协会 2021 年数据，在非车险产品中，意外健康险占比超过 50%。互联网财产险公司根据规定可以经营短期健康险以及意外险，近年来，由于短期健康险产品价格低、保障范围相对较广、保额较高、产品形态相对简单，适宜在网络渠道销售，互联网短期健康险保费规模不断增长。这很大程度上得益于互联网财产险向更多场景渗透以及人身险和健康险的高速增长。

 案例分析

2021 年中国互联网财产险市场现状与竞争格局

互联网保险行业主要上市公司有众安在线（06060.HK）、中国平安（601318）、中国太保（601601）、中国财险（02328.HK）等。在中国互联网财产险行业中，主要参与者有专业的互联网保险公司和具有互联网保险业务的普通保险公司。

2021 年上半年，众安保险、泰康在线、安心保险、易安保险四家专业互联网保险公司在互联网财产险市场中合计市场份额为 33%。除四家专业互联网保险公司之外，人保财险、太保财险、大地保险、平安产险等传统保险公司的市场份额合计为 67%。2021 年上半年前三家保险公司市场份额超 40%，市场份额较为集中。

根据中国保险行业协会统计，2021 年上半年互联网财产保险行业保费前三家保险公司的市场份额为 44%。从保险产品类型看，2021 年上半年车险产品占比为 24%，非车险占比为 76%，其中意外健康险占所有互联网财产险的 43%。

2. 互联网人身险

互联网人身保险业务，是指保险公司通过设立自营网络平台，或委托保险中介机构在其自营网络平台，公开宣传和销售互联网人身保险产品、订立保险合同并提供保险服务的经营活动。受益于城镇化率提升、"健康中国"战略、科技创新周期共振等多种向好因素，保险业进入追求高质量发展和注重提供有效保障的时代。随着时代的发展，社会的变化更多的短期健康险需求产生。2020 年上半年，互联网非车险保费收入 259.40 亿元，其中意外健康险 155.30 亿元，同比增长 35.76%，业务占比为 41.85%，较 2019 年同期上涨11.86 个百分点。但受环境影响，与旅游、出行等密切相关的意外保险场景需求量明显下降，导致互联网意外险市场明显萎缩。

中国保险行业协会 2022 年 3 月 22 日发布的《2021 年度人身险公司互联网保险业务经营情况分析报告》显示，2021 年，互联网人身保险业务继续保持平稳增长，累计实现规模保费 2 916.7 亿元，较 2020 年同比增长 38.2%。数据显示，保险消费者更倾向通过互联网渠道投保人寿保险和健康保险。2021 年，互联网人身保险产品结构中，人寿保险占比为65.1%，较上一年同比上升近 10 个百分点；健康保险占比为 18.9%，较上一年同比上升1.1 个百分点。

2018 年起，互联网人身险连续两年保费负增长，原因在于发展初期互联网人身险险种结构过于单一，主要由理财型保险构成，面对行业政策变化时更容易受到影响。细分险种来看，寿险业务逐年下降，健康险呈现逆势高速增长态势，以短期医疗险为主，终身重疾险、定期寿险等更有利于保险公司长期发展的险种难以在互联网渠道打开市场。

二、互联网保险的发展历程

互联网保险在过去二十多年经历了萌芽、探索、发展、爆发以及不断成熟的过程。从宏观的角度看，互联网保险可以分为以下几个阶段。

（一）萌芽阶段

1997—2007 年为我国互联网保险发展的萌芽阶段。1997 年，我国第一家保险门户网站——中国保险信息网成立，标志着我国保险行业正式开始基于互联网模式的探索。2000 年 9 月，泰康人寿开通泰康在线网站，实现了保险服务的全程网络化，此后，几家大型传统保险公司也陆续开通了全程网络化的互联网保险业务。2005 年，《中华人民共和国电子签名法》的实施进一步促进了互联网保险的发展。但此阶段由于互联网的普及程度不高，国家层面也没有相应的法律法规出台，因此互联网保险的发展较为缓慢。从银保监会官网数据来看，1999 年全年保费为 1 393 亿元，2000 年为 1 609 亿元。而从互联网发展背景看，2000 年年初，我国共有 890 万上网用户，其中 666 万用户用拨号上网。这一阶段互联网在我国普及度并不高，互联网保险也刚刚萌芽，诞生了互联网保险网站和第一份保单。随着互联网发展升温，互联网保险的建设逐步平稳，保险公司的官网也从产品、支付与承保优化等方面对保险在线购买进行了有效改善，从而诞生了保险超市。

（二）探索阶段

2008—2011 年为我国互联网保险发展的探索阶段。在淘宝、易趣和京东的推动下，网购在我国兴起，互联网保险也开始了新一轮的深入发展。在此阶段，风险投资加大了对互联网保险的投入，在风投资金的推动下，定位于保险中介和保险信息服务的机构开始出现。但此时互联网保险的保额规模相对较小，互联网渠道的价值尚未体现，并且仍然缺少相应的政策支持。这一阶段的保费规模从 9 000 多亿元增长到 1.4 万亿元。这一阶段互联网普及度从 2.1 亿人增长到 5.13 亿人，手机网民规模达到 3.56 亿人，占整体网民比例为 69.4%。电子商务用户逐步显现出年轻化、知识化的特征，且有一定的消费能力。在中国上网用户稳步增长的基础上，在线购物人群呈几何级增长。在该阶段，互联网保险开始出现市场细分，保险中介服务类的网站开始发展。统计数据显示，当时我国共有 50 余家保险企业涉足互联网业务，2012 年我国保险网销保费收入规模达到 39.6 亿元，较 2011 年增长 123.8%。

（三）全面发展阶段

2012—2013 年为我国互联网保险的全面发展阶段。2012 年，我国的互联网保费规模突破百亿元，互联网保险在线产品超过 60 种。2013 年，众安在线获得我国第一张互联网保险牌照，标志着互联网保险得到政府的认可。在此时期，各保险机构纷纷依托保险超市、官方网站和第三方电子商务平台等开通互联网保险业务。经过多年的探索和发展，我国互联网保险行业终于建立起较为成熟的业务模式。2012 年，我国全年保险电子商务市场在线保费收入达到了百亿元，在线销售险种以短期意外险为主，部分寿险公司也尝试销售定期寿险、健康险、投连险和万能险，共有 60 多种互联网保险产品。各保险企业依托官方网站、保险超市、门户网站、O2O 平台、第三方电子商务平台等多种方式，开展互联业务，逐步探索互联网业务管理模式，包括成立新渠道子公司开展集团内部代理；成立事业部进行单独核算管理；通过优势网络渠道获客，实现线上、线下配合；在淘宝、京东等第三方电子商业平台建立保险销售网络门店；成立专门的互联网保险公司等。其中，第三方电子商务平台凭借其流量、结算和信用优势，日益成为推动互联网保险快速发展的中流砥柱。业界逐渐认识到，互联网保险绝不仅是传统保险产品的互联网化，而是一种商业模式的改进，是保险公司对商业模式的创新。互联网保险公司的成立，就是一种新的商业模式的探索。

（四）爆发阶段

2014年至今为我国互联网保险的爆发阶段。多年的积累，互联网技术的发展，电子商务、第三方支付的成熟和庞大的网民数量，促使我国互联网保险行业爆发式发展。2015年我国互联网保费的规模超过2 000亿元。未来，移动互联网将会推动互联网保险行业的新一轮发展，智能移动终端将使投保、理赔等保险业务的开展更加方便、快捷和高效。

电子商务、互联网支付等相关行业的高速发展为保险行业的网络化奠定了产业及用户基础，越来越多的保险公司意识到，互联网保险不仅是销售渠道的变迁，还是依照互联网的规则与习惯，对现有保险产品、运营与服务模式的深刻变革。未来随着移动产业的成熟，传统保险的产品销售、保费支付、移动营销、客户服务等都将围绕移动端展开，互联网保险将打破时间和空间的限制迎来全面爆发。

纵观互联网保险发展历程，虽然其保持着高速发展，但在整个保险市场中所占的比重还很低，不足3%，这和欧美发达国家相比还有着巨大的差距。美国独立保险人协会预测，10年内全球保险业务中将有近30%的商业险种和40%的个人险种交易通过互联网进行。

 案例分析

互联网保险战争打响

2000年8月，国内两家知名保险公司——太平洋保险和中国平安几乎同时开通了自己的全国性网站。其中，太平洋保险的网站成为我国保险业界第一个贯通全国、连接全球的保险网络系统。中国平安开通的全国性网站开展保险、证券、银行、个人理财等业务，被称为"品种齐全的金融超市"。同年9月，泰康人寿也在北京宣布"泰康在线"开通，该网站可以实现从保单设计、投保、核保、交费到后续服务全过程的网络化。2018年10月16日上线的"相互保"由蚂蚁保险、芝麻信用、信美相互联合发布，第3天用户突破330万，第8天用户突破1 000万，第18天用户突破1 500万，成为2018年互联网时代的又一现象级爆款。① 与此同时，由网络公司、代理人和从业人员建立的保险网站也不断涌现，如保险界等。当前，互联网保险又有新的趋势出现，互联网保险开始市场细分。在风险投资的推动下，互联网保险将取得更大更快的发展，竞争也必然加剧，一场互联网保险的市场争夺战在全国范围内打响。

---

① 相互保后改为相互宝，已于2022年1月28日停止运行。

第二节　互联网保险市场营销

一、我国互联网保险行业特征

（一）行业规模迅速扩大

在互联网保险发展的前期，由于互联网覆盖率较低，整体商务环境不成熟，互联网保险的发展较慢，运营模式也多为消费者在网上了解产品，具体的销售过程在线下实现。《中华人民共和国电子签名法》的实施，使保险流程全程互联网化成为可能。中国人保在2017年推出了我国第一款全程线上操作的产品。政策的不断完善、互联网的不断普及以及第三方支付技术的成熟，使得互联网金融在2013年开始爆发式发展，互联网保险也从这一年开始进入高速发展时期。

（二）第三方电商平台销售模式成为主流

互联网保险的迅速扩张使诸多传统保险公司看到机会，纷纷涉足互联网保险。2011年我国只有28家互联网保险机构，2015年已经超过100家。传统保险企业通常依托其官方网站、保险超市或者第三方电商平台布局互联网保险业务。近些年，由于我国消费者已形成网购习惯，以及电商平台具有超大流量、大数据、关联行为偏好等方面的优势，互联网保险依靠第三方电商平台销售的模式占据了主要地位，众多保险企业开始进驻淘宝、京东等第三方电商平台，建立了各自的营销旗舰店。

（三）互联网保险的监管政策日趋完善

近些年，在我国大力发展"互联网+"的背景下，互联网保险行业迎来诸多政策利好，2014年保险行业"新国十条"确定了保险在我国经济发展中的重要支柱地位。保险费率的市场化改革使得保险公司能够对其产品进行自主定价，扩大了保险行业的经营空间。《互联网保险业务监管暂行办法》使互联网保险的发展有了正式的法律监管和规范，为互联网保险的健康可持续发展奠定了基础。

（四）渗透率较低

近些年，我国互联网保险市场高速发展，投保人数持续增加，保险市场规模不断扩大。保险行业协会发布的《2020年互联网人身保险市场运行情况分析报告》显示，2020年互联网人身保险业务累计实现规模保费2 110.8亿元，较2019年同比增长13.6%。截至2020年上半年，互联网保险规模保费收入达到1 766亿元，其中人身险保费收入为1 394.4亿元，占比接近80%，渗透率为6.6%；财产险保费收入为371.12亿元，渗透率为5.1%，两个险种保费收入在全球的排名分别排为第38位和第46位。这不仅远低于发达国家保险市场的水平，也低于全球保险业的平均水平。目前我国人均持有人身险保单数仅为0.8张，而美国人均保单数量达到5张。由此可见，我国互联网保险仍有较大的发展潜力。

二、互联网保险市场规模

由图4-1可知，2012—2020年，我国保险公司以及经营互联网保险业务的企业数量呈快速增长趋势。2020年保险公司一共有235家，经营互联网保险业务的公司有134家，其中参与互联网人身险的公司为61家，参与互联网财产险的公司为73家。

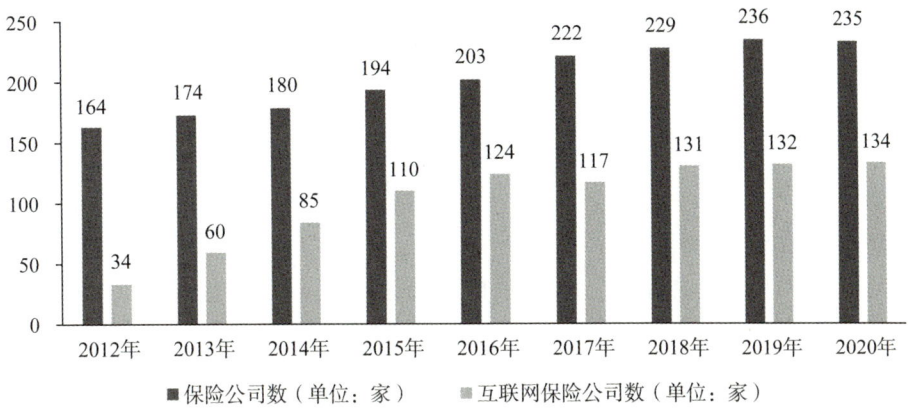

图4-1 近年来我国互联网保险市场规模（2012—2020年）

2012—2015年，互联网保险的保费收入规模不断扩大，增速在160%以上。驱动因素之一是，部分中小保险公司主要通过理财型保险的收益率优势抢占保险市场，随着监管引导保险回归保障本源，整体规模出现边际收缩回落。2016年，我国互联网保险的保费收入规模增速开始下降，2016年增速为2.9%。2017年互联网保险的保费收入规模为1 875.27亿元，同比下降18.4%。2018年互联网保险业务在规范发展下，保费收入开始出现回升。2020年我国互联网的保费收入规模为2 908.8亿元，同比上升7.9%。2020年，受环境变化以及车险综改、意外险改革、信用保证保险新规等监管因素综合影响，互联网财产保险累计保费收入797.95亿元，同比下降4.85%，低于财产保险市场同期增长率近9个百分点；互联网财产保险累计承保保单数量279.51亿件，同比下降0.92%。2020年，互联网人身保险业务继续保持平稳增长，累计实现规模保费2 110.8亿元，同比增长13.6%。从规模保费增速情况看，40家人身险公司规模保费实现不同程度正增长，其中民生保险和信泰人寿增幅最大。

2012—2015年，中国互联网保险经历了爆发式增长，保费收入增长近20倍。但在互联网保险渗透程度方面，最顶峰的时候也仅为2015年的9.2%。从2016年开始，互联网保险保费规模增长陷入停滞并开始减少，渗透率连年下滑，到2018年，渗透率仅为5%，其主要原因是保险业政策，给互联网保险行业发展带来了短期阵痛。从长远发展来看，政策调整后的互联网保险行业能够更加健康地发展，2019—2020年，互联网保险渗透率有所回升，2020年为6.4%。从渗透率可发现，我国互联网保险市场渗透率还不足10%，未来仍然有巨大的发掘空间。

三、互联网保险的营销模式

（一）保险企业官网直销

依靠保险企业自己的官网销售保险产品是最常见的互联网保险分销形式。由于官网能体现网站主办者的意志，常带有权威、纯正（真）的含义，所以在官网上展现自身品牌、展示保险产品信息、销售保险产品、提供在线咨询和服务，对产品的介绍比较专业、详细和集中，有品牌效应，特别适合具有品牌忠诚度的客户选购保险产品。而且，此种方式的营销成本较低。但是，官网作为自建网络平台缺乏流量优势。

实践中，多数有实力的保险企业，如中国人保、中国人寿、平安保险、中国太保、新华保险、泰康人寿等，都选择此种分销模式。只是各个保险公司用于展示、销售的自建网络平台的名称各不相同，如"在线商城""网上商城""保险商城"等。各个公司的自建网络销售平台的数量也不一致，有的公司只有一个，如中国人寿的网上商城、中国太保的保险超市、泰康人寿的保险商城等；而有的公司则不止一个，如中国平安就有平安保险商城、平安金融旗舰店、平安直通保险、平安寿险官网网站。

（二）第三方电商平台代销

电商平台代销模式是指保险公司借助独立于产品交易双方的电子商务网站或平台来销售保险产品，并提供相关服务。比较有代表性的电商网站或平台有天猫、淘宝、苏宁、京东等，主要涉及汽车保险、意外保险、健康医疗保险、少儿保险、旅游保险、财产保险、投资型保险等。不仅如此，和讯、新浪、网易、搜狐等以内容服务为主的综合类门户网站也开始试水在网上直接售卖保险等金融产品。

根据中国产业信息网不完全统计，2014年在天猫设立旗舰公司的财险公司和寿险公司分别达到10家和16家，产品涉及车险、旅行险、少儿险、健康险、财产险、意外险和理财险等多个领域；与苏宁易购合作的保险企业主要有中国平安、太平洋保险、泰康人寿、阳光保险和华泰保险5家；在京东商城上销售保险的险企有泰康人寿、太平洋保险等7家；在腾讯拍拍贷上销售保险的企业主要有平安车险、阳光车险、太平洋车险、太平车险，以车险产品为主；与网易合作的保险公司主要有中国平安、中国人保、太平洋保险、阳光保险和大地保险5家。

互联网第三方保险网站业务流程如图4-2所示。

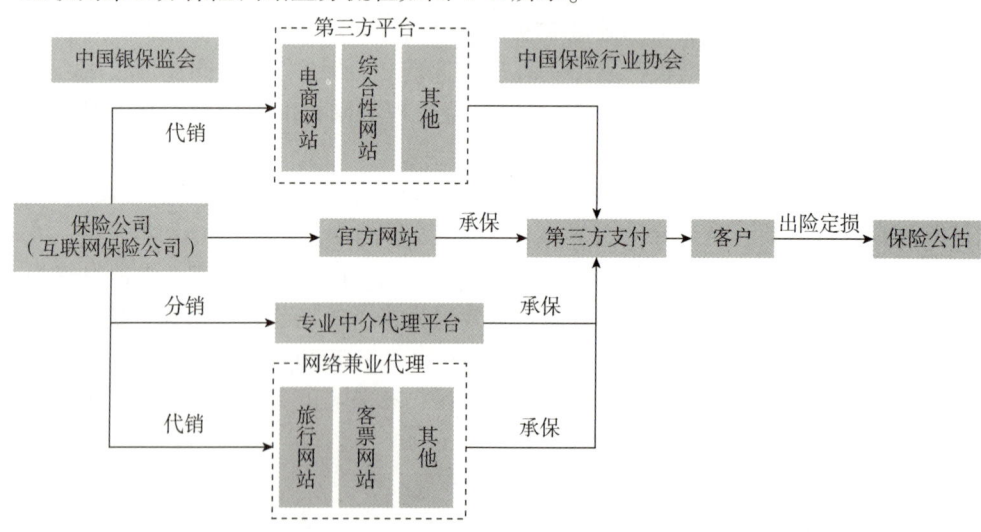

图4-2 互联网第三方保险网站业务流程

（三）专业互联网保险中介代理

专业互联网保险中介代理是指由保险代理或经纪公司建立网络销售平台，代理或销售多家保险企业的保险产品，并提供相关的服务。在线客户可以通过该网络平台了解、对比、咨询、投保、理赔等。第三方保险中介网络平台不属于任何一家保险公司，而是由保险经纪公司、保险代理公司等保险中介及兼业代理公司建立，提供相关保险服务。目前，我国比较有代表性的专业保险中介有中民保险网、慧择网、新一站、大童网等。

中民保险网是站在投保人的角度、满足投保人需求的主动型保险电子商务平台，产品丰富、险种齐全，在线销售 80 余家国内外著名保险公司的 1 300 多种（款）保险产品，包括意外险、旅游险、家财险、健康险、寿险、车险等。目前已经完全实现这些保险产品的在线保费计算、对比、购买、支付与投保功能。

慧择网是以个人及家庭为服务对象的第三方保险电子商务平台，隶属于深圳市保险经纪有限公司（成立于 2006 年）。除了慧择网以外，该保险经纪公司还有以企业为服务对象的保运通、以保险代理人为服务对象的聚米网。

新一站作为网络平台，是上市公司焦点科技股份有限公司全资子公司——新一站保险代理有限公司的核心产品。新一站致力于为广大企业及个人提供从保险产品的咨询、购买到理赔、保全等全过程的一站式在线保险服务。

（四）网络兼业代理

网络兼业代理是指银行、航空、旅游等非保险企业通过自己的官网代理销售保险产品及提供相关服务。在我国，在互联网并不发达的时代，作为拥有众多线下网点的银行一直是保险代理的重要渠道。必须指出，网络兼业代理机构所销售的保险产品种类一般与其主业有一定的关联，如旅行网站、航空铁路客票网站，主要经营短期意外险或航空、铁路等交通工具类保险等。

携程网作为一个在线票务服务平台，整合了高科技产业与传统旅游行业，向有旅行愿望的客户提供集酒店预订、机票预订、度假预订、商旅管理及旅游资讯在内的全方位旅行服务。与携程网相比，去哪儿网是后起之秀。去哪儿网致力于建立一个为整个旅游业价值链服务的生态系统，并通过科技来改变人们的旅行方式。去哪儿网通过其自有技术平台有效匹配旅游业的供需，满足旅行者和旅游服务供应商的需求，并通过移动客户端及在线平台为旅游服务商提供技术基础设施，为旅行者整合并提供最全面的旅游产品和最便捷的预订方式。途牛金服是途牛旅游网为消费者和供应商提供的一站式互联网金融服务平台，依托自身强大的旅游资源和金融资源，通过互联网技术为个人和企业提供全方位的金融产品。目前，中国平安、新华保险等保险公司的产品已经入驻途牛金服。

保险产品也可以提供相关的服务。比如，传统保险业能够拓展互联网业务，使消费者通过微信、App 等平台自主完成交易，实现一键保险。随着移动互联网的快速发展，此种分销模式将会给保险行业带来更大的商机。

在我国，众多保险企业十分注重互联网业务的开发，纷纷在移动应用上推出微信商城，用户可以通过微信平台实现产品展示、投保、支付、在线客服、查询等功能。以广东惠州为例，太平洋财产保险股份有限公司推出的微信公众号"太平洋产险华南运营中心"可实现在线报案功能。中国平安财险广东分公司推出的"平安产险广东分公司"公众号则可提供免费违法查询和违法代办、理赔进度查询等服务。新华人寿保险股份有限公司所推出的 App "掌上新华"，可提供保单查询、保全变更、理赔报案等多项服务。

互联网销售、电话销售"冰火两重天"

中国保险行业协会披露的 2019 年度互联网人身险市场运行情况分析报告和寿险电话营销行业发展形势分析报告显示，互联网人身险保费增速自 2014 年开始下滑，2017 年、2018 年跌入最低点，增速分别为 -23% 和 -13.7%。同时，互联网人身险规模保费也在 2016 年达到 1 796.7 亿元的峰值后持续走低，2017 年、2018 年规模保费分别为 1 383.2 亿元、1 193.2 亿元。2019 年互联网人身险不仅保费增速大幅逆转，规模保费也触底反弹，一举超越 2016 年的峰值水平，创历史新高。

与互联网人身保险的热火朝天不同，2019 年寿险电话营销渠道的日子并不好过。报告显示，2019 年该渠道规模保费出现下滑，保费增速也跌入历史最低点，同比下降 17.8%。通过梳理发现，寿险电话营销渠道式微早现端倪。虽然 2014—2018 年该渠道规模保费一直是平稳增长的状态，甚至在 2018 年达峰值 213.6 亿元，但是自 2017 年增速达到 20.4% 后，寿险电话营销渠道的保费增速就开始逐渐放缓，2018 年保费增速就已经同比下降约 13 个百分点。

相对互联网渠道，寿险电话销售成本高、人均产能低。一般而言，寿险产品相对复杂，电话难以解释清楚，易造成销售误导，客户产生抵触心理。近年来，互联网渠道提供了更丰富的产品，更便于消费者选择。而电话销售方面，对消费者权益保护力度的不断加强，限制了电话销售的沟通时间和内容。

两个渠道前景如何？近年来，各大保险公司在互联网渠道投入更多资源，越来越多的互联网平台参与保险的场景化销售。在前期中短存续期产品销售政策的不利后果逐步释放完毕的情况下，互联网保险市场逐步恢复。近几年，互联网人身险领域的竞争更加激烈。保险公司需要进一步提升产品的定制化水平，通过增强产品的竞争力来赢得市场。

第三节　互联网保险市场现存问题及发展趋势

一、互联网保险与传统保险的区别

（一）选购体验不同

传统保险大多是保险业务员或客服人员向消费者推销或者介绍相关保险产品。消费者自主选择性不仅受限，还存在被保险业务员"忽悠"的风险，因此常常可以在网上看到"某某保险产品骗局"之类的帖子，大多是因为部分业务员不够专业而导致信息不对称，消费者遭受了退保损失。

互联网保险更加侧重自主选择。一方面，用户可以在慧择网、希财网、开心保等知名的第三方保险电子商务平台进行综合搜索；另一方面，包括中国平安、中国人保、泰康人寿、华泰保险、太平洋保险等在内的大多数正规大型保险公司也都在官网上开设了保险产品的在线销售渠道。因此，在线上购买保险时消费者只需要按提示输入相关信息便可成功投保，实现了产品自主选择，还能货比三家。

（二）产品价格、优惠不同

传统保险由于中介渠道占比高、宣传营销成本高和人力增多等，保费算下来比互联网保险贵。例如，在网上投保车险能享受20%～30%的优惠，而在4S店或者传统渠道投保就可能只有15%～25%的优惠。因此，同等保险产品，从保费来看，互联网保险比传统保险更加优惠。

互联网保险享受更优惠的价格。互联网保险是通过网络自助订购，中间省去了代理人、宣传营销等多项成本，因此多数产品通过网络购买的价格要比传统渠道同类型产品优惠。据统计，通过互联网向客户出售保单或提供服务要比传统营销方式节省58%～71%的费用。

（三）险种结构不同

传统保险对专业性要求较高，产品多为寿险、健康险、养老险、医疗险和教育险等长期大额险种；互联网保险则多为个性化、创新化和定向化小额险种，一般为意外险、旅游险、车险、账户安全险、保险责任比较简单的重疾险等。

（四）问题处理流程不同

互联网保险保单丢失可找回，随时获取新保单。如果用户习惯了纸质保单，也可以打印出来妥善保存。传统保险保单丢失，客户须亲自到保险公司办理合同补发的申请手续，也可以全权委托代理人办理，但需要注意的是，即使委托代理人办理，补发的保单仍需客户本人亲自领取，拿到补发的合同以后才可以按照程序申请理赔，过程复杂且耗时。

（五）经营方式不同

互联网保险使用"保险+互联网"的模式，加上保险风险评估精算定价，放到互联网上大范围快速试错、不断迭代，进而取得新的数据，使其产品质量和服务水平快速上升。传统保险公司的业务决策依据，基本上是"内循环"，即在行业内取得经验，不断优化升级。此外，大型传统保险公司具备产品开发设计能力，可以根据消费者需求开发出合适的产品，这也是其核心竞争力的体现。

二、我国互联网保险现存问题

近些年来，虽然互联网保险在我国发展迅速，但在法律法规、道德风险、产品创新以及网络信息安全方面仍存在一定的不足。

（一）互联网保险相关法律法规需进一步完善

虽然国家出台了多个与互联网保险相关的法律法规，但总体来说，互联网保险相关法律法规体系仍不完善，互联网保险在交易过程中仍存在诸多违规行为。与此同时，我国还缺乏与网络消费者权益保护相关的法规。目前，规范和约束互联网保险运营的主要法律仍为1995年颁布的《中华人民共和国保险法》，这部法律针对的主要是传统的线下保险业务，不适用于互联网保险，而一些部门规章制度普遍缺乏权威性，且可操作性较差。此外，我国信息技术和互联网技术的发展速度过于迅猛，已远远超过相关法律制度建设的速度，使互联网保险交易过程容易出现漏洞。

（二）互联网保险业务存在较大的道德风险

互联网保险通过网络进行运营和销售，保险机构和客户之间缺乏面对面的交流，无法通过直接接触和观察了解投保人的风险情况。再加上当前我国信用体系不健全，保险机构在缺少客户信用信息的情况下，无法进一步了解客户所提供信息的真伪，这使保险机构对于客户风险水平的评估变得困难且不准确。部分互联网保险机构为了做大自身规模，可能草率做出承保的举动，给自身经营带来一定的风险，也使消费者权益得不到保障。此外，互联网保险机构还会面临投保人的道德风险问题。传统保险中，保险机构所面临的一个重要问题是交易双方信息的不对称。即使是在能够接触到投保人的线下交易过程中，保险机构也会面临投保人信息的真实性问题，互联网保险模式下更是如此。投保人在交易过程中利用拥有的信息优势，隐瞒于己不利的信息，用更低的价格去购买保险，使得保险机构的风险加大。

（三）互联网保险产品创新不足且同质化严重

目前，我国互联网保险的业务模式和其他电商类似，多是在传统销售渠道之外增添互联网渠道，并没有形成一种新的业态，没有改变现有的运营模式，也并没有针对性地开发设计出大批量的新保险品种，创新明显不足。

我国的互联网保险产品以交通意外险和旅游意外险等短期意外险为主，这两类保险的保费收入超过整个互联网保险保费规模的四分之三。各保险机构的这两类产品并无明显差别，同质化问题较为严重。创新不足和同质化严重使得这类保险产品缺乏竞争力，其营销过程变成野蛮的推送式营销，和线下销售本质上差别不大。互联网保险市场也呈现出结构单一、产品缺乏创新的特征，我国互联网保险行业的创新迫在眉睫。

（四）互联网信息安全仍需加强

由于互联网在信息安全和隐私保护方面的防范非常薄弱，互联网保险业务存在一定的安全隐患。虽然互联网保险机构长期以来都很重视信息安全，但其拥有海量的个人和企业隐私信息，因此成为不法分子进行网络攻击的目标，消费者和保险机构的信息存在泄露和被篡改的风险。除此之外，随着大数据分析在营销和商业决策方面的重要性加强，信息的商业价值越来越高，保险机构的部分员工窃取客户的私人信息并出售给不法分子。此外，我国目前针对互联网保险的非现场监管仍处于空缺状态，对于互联网保险面临的网络风险和市场风险，缺少有效的监管手段和措施。

三、我国互联网保险发展趋势

互联网保险从根本上改变了保险的定价、营销和服务方式，将传统保险产业难以实现的潜在需求由不可能变为可能，为保障型产品的长足发展破除瓶颈、开辟坦途，让保险保障功能得到更充分的发挥。互联网保险发展前景广阔，未来竞争也将加剧，显然保险产品创新才是互联网保险安身立命的根本。互联网保险的本质应该是也必须是保险，互联网保险越发达，保险就越重要，所以更要推陈出新。

（一）定价机制市场化

将保险经营的本质与互联网的特性进行深度融合，借助互联网平台，以及大数据、云计算等先进的技术和方法，整合大量信用、交易、社交、生活习惯、公民身份等外部数据，通过计算拼接优化，使对个人风险的精准识别成为可能，同时对识别欺诈行为和防范逆向选择有积极意义。在产品设计方面，保险公司依托大数据、云计算、人工智能以及区块链等技术应用，提升数据收集、客户画像、需求分析和策略设计等能力。例如，保险公司通过对不同终端的数据进行归集整合，再通过机器学习等方法，更为精准地洞察被保险用户的真实需求，推出一批保费低、保障高的重疾险、防癌险等个性化险种。在服务方面，借助创新技术，保险服务的运营方式、经营手段更为高效、多元化。如自助投保、手机投保、一键式投保等已经相当普遍，即使在人身险等比较复杂的领域，营销人员也可通过手机 App 或专用电子设备，实现快捷投保。针对"理赔难"这个行业痛点，加强保险科技应用，自助理赔、快赔、闪赔等服务逐渐普及。互联网销售的意外险和小额财产险，基本上能够实现一站式自助理赔，90%以上的车险公司提供了线上理赔服务。

（二）产品创新智能化

当前数据科学、认知科学、生命科学对人类生活的影响日益深远，物联网、人工智能、无人驾驶、可穿戴设备、生物基因测序等多种技术迅速发展，这将从根本上改变未来的产品设计。互联网保险突破了互联网技术的范畴，将人工智能、区块链等新兴技术应用于行业价值链的各个环节，推动创新不断深入，为行业发展带来更多价值。未来的创新，不仅有来自渠道、产品的创新，更有大量与保险流程应用相结合的创新。如人工智能在保险业的创新应用，不仅体现在前端的语音智能交互，也有后端在核保或理赔环节实现的自动化智能作业。无论是提升行业效率，还是优化用户体验，互联网保险的各个技术应用点将为行业带来更深刻的价值。

（三）营销渠道数字化

正所谓渠道为王，随着数字化对人们生活的深度影响，现有的代理人渠道必然面临转型升级，未来必然实现线上线下资源整合、渠道联动、优势互补、协同发力。鉴于互联网保险具有场景化的特点，可在垂直业务上积累丰富经验和大量数据，以此设计并销售新型产品，开发新型保险市场。近年来，随着保险科技的快速发展应用，保险业在用户触达、客户服务和体验提升等方面都取得了进步。以 2017 年为例，全国互联网保险新增保单占保险业整体新增数的 71%。科技的应用，降低了保险产品触达客户的门槛，有效提升了保险的覆盖率，强化了整个社会的风险保障能力，也培养了用户的保险意识。未来，随着通信技术的升级，终端设备的多元化，科技将帮助保险业实现更广泛的客户群体连接。同时，在科技助力之下，保险业不仅能面向更多样化的客户需求、提供更高性价比的保险产品，其服务能力也将持续加强。

（四）服务模式创新化

随着产品和销售的互联网化，以客户为中心，围绕客户体验提升的运营服务模式也会逐步替代原有传统的、线下的方式，服务的便捷性、人性化和时效性必将大大提升。互联网保险的发展推动传统保险产业链逐步向保险生态演进。在传统保险公司和保险中介之外，专业互联网保险公司、互联网巨头、创新渠道等更多元的主体参与其中，共筑保险生态的市场活力。保险科技的萌芽与发展，将带来新的产业格局。随着互联网经济的快速发展，依托于互联网生态的一系列创新保险产品应运而生，以电商生态（退货运费险）为起点，围绕人们的日常生活需求，逐步发展到航旅、汽车、健康、数码产品等各类生态场景。在新技术的赋能下，各种场景的保险不仅实现了全流程在线操作，还通过持续打通数据资源、引入新技术，为用户带来了自动核保、自动理赔等一系列新的保险体验，为行业发展引入了新思维、开辟了新模式。互联网保险并不是简单的"保险上网"，而是通过对技术、产品与场景的系统性思考与搭建，实现了保险与互联网的融合。对人们的生活而言，互联网保险从生态、生活方式出发，挖掘了更生动的需求、设计出更"体贴"的产品形态，使保险从难获得变为易获得，从低频走向高频，扩大了保险覆盖的广度和深度，增强了广大保险消费者的安全感和获得感。

 案例分析

互联网保险产品创新

保骉车险是由众安保险、平安保险联合推出的国内首个互联网车险品牌。这是国内首个以 O2O 合作共保模式推出的互联网车险，也是国内车险费改后首个"互联网+"样本。保骉车险率先在首批商车费率改革 6 个地区中开展，覆盖到 18 个地区，并随着费改节奏推广到全国。

O2O 合作共保

共保模式是保骉车险的最大亮点之一。共保意味着数据共享，风险共担，系统互通。保骉车险双方将利用各自优势，全面实现线上线下的高度融合。保骉车险将依托众安、平安两家保险公司各自领域的大数据资源，根据用户的驾驶习惯等多维度因子实现差异化定价。在核保方面，保骉车险将充分参考平安保险多年积累的赔付数据，并应用风险识别模型对车主的历史赔付情况进行全面分析；在服务方面，则充分依托平安保险的线下理赔服务体系。

多维度定价因子

依靠双方大数据资源，以 OBD（车载诊断系统）、ADAS（高级驾驶辅助系统）、多通道场景式理赔服务体系等创新技术为驱动，力图将差异化定价和精准服务等未来车险概念变为现实，即在自主核保因子中，尝试引入更多的维度，比如驾驶区域、家庭、信用、驾驶习惯、行车历史、社交活动等对车险进行定价。

差异化车险服务

保骉车险将根据用户的驾驶习惯等多维度因子实现差异化定价，为不同用户提供差异化的车险服务。未来将鼓励保骉车险的用户使用 OBD 设备，在消费者授权后记录用户的驾驶行为数据，通过对用户的驾驶行为习惯进行分析，根据用车的频次、程度，设计不同的产品，为车险的多维度定价和服务推送提供参考。

第四节 互联网保险市场的业务流程

一、互联网保险的投保流程

（一）浏览产品信息

保险人通过各种图片、文字、视频在网站上展示保险产品的相关信息，消费者或主动或被动浏览这些保险产品的信息。

银保监会 2020 年 12 月 7 日发布的《互联网保险业务监管办法》中第十四条规定，互联网保险产品的销售或详情展示页面上应包括以下内容。

（1）保险产品名称（条款名称和宣传名称），审批类产品的批复文号，备案类产品的备案编号或产品注册号，以及报备文件编号或条款编码。

（2）保险条款和保费（或链接），应突出提示和说明免除保险公司责任的条款，并以适当的方式突出提示理赔条件和流程，以及保险合同中的犹豫期、等待期、费用扣除、退保损失、保单现金价值等重点内容。

（3）保险产品为投连险、万能险等人身保险新型产品的，应按照银保监会关于新型产品信息披露的相关规定，清晰标明相关信息，用不小于产品名称字号的黑体字标注保单利益具有不确定性。

（4）投保人的如实告知义务，以及违反义务的后果。

（5）能否实现全流程线上服务的情况说明，以及因保险机构在消费者或保险标的所在地无分支机构而可能存在的服务不到位等问题的提示。

（6）保费的支付方式，以及保险单证、保费发票等凭证的送达方式。

（7）其他直接影响消费者权益和购买决策的事项。

（二）选择保险产品

消费者在对保险产品进行初步了解的基础上，选择需要购买的具体险种。

保险公司开展互联网保险销售，应在满足《互联网保险业务监管办法》规定的前提下，优先选择形态简单、条款简洁、责任清晰、可有效保障售后服务的保险产品，并充分考虑投保的便利性、风控的有效性、理赔的及时性。

保险公司开发的互联网保险产品应符合风险保障本质，遵循保险基本原理，符合互联网经济特点，并满足银保监会关于保险产品开发的相关监管规定，做到产品定价合理、公平和充足。不得违背公序良俗，不得进行噱头炒作，不得损害消费者合法权益和社会公共利益，不得危及公司偿付能力和财务稳健。

（三）填写保单

消费者按照网页提示，以投保人的身份填写保单上的各类信息。在这个操作环节，一般可以看到"重要提示""产品条款"等链接，点击链接将看到关于要求如实告知、免除责任、产品具体条款等相关重要信息。

《互联网保险业务监管办法》要求保险机构应提高互联网保险产品销售的针对性，采取必要手段识别消费者的保险保障需求和消费能力，把合适的保险产品提供给消费者，并通过以下方式保障消费者的知情权和自主选择权。

（1）充分告知消费者售后服务能否全流程线上实现，以及保险机构因在消费者或保险标的所在地无分支机构而可能存在的服务不到位等问题。

（2）通过互联网销售投连险、万能险等人身保险新型产品或提供相关保险经纪服务的，应建立健全投保人风险承受能力评估及业务管理制度，向消费者做好风险提示。

（3）提供有效的售前在线咨询服务，帮助消费者客观、及时了解保险产品和服务信息。

（4）通过问卷、问询等方式有效提示消费者履行如实告知义务，提示消费者告知不准确可能带来的法律责任，不得诱导消费者隐瞒真实健康状况等实际情况。

（5）在销售流程的各个环节以清晰、简洁的方式保障消费者实现真实的购买意愿，不得采取默认勾选、限制取消自动扣费功能等方式剥夺消费者自主选择的权利。

（四）预览并确定保单

消费者按要求填写保单后，勾选"已阅读投保提示"或"信息确认无误"等确认选项。购买网站上一般会显示"预览保单"，消费者点击后可以预览保单的详细内容。

《互联网保险业务监管办法》规定，保险机构开展互联网保险业务，可通过互联网、电话等多种方式开展回访工作，回访时应验证客户身份，保障客户投保后及时完整知悉合同主要内容。保险机构开展电子化回访应遵循银保监会的相关规定。

（五）支付保费

消费者确认保单信息无误后，可以采用在线支付的方式支付保费。《互联网保险业务监管办法》要求，保险公司通过自营互联网平台开展互联网保险业务的，应通过自有保费收入专用账户直接收取投保人交付的保费；与保险中介机构合作开展互联网保险业务的，可通过该保险中介机构的保费收入专用账户代收保费。保费收入专用账户一般是指保险机构依法在商业银行及第三方支付平台开设的专用账户。

（六）查看保单并下载

缴费完成后，消费者可以直接查看和下载保单，有些网站会通过电子邮件发送保单。《互联网保险业务监管办法》规定，保险机构开展互联网保险业务，应向客户提供保单和发票，可优先提供电子保单和电子发票。采用纸质保单的，保险公司或合作的保险中介机构应以适当方式将保单送达客户。采用电子保单的，保险公司或合作的保险中介机构应向客户说明，并向客户提供可查询、下载电子保单的自营互联网平台或行业统一查验平台的访问方式。

二、互联网保险的投保注意事项

（1）网上投保比较适合对保险有一定认知的消费者。虽然互联网保险的信息比较透明，但是信息量大且专业性较强，消费者理解起来仍可能有一定难度。

（2）投保前要注意查看各项告知，在明确了解保险产品的情况下再投保，避免投保信息和保险公司的规则冲突。

（3）在网上填写信息的时候，一定要注意区分投保人信息、被保险人信息。要确保填写的信息真实有效，这样才能查收到保单，若发生险情也能及时得到保险赔付。

（4）拿到保单或保单号后需及时验真，通常可以在保险公司网站，或拨打保险公司客服电话查询和验证投保情况。如果没有在约定时间内收到保单，要及时向客服人员反馈，避免因为系统或邮箱原因造成保单缺失。

第五节　互联网保险市场的监管

一、宏观经济环境不容乐观

从保险周期和其他经济周期的关系来看，国内的保险周期呈现一种顺周期性，这说明我国的保险周期波动容易受到宏观经济的影响。

从 2018 年开始，全球经济复苏放缓，通货膨胀回升，货币政策收紧，贸易保护主义明显抬头，不确定因素增多。我国经济保持总体平稳、稳中向好的发展态势，结构调整深入推进，新旧动能接续转换，质量效益稳步提升，经济迈向高质量发展。但受中美贸易战和国内去杠杆、严监管等政策影响，经济下行压力较大，GDP 呈现逐季下滑趋势，这直接对我国经济增长造成压力。

在国内，我国的实体经济走势和金融市场的变化给保险需求、资产配置带来不确定性。例如，国内的汽车销售增幅下降、资产投资增速降低、出口退税力度减弱等情况，会直接影响相关领域的需求。如果调整利率水平，就会对保险产品需求产生影响，同时会对保险资产配置的能力提出更高的要求。在汇率形成机制改革之后，人民币汇率的波动增大，保险公司所持有的外币资产受汇率波动的影响。资本市场震荡，不仅增大了资产负债匹配难度，也给提高投资收益和防范投资风险带来了很大的压力。

从国际上来看，世界经济正在逐步繁荣，但是没有牢固的基础，存在很大的不确定性。全球金融危机的深层次影响还在，欧洲主权债务危机产生的影响应当引起重视，世界经济的结构性和系统性风险的问题仍然很突出。世界经济和国际金融市场的动荡会影响我国经济的正常运行，也可能通过外资保险公司在我国的分支机构，以及我国的保险公司在国外的投资，对我国保险承保业务、投资业务产生影响。

 **案例分析**

互联网保险迎来上升期

前几年，百度、阿里巴巴、腾讯以及京东等取得牌照资质的互联网巨头，在互联网保险市场酣战，各大平台为了拔得头筹，争先开疆拓土，混战中互联网保险行业得以蓬勃发展。再有，监管政策从严走向从宽，给没有牌照的互联网平台创造了继续深耕互联网保险行业的机会。2019 年 8 月，国家下发《关于促进平台经济规范健康发展的指导意见》，指出"允许有实力有条件的互联网平台申请保险兼业代理资质"。多方利好条件下，保险费用逐年递增，保险行业进入快速的发展期。数据显示，2014 年我国保险公司保费为 20 235 亿元，赔款及给付金额为 7 216 亿元；2019 年，我国保险公司保费已达到 42 644.75 亿元，赔款及给付金额则为 12 893.97 元。进入 2020 年，消费者购买保险的意识提升，保险产品的消费增长速度变得更快。网络数据显示，2020 年上半年，专业互联网保险公司业务增长强劲。众安在线、泰康在线、安心财险、易安财险 4 家专业互联网保险公司合计承保 43.54 亿单，累计保费收入 132.78 亿元，同比增长 44.22%，远高于互联网整体市场同期增速。这 4 家公司市场份额占比合计为 35.78%，相较 2019 年同期增长了 11.65%，且正在逐步发展壮大。

胡润研究院发布的《2020 中国互联网保险中介服务平台 TOP10》中，微保、蚂蚁保险、轻松保、慧择网、水滴保险、京东保险、苏宁保险、携程保险等赫然在列。以往，保险长期不受普通消费者待见。现在，随着保险分类越来越多，人们愿意买了，也必须买了。例如：买车的人越来越多，车险必不可少；网上购买贵重物品，也会选择买运输险。利好政策加上资本布局，是加快互联网保险产业发展的助推引擎。

二、金融监管环境从紧从严

自 2017 年以来，加强保险业风险防控、保障金融安全被提到了一个新高度，行业监管从紧、从严思路进一步推进。中国银保监会成立以来，不断强调保险行业加强风险防控的重要意义，明确推进市场整治的路径举措，加速显现保险行业监管环境新特征。维护金融稳定和加强风险防范成为根本目标。近年来，互联网金融相关领域的监管文件及重要通知也密集出台。

2015 年《互联网保险业务监管暂行办法》（以下简称《暂行办法》）出台，要求互联网保险行业以规范发展为前提，以鼓励创新为基本原则。互联网保险行业逐渐由野蛮生长演变为在监管框架下的规范发展。

2016 年，银监会、工信部、公安部、国家互联网信息办公室联合发布了《网络借贷信息中介机构业务活动管理暂行办法》，网贷监管细则正式落地。

2017 年 12 月互联网金融风险专项整治、P2P 网贷风险专项整治工作领导小组办公室正式下发《关于规范整顿"现金贷"业务的通知》。该通知对"现金贷"的概念进行了界定，指出了现阶段"现金贷"存在的问题，并对潜在的金融风险和社会风险提出了警示。

2018 年 4 月，中国人民银行、中国银保监会、中国证券监督管理委员会、国家外汇管理局联合发布了《关于规范金融机构资产管理业务的指导意见》，对现阶段资管行业业务发展不规范、多层嵌套、刚性兑付、规避金融监管和宏观调控等问题进行了警示，进一步规范了金融机构资产管理业务，统一同类资产管理产品监管标准，以有效防控金融风险，引导社会资金流向实体经济，更好地支持经济结构调整和转型升级。

2018 年 5 月，银保监会又下发了《关于组织开展人身保险产品专项核查清理工作的通知》，要求全面规范人身保险产品开发设计行为，不断优化人身保险负债结构，提高行业产品供给质量，切实防控负债风险为总体目标，集中清理整顿一批行业历史遗留问题产品，严厉打击严重违法违规行为。根据该通知，各家保险公司对大量互联网在售短险产品做了下架停售处理，对行业整体互联网业务产生了较大影响。

2018 年 9 月，就在业界关注《暂行办法》是否将失效之时，银保监会于 9 月 30 日下发通知，称正加快修订监管办法，在新规定出台前，《暂行办法》继续有效。

2018 年 10 月，银保监会下发《互联网保险业务监管办法（草稿）》征求意见函，就互联网保险的相关监管办法征求行业意见。

2019 年 12 月 13 日，银保监会下发《互联网保险业务监管办法（征求意见稿）》。

为规范互联网保险业务，保护消费者合法权益，银保监会于2020年12月发布《互联网保险业务监管办法》（以下简称《办法》），于2021年2月1日起施行。《办法》要求建立互联网保险营销宣传人员和行为管理制度，坚持"机构持牌、人员持证"原则，规定依法设立的保险机构是互联网保险业务的唯一经营主体，其他机构和个人不得开展互联网保险业务。《办法》全面强化持牌经营理念，严格定义自营网络平台，强调其"独立运营、享有完整数据权限"，明确"保险机构分支机构以及与保险机构具有股权、人员等关联关系的非保险机构设立的网络平台，不属于自营网络平台"。自营网络平台是保险机构经营互联网保险业务的唯一载体，客户投保页面必须属于持牌机构自营网络平台。同时，《办法》对非持牌机构的行为边界做了明确规定，规定非保险机构不得开展互联网保险业务，以负面清单形式规定五类禁止行为。对于消费者经常在社交平台上看到的保险机构从业人员的营销宣传，《办法》要求保险机构建立互联网保险营销宣传人员和行为管理制度，承担合规主体责任。《办法》对保险机构从业人员营销宣传和营销宣传内容做出针对性规定。从业人员发布的互联网保险营销宣传内容须由所属保险机构统一制作，营销宣传内容应清晰准确、通俗易懂，与保险合同条款保持一致。图4-3为《互联网保险业务监管办法》的六大要点。

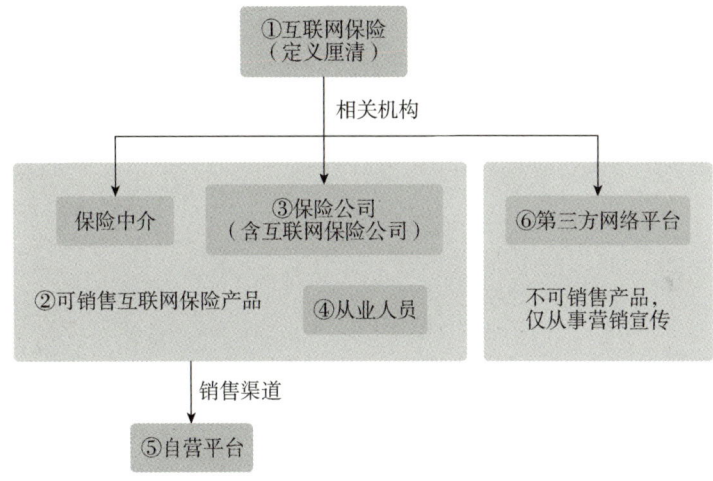

图4-3　《互联网保险业务监管办法》六大要点

　　回顾我国互联网保险监管历程，每一个文件的出台都进一步厘清了互联网保险的业务和监管边界，完善了互联网保险监管措施，为精准打击非法经营和损害消费者合法权益的行为提供了制度保障。

 课后练习

一、简答题

1. 什么是互联网保险？

2. 简述互联网保险行业的特征。

3. 2020年是保险业发展史上的重要年份，正处转型关键期的保险业面临更多考验，如开展线下业务受阻，保费增速承压，科技布局提速。试分析未来互联网保险的前景。

二、实训练习

实训任务：假设腾讯金融计划上市一种互联网保险新产品，为提升公司平台及产品知名度，增强平台和产品的推广力度，计划开展一次营销活动。请你运用教材中营销方式，制订线上活动计划和活动策略。

实训要求：

（1）以小组形式开展合作探讨，每组以 4~6 人为宜。

（2）从互联网传播特点、保险营销方式的关键要素出发，制订活动计划，形成活动策划方案，包括活动主题、活动时间安排以及内容。

第五章
其他互联网细分市场

学习目标

1. 第三方支付、众筹和 P2P 的相关概念与产生背景
2. 第三方支付、众筹与 P2P 的特点及分类
3. 第三方支付、众筹的运营管理模式及使用场合
4. 第三方支付与线下支付的异同
5. 第三方支付、众筹和 P2P 面临的风险及管控措施，重点是 P2P 市场风险对其退出的影响

能力目标

1. 尝试针对第三方支付进行策划
2. 尝试设计新型互联网众筹产品

第一节　第三方支付市场

情景导入

第三方支付平台——支付宝

支付宝成立于 2004 年，是第三方支付平台，旗下有"支付宝"与"支付宝钱包"两个独立品牌。2012 年，支付宝获得基金第三方支付牌照，开始迈向金融业务领域。2014 年，蚂蚁金服正式成立，网商银行获批。

目前，支付宝切入 B 端商户服务，在对账、营销、供应链金融等多方面进行渗透，帮助商户进行数字化经营升级，解决商户运营中各环节的问题，打造企业服务新生态。

支付宝与国内外 180 多家银行以及 VISA、MasterCard 国际组织等机构建立战略合作关系，成为金融机构在电子支付领域值得信任的合作伙伴。

2020 年 2 月，尼泊尔央行向支付宝颁发牌照。7 月，支付宝入选区块链战"疫"优秀方案名单。10 月，支付宝上线"晚点付"功能。2021 年 12 月，支付宝与中国银联在全国范围实现收款码扫码互认。

支付宝借呗改成信用贷。12 月 2 日，支付宝发布公告表示，支付宝与中国银联在 2020 年开始基于条码互联互通业务展开密切沟通和探索，并陆续在北京、天津、广州、深圳、成都、重庆、西安等多个城市实现收款码扫码互认。

支付宝网站首页如图 5-1 所示。

图 5-1　支付宝网站首页

一、第三方支付市场概述

（一）第三方支付的概念

第三方支付是一种支付结算的方式，是指具备一定实力和信誉保障的独立机构，通过与银联或网联对接而促成交易双方进行交易的网络支付模式。它的产生离不开商品贸易对于支付结算方式的要求。在实际的社会经济活动中，贸易的核心是服务商品和款项的交换，交换的方式可分为同步交换和异步交换。

同步交换也就是交货与付款互为条件，即通常所说的"一手交钱，一手交货"。与此相对应，结算方式采用一步支付的方式，包括现金结算、票据结算（如支票、银行汇票等）、汇转结算（如电汇、网上支付）等。许多传统的贸易活动都属于一步支付方式的服务范畴。

而在实际的经济活动中，特别是电子商务活动中，很多情况下由于物流、服务劳务转换等需要时间，所以货物流和资金流之间存在着异步和分离的矛盾，在这些情况下很难实现同步交换，多为异步交换，也就是"先交货，后付款"或者"先付款，后交货"。显然，在这种情况下，如果采用一步支付的方式，交易中的一方权益无法得到保障。在当前的有形市场中，为了异步交换的顺利进行，可以在一步支付的基础上，附加信用保障或法律的支持。但是在虚拟市场中，交易双方互不相识，信用保障难以建立，法律支持也有匿名等方面的障碍。这使得支付问题一度成为电子商务行业发展的重要瓶颈。

为了解决电子商务行业中的支付问题，分步支付方式应运而生，主要包括信用证结算、保函结算和第三方支付结算等。在相关信息技术不断升级和演进的支持下，第三方支付平台以其独有的便利性被广泛应用在购物、金融等领域，满足了日益增长的电子商务支付需求，给人们的生活带来便利性的同时，也在潜移默化地改变着人们的生活习惯。

（二）发展背景

1. 第三方支付的产生背景

随着人工智能、云计算、区块链、隐私计算、监管科技等新型技术的发展成熟，较稳定的在线、移动、线上及线下的综合支付模式逐渐形成。第三方支付机构借助这些先进的科技手段来进行自身的升级迭代，为 C 端消费者和 B 端企业客户提供更加优质的支付产品与服务。当前电子交易和支付认证变得越来越便捷和安全，第三方支付体系有了较高的稳定性和效率。

截至 2021 年年末，我国总体网民规模已经达到 10.32 亿人，同期增长人数达到 4 296 万人，年增长率约为 4.34%，我国整体互联网的普及率更是达到了 73%。我国网络支付的用户规模达到 9.04 亿，比 2020 年同期增长了 4 929 万，占整体网民规模的 87.6%，其中网络购物、网上外卖以及在线旅游预订都保持增长趋势。可见第三方支付已经成为最主要的支付体系。

2021 年我国第三方支付投融资市场融资规模以及融资宗数相对平稳，一级市场资金进一步向盈利模式成熟的优质项目积聚，典型如 PayPal 投资国付宝、华为投资讯联智付、B站投资甬易支付等。跨境电商市场方兴未艾，因此掀起了一股跨境支付投资热潮，XTransfer、Airwallex 空中云汇等企业均获得多轮融资，融资总额超 1 亿美元。

鉴于此，中国人民银行连续发布规章办法，对第三方支付市场进行鼓励与规范，有效增强第三方支付行业对金融数字化转型的洞察力和适应力，加强了对第三方支付行业的监管力度，监管态度从"规范"为重，转向"规范"与"鼓励"并举。

2021 年，一方面随着《中国人民银行关于加强支付受理终端及相关业务管理的通知》（通常称"259 号文"）的发布，无论是支付机构还是独立聚合支付厂商及收单机构均加大了二维码支付产品、聚合支付产品等的市场投放力度，推广自身的商户码。另一方面，头部支付机构、聚合支付厂商等持续对市场进行补贴，导致商户频繁换码。此外，一、二线城市竞争激烈，加上乡村振兴等政策引导，许多机构选择向三线及以下市场下沉，以银联商务、拉卡拉等为代表的支付收单机构市场份额也获得一定提升。

随着监管政策逐渐细化并落地实施，行业竞争加剧。一方面，第三方支付机构着力丰富收入类型、拓展业务边界，发力 B 端市场，助力实体经济高质量发展。另一方面，跨境电商发展火热，跨境电商成为跨境支付的主要场景，非持牌跨境支付服务商、支付机构谋篇布局跨境支付市场。此外，在数字人民币领域，第三方支付机构积极参与数字人民币支付体系建设，成效显著。

近几年，环境变化影响着消费复苏步伐，但线上消费的持续火热叠加贸易顺差创下历史新高，为稳定第三方支付基本盘提供了有力的支撑。作为我国移动支付业务重要补充的第三方支付市场运行平稳，市场交易量稳步增长。2021 年我国第三方支付市场交易规模为 310.3 万亿元人民币，同比增长 22.5%。分季度来看，2021 年四季度，得益于"双 11""双 12"等营销节点对线上消费的推动作用，第三方支付市场交易规模单季度突破 80 万亿元人民币关口，增长强劲。

互联网支付交易规模也取得较快增长。2021 年我国第三方互联网支付市场交易规模为 29.1 万亿元人民币，同比增长 16.4%。分季度来看，2021 年第 4 季度，国内股票市场政策红利持续释放，市场交易活跃，互联网支付金融类交易规模增长态势良好。同时，我国线下扫码市场交易规模为 54.03 万亿元人民币，同比增长 44.08%。分季度来看，线下扫码市场的增速与疫情的走势正相关，虽然一、四季度，防疫措施收紧下对餐饮、商超等线下商品消费产生较大冲击，线下扫码市场交易规模增速回落明显，但中小微企业对转型线上线下一体化经营模式、进行多渠道获客和全链路数字化运营需求激增。产业支付发展提速。2021 年我国产业支付市场规模为 3 214 亿元人民币，同比增长 41.03%。

支付产业业态丰富，并呈现不断细分状态，在发展方向上，产业支付、跨境支付、数字人民币支付方兴未艾。在跨境外贸市场新业态新模式快速涌现的当下，典型厂商如寻汇 SUNRATE 等作为新势力崛起。2021 年跨境电商市场交易规模高达 8.15 万亿元人民币，同比增长 24.05%。2021 年，出国留学带来的跨境消费有所回暖，跨境支付市场大力发展，2021 年中国跨境支付市场交易规模达 1.12 万亿元人民币，同比增长 23.02%。

2. 第三方支付的政策支持

国家鼓励行业创新，使第三方支付在发展初期得到了国家的相关支持，促进了第三方支付行业的迅速崛起。此外，由于第三方支付是我国甚至全球的一个新兴行业，所以宏观政策所带来的不确定因素对第三方支付行业的影响较大。为了让第三方支付行业稳定健康发展，央行先后颁布了一批政策来规范第三方支付行业的发展，保证各方利益不受侵害。具体的相关政策如表 5-1 所示。

表 5-1　第三方支付相关政策

发布日期	政策名称	监管核心要求
2013 年 7 月	《银行卡收单业务管理办法》	对从事银行卡收单业务机构在特约商户管理、开展业务管理、风险控制管理等方面进行规范
2015 年 12 月	《非银行支付机构网络支付业务管理办法》	针对网络支付业务制定业务实施具体规则
2016 年 4 月	《互联网金融风险专项整治工作实施方案》	非银行支付机构不得挪用、占用客户备付金，客户备付金账户应开立在人民银行或符合要求的商业银行
2017 年 12 月	《条码支付业务规范（试行）》	对条码支付的业务规范和技术规范提出相关要求
2018 年 11 月	《关于支付机构撤销人民币客户备付金账户有关工作的通知》	加大了对相关支付机构以及相关备付金银行的检查
2020 年 1 月	央行重新对第三方支付机构备付金计息	按 0.35% 的年利率支付利息，实行按季结息。此外需要从中计提 10% 作为非银行支付行业保障基金

续表

发布日期	政策名称	监管核心要求
2021 年 1 月	《非银行支付机构条例（征求意见稿)》	根据新形势制定的非银行支付机构规范，首次提出反垄断约束
2021 年 1 月	《非银行支付机构客户备付金存管办法》	根据新政策进行修改后的备付金存管规则
2021 年 2 月	《中国人民银行关于加强支付受理终端及相关业务管理的通知》	提升第三方支付机构法律监管层级
2021 年	《金融机构反洗钱和反恐怖融资监督管理办法》	完善了反洗钱义务主体范围，将反洗钱有关规范性文件明确的非银行支付机构纳入政策的适用范围，增加网络小额贷款公司、银行理财子公司等反洗钱义务主体
2021 年 12 月	《金融产品网络营销管理办法（征求意见稿)》	压缩了第三方支付机构在金融业务的变现空间，限制了其从金融业务中获取收入的空间。金融业务尤其是 2C 金融业务在支付机构的战略优先级进一步降低

（三）第三方支付的交易流程

在通过第三方支付平台的交易中，买方选购商品后，使用第三方平台提供的账户进行货款支付，由第三方通知卖家货款到达、进行发货；买方检验物品后，就可以通知付款给卖家，第三方再将款项转至卖家账户。在这个过程中，第三方支付建立起了买卖双方以及银行之间的联系。在传统的交易方式中，当买卖双方的银行卡所属银行机构不同时，不得不办理多张银行卡以实现整个交易过程，而第三方支付平台出现之后，用户仅需要在第三方支付平台上注册账号，并绑定银行账户。在整个交易过程中，买卖双方不再需要考虑是否属于同一开户行等问题，即可通过第三方支付平台实现高效率、安全、低成本的交易。其基本的业务流程如图 5-2 所示。

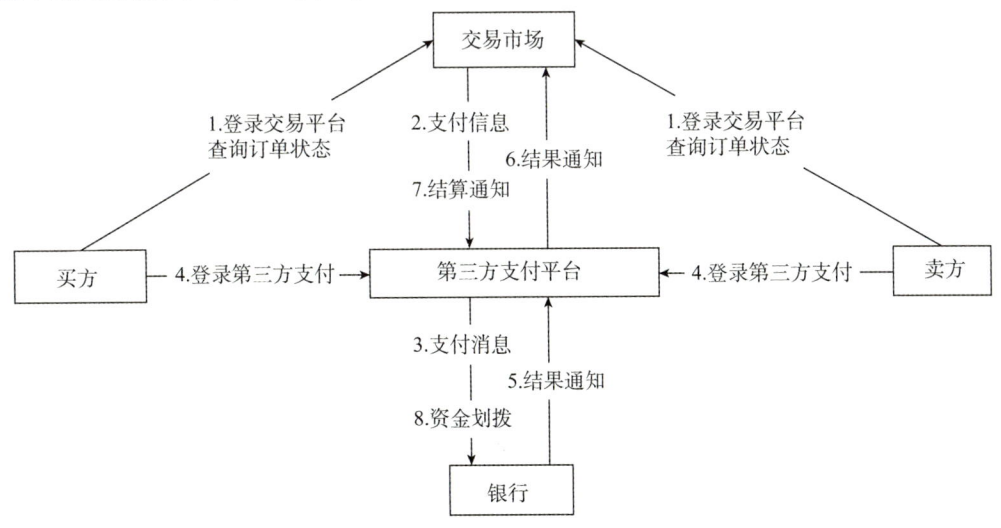

图 5-2　第三方支付的基本业务流程

（四）第三方支付的特点

相较于传统的支付模式，第三方支付方式具有以下几个特点。

1. 方便快捷，交易成本低

第三方支付企业作为独立于银行与商家、消费者的外部机构，不仅汇集了数以万计的小商户和上亿的消费者，而且与我国各大银行达成协议，将各银行的支付方式整合在一起，可以在一个界面完成多家银行的支付结算。消费者可以更加方便、快捷地完成网上支付，买卖双方不需要因为跨行支付而在不同的银行办理不同的账户。商家可以与固定的银行达成合作，节省部分开支，同时与买家通过第三方支付完成交易，降低整个过程的运营成本。而银行作为真正付款和收款的机构，可以通过与第三方支付平台合作达到节省开发网关的费用。另外，双方合作解决了网上银行操作流程复杂、维护成本较高的问题。

2. 操作简单，安全度高

第三方支付服务平台将各支付终端汇集到同一页面，使用者可以在一个 App 上实现多项操作，并且完成交易支付。目前，我国发展较快的第三方支付服务平台有支付宝、财付通等。以支付宝为例，它不断进行功能升级，从最初只是简单地帮助买卖双方完成在线交易，到能够提供各种各样的服务，例如基金股票交易、各种生活缴费、娱乐活动及交通出行支付。由此可见，第三方支付平台为人们日常活动提供了更加简单的操作方式，提升了用户的生活幸福感。同时，第三方支付平台的研发技术一直走在前列，通过与银行合作，能够为用户提供非常安全的支付环境，保证了用户交易的安全性。第三方支付平台设计的 PKI（Public Key Infrastructure，公开密钥基础设施）技术及各种加密通道保证了用户的安全支付，具有极高的安全度。

3. 公平公正，信用度高

第三方支付平台一般是基于大型门户网站，并且与多家银行达成合作协议而建立，因此大多数具有较高的信用度。另外，第三方支付平台作为独立第三方，在买方和卖方间有很高的公信度，一旦买卖双方在交易过程中出现问题，第三方支付平台会保持中立态度，保护双方的权益，公平处理双方分歧，最大限度地维护双方的合法权益。另外，利用第三方支付完成支付的银行可以利用其记录的交易信息为可能发生的交易纠纷提供可靠的证据，从而具有一定的约束和监督功能。

 案例分析

移动支付改变老年人的生活

我国的老年人口已经超过两亿人，移动支付对于老年人来说方便了他们的生活。

比如，行动不便的老人，不再需要专门去超市购物，打开手机购物然后移动支付即可。看病也不再需要携带现金，手机一扫即可完成支付，节省了看病时间。移动支付让那些习惯去银行取钱的老年人不再需要去银行排队取钱，节省了很多不必要耗费的时间，生活更加高效。

以前出门，老年人习惯携带现金出门，不仅麻烦，还有各种担心，如被偷或被骗，而移动支付由于是电子转账，需要输入密码，在一定程度上避免了这些问题。

纸币的流转会接触到不同的人群，由此也带来了细菌和疾病的传播，不利于老年人的健康，而移动支付通过虚拟货币交易，改变了交易方式，对于老年人来说更加绿色和健康。

一项针对北京什刹海社区百位老年人的调查结果显示，在50~65岁的年龄段里，50%以上老人每天会使用移动支付，使用范围包括日常购物、收发红包、家庭缴费、共享单车。而在66~70岁年龄段，33%的老年人每周会使用移动支付3次以上，使用范围和第一年龄段老人区别在共享单车的使用上。而在70岁以上年龄段，33%的老年人每周使用移动支付1次，但使用范围比较简单，更多的是在家庭群体中收发红包。出乎意料的是，在所有能够掌握移动支付的老人中，靠自己摸索学会手机支付的占比达到68%，而依靠子女或他人指导的占19%，社区培训活动指导的占13%。在能够使用移动支付的老人中，60%以上的老人使用的是子女购买或者淘汰的智能机，30%左右是自己购买的智能机。但更多人表示，如果子女不给买智能手机，自己也会买，因为移动支付真的很方便。

二、第三方支付市场分类和经营模式

（一）市场分类

1. 按支付功能分类

按照第三方支付的功能，可以将第三方支付分成两类：一类是传统的第三方支付，仅有支付的功能，比如银联电子支付、NPS（Network Payment System）网上支付等；另外一类第三方支付除了支付功能，还具有电子钱包、电子现金存取、消费账单管理等相关应用，比如支付宝等。这两种支付方式最终都必须通过银行的在线系统来完成。

2. 按独立性分类

按照第三方支付系统的独立性，可以将第三方支付分成两类：一类是独立第三方支付，这种方式不直接参与产品或服务的交易，仅作为第三方进行监管并维护买卖双方的利益，如银联电子支付、拉卡拉等；另一类是非独立性的第三方支付，这种方式依托电子商务平台，如同属于阿里巴巴旗下的支付宝和淘宝，以及腾讯公司的财付通等，这类第三方支付平台只是作为一种附属品存在于其门户网站之下。

3. 按支付模式分类

按照支付模式可以将第三方支付分成两类：一类是虚拟账户类型的第三方支付，这种类型的第三方支付平台又可以按照是否对支付账号进行监管分为信用中介型虚拟账户模式的第三方支付和直付型虚拟账户模式的第三方支付，二者的主要区别在于第三方支付平台是否暂时保存货款，充当信用中介。支付宝是典型的信用中介型虚拟账户模式的第三方支付平台，而快钱则是典型的直付型虚拟账户模式的第三方支付平台。另一类是支付网关类型的第三方支付，也被称为简单的支付通道类型。这种类型的第三方支付与银行等金融机构进行密切的合作，仅充当买卖双方的第三方银行支付网关，买家通过第三方把货款付给卖家，如首信易支付等。

（二）经营模式

第三方支付推动了互联网相关应用的发展，并深刻改变了人们支付结算的方式，促进了传统行业向电子商务领域的转型，同时促进了我国经济增长方式的转型，改变了我国的经济结构。

1. 第三方支付机构模式

（1）金融机构独立运营模式。这种模式是由我国具有较大影响力的独立金融机构所成立的第三方支付平台，如中国银联的银联支付等。在这种模式中，独立的金融机构通过自身的资源等优势，有能力将各个商业银行联合起来，建立起商户与用户之间的支付结算通道。

（2）通信运营商独立运营模式。第三方支付的发展，尤其是移动支付的发展，以及传统通信业务的逐渐衰落，使得通信运营商纷纷将目光转向第三方支付行业。如中国移动公司成立的中移电子商务有限公司，中国电信公司成立的天翼电子商务有限公司，以及中国联通公司成立的联通沃易付网络技术有限公司等。

（3）通信运营商与金融机构合资运营模式。在第三方支付发展初期，由于我国第三方支付行业监管及相关政策的原因，通信运营商以及银联等机构无法在该领域开展相关业务。因此，双方通过联合各自的优势，联合出资成立第三方支付公司并开展支付业务。

（4）第三方公司独立运营模式。在这种运营模式中，第三方支付公司没有通信运营商以及银行背景，通过建立独立的支付平台，打通银行支付环节、商户应用、用户消费、运营商的信息通道等。这种是目前我国最普及的一种模式，典型代表包括财付通、支付宝、易宝支付等。

上述四种运营模式各有各的优点及缺点，其对比如表5-2所示。

表5-2　四种第三方支付机构类型的对比

运营模式	优点	缺点
金融机构独立运营模式	● 优越的银行资源，资金实力雄厚 ● 丰富的风控经验 ● 流程、安全机制等相对完善 ● 潜在客户多 ● 可信度高	● 受体制影响大 ● 市场敏感度低 ● 产品不灵活
通信运营商独立运营模式	● 平台运营经验丰富 ● 上下游企业资源丰富 ● 用户群体众多 ● 资金实力雄厚 ● 用户识别度高 ● 营销推广力度大	● 受体制影响大 ● 缺乏支付行业的运营经验 ● 市场敏感度低 ● 产品不灵活
通信运营商与金融机构合资运营模式	● 具有双方的优势资源以及IT技术优势 ● 上下游合作伙伴众多 ● 平台运营经验丰富	● 股东政策性影响较大 ● 市场拓展能力低 ● 业务依赖性强
第三方公司独立运营模式	● 运营经验丰富 ● 市场敏感度、产品灵活性、市场适应能力强 ● 上下游合作企业众多	● 与银行以及通信运营商的议价能力弱 ● 没有实体渠道优势

 案例分析

第三方支付市场寡头垄断局面

目前，我国第三方支付市场竞争格局已基本形成，支付宝以电商平台交易付款、网络理财等场景，财付通则以微信红包、网约车出行、乘车码等场景为依托，二者皆以各自强有力的流量入口满足了移动支付的刚需。从市场份额看，支付宝和财付通已然是第三方移动支付市场里的"双寡头"。根据蚂蚁集团招股书，2021年第三方支付交易总规模达到311万亿元，其中蚂蚁集团旗下的支付宝与腾讯旗下的财付通交易规模合计市场份额超过95%，占据绝对优势。同时，由于自身App性质的先天优势，二者又自成用户信息和交易数据的归集口，用户黏性大，各自拥有固定的市场份额。近年来，两者都在加大补贴力度争夺线下门店支付市场，打造多元化全方位的服务平台，体现出规模溢出效应。虽然其他支付机构的集中度也在不断提升，但难以与两家巨头竞争，双寡头垄断格局或将在长时间内难以撼动。

2. 第三方支付业务模式

在中国人民银行发布的《非金融机构支付服务管理办法》中，第三方支付业务主要有预付卡支付、银行卡收单、网络支付，以及中国人民银行确定的其他支付服务四种模式。

预付卡支付是指采用磁条、芯片等技术，以卡片、密码等形式的电子支付卡片为介质，以实现在发行机构指定范围内购买产品或服务的预付价值兑现。预付卡包括礼品卡、福利卡、会员卡、公交卡等。

银行卡收单是第三方支付机构作为收单单位，以POS机为介质，实现银行向商户提供的本外币资金结算服务。持卡人在商户刷卡消费时，先由银行结算给第三方支付服务机构，最终支付给商户。这是第三方支付的核心业务之一。

网络支付是指依托于公共网络或专用网络，在收付款人之间转移货币资金的行为，其中包括货币汇兑、互联网支付、移动支付、固定电话支付、数字电视支付。目前，在第三方支付领域中，应用最为广泛的是互联网支付和移动支付。

与互联网金融最紧密相关的，是网络支付的互联网支付和移动支付两种支付业务模式。

（1）互联网支付模式。互联网支付也称在线支付，是指通过非移动的互联网终端进行资金的转移，利用银行所支持的某种数字金融工具，发生在买卖双方的金融交换，进而实现在线货币支付、现金流转、资金清算以及查询统计等服务，为电子商务和其他服务提供金融支持。这种支付模式不仅帮助卖方实现快速获得销售款，缩短了其收款周期，同时也为买方提供了新的更便捷的网络消费支付方式，不需要开设特定的银行账户便可完成支付，使在线购物更便捷，提高用户体验度。

目前，互联网支付是第三方支付企业使用最为广泛的支付形式。第三方支付企业通过打通与各个银行之间的网络结构，为个人和企业提供统一的支付平台。第三方支付平台为个人和企业构建便捷的支付枢纽，双方可以直接利用这个平台进行资金流转。

（2）移动支付模式。移动支付也称为移动电话支付，是指用户通过手机等智能移动终

端通过 SMS、WAP、USSD、KJava、蓝牙、NFC（近场通信）、RFID（射频识别）、客户端软件等技术，对其消费、购买的商品或服务进行账务支付的一种服务方式。

> **知识拓展**
>
> SMS 技术即短信服务，是最早的短信息业务。通过这种技术，移动电话之间可以互相收发短信。
>
> WAP 技术即无线应用协议，是一种向移动终端提供互联网内容和先进增值服务的全球统一的开放式协议标准，这种标准使用户可以借助手机、PAD 等移动设备获取互联网中的信息。
>
> USSD 技术即非结构化补充数据业务。用户通过手机短信发送一个服务请求至 USSD 服务器获得所需的业务，如天气预报、新闻资讯等。
>
> KJava 即 J2ME，这种技术专门用于嵌入式设备的 Java 软件，是除了 WAP 协议之外的又一手机与互联网之间的桥梁，主要用于移动商务、办公及手机上网等。

> **知识拓展**
>
> ### 数字人民币与第三方支付
>
> 数字人民币是数字形态的法定货币，同时又是一种电子支付手段，其发行推广将对我国支付体系，特别是第三方支付平台带来深远影响。数字人民币与第三方支付比较如表5-3 所示。

表5-3　数字人民币与第三方支付比较

		数字人民币	第三方支付
安全性	信用水平	围绕数字人民币建立的支付体系由国家信用支撑	第三方支付体系由平台信用支撑
	隐私保护	可控匿名，通过隐私保护技术确保用户数据的安全，避免敏感信息的泄露，且不损害可用性；同时实现对相关数据使用权限的管理，在一定条件下确保可追溯	基于支付账户的强 KYC，第三方支付机构在相关法律规定及用户授权下收集与使用用户数据
	强制法偿性	无限法偿性	无限法偿性
便捷性	账户体系	基于央行管理的数字人民币发行登记系统，属于账户松耦合模式	基于第三方支付机构账户及第三方支付机构在央行的备付金账户属于账户紧耦合模式
	清结算模式	支付即结算	需要通过网联/银联进行清结算
成本费用	费用机制	对收款方（主要指商户）的费用相比第三方支付服务费用有降低空间	对商户按不同收费标准收取一定费用

目前，数字人民币生态体系建设已取得阶段性成果，实践证明，"双层运营"架构是

构建开放型数字人民币生态的最优方案，也被各国央行广泛借鉴。

　　一方面，央行通过实施中心化管理保证对货币发行和货币政策的调控能力；另一方面，央行也为商业机构提供开放、中立、可信与稳定的基础设施。后续在移动支付高度发达的现代社会，更加需要打破支付工具间的壁垒，为了实现数字时代的"钱同币、币同形"，将从信息交互、业务流程、技术规范等维度加快推进数字人民币体系的标准化建设。

　　2022 年央行首次提出要推动数字身份、报文规范、二维码制、蓝牙和 NFC 等方面规范和标准的统一，要实现数字人民币体系与传统电子支付工具的互联互通。不久的将来，消费者或可"一码通扫"，商户不用增加成本即可支持各类支付工具。

移动支付主要包括远程支付和近场支付两种。

①远程支付是指用户通过手机等移动智能终端，通过 SMS、语音、WAP、USSD 等方式发送支付指令而完成支付的方式。比如微信小程序就可以实现查询、缴费、转账以及其他相关支付服务。

②近场支付也称现场支付，是指消费者在购买商品或服务时，即时通过手机等移动通信终端向商家进行支付，支付的处理在现场进行，主要方式是通过射频（RFID）、红外、蓝牙等通道，实现与自动售货机、POS 机等终端设备之间的本地通信。用户使用近场支付这种支付方式的时候，只需把手机等通信终端放在 POS 机上，通过射频感应即可完成支付，如华为钱包、钱袋宝、中国移动和包等。

目前应用广泛的二维码支付、刷脸支付、指纹支付等也是近场支付方式。

三、第三方支付牌照发放和注销情况

从 2011 年 4 月底签发首批第三方支付牌照算起，2011—2013 年央行累计发放 255 张支付业务许可证，行业迎来高速发展，随之而来的还有盗码、切机、二清泛滥等行业乱象。2015 年央行开始收紧对第三方支付机构的监管，通过央行吊销、自主注销、合并的方式，支付牌照数量停止增长并出现下降。现存第三方支付牌照变得稀缺，牌照价值凸显，尤其是全国性牌照。2011—2021 年中国第三方支付牌照发放和注销情况如图 5-3 所示。

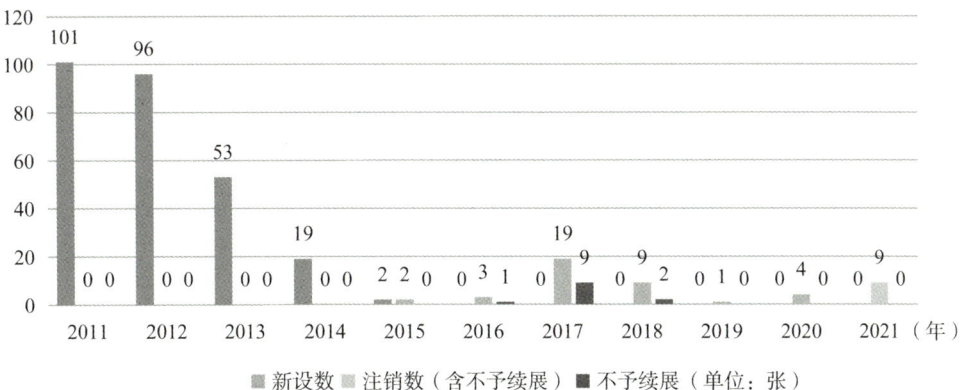

图 5-3　2011—2021 年中国第三方支付牌照发放和注销情况

互联网金融

知识拓展

第三方支付牌照，即支付业务许可证，是为了加强对从事支付业务的非金融机构的管理，根据《中华人民共和国中国人民银行法》等法律法规，中国人民银行制定《非金融机构支付服务管理办法》，并由中国人民银行核发的非金融行业从业资格证书。

根据《非金融机构支付服务管理办法》，非金融机构支付服务被定义为：非金融机构在收付款人之间作为中介机构提供包括网络支付、预付卡的发行与受理、银行卡收单、中国人民银行确定的其他支付服务在内的部分或全部货币资金转移服务。

具体来说，中国人民银行将第三方支付牌照分为七种类型：预付卡受理、预付卡发行、移动电话支付、互联网支付、固定电话支付、银行卡收单、数字电视支付。不同的业务类型，对应着不同的业务开展地域范围。

📖 案例分析

支付牌照数量再减少

2022年9月4日前后，央行官网公示的支付业务许可证注销信息再度更新，安徽圣德天开信息科技有限公司（以下简称"安徽圣德"）和福建省掌财通支付服务有限公司（以下简称"掌财通支付"）被列入已注销许可机构，注销日期均为2022年7月27日。

预付卡支付机构宣告退出近年来渐成常态。从央行官网披露的信息来看，包括上述两家机构在内，年内已有23家支付机构被清退，成为注销牌照数量最多的年份。其中绝大部分为展业范围单一的预付卡机构，此外还有多家机构在牌照到期前主动申请注销。

整体来看，从2015年8月至今，央行累计注销70张支付牌照，市场上剩余的有效支付牌照数量为201张。另从支付牌照注销的频次来看，自2020年开始，预付卡支付机构退出的脚步在不断加快。

对于年内预付卡支付机构的接连退场，除了预付卡行业本身的经营窘境外，另一原因在于2022年是支付牌照大量面临续展的重要节点，是重新审核经营资质的时刻，难以满足续展条件的机构选择"弃牌"，盈利情况较差的机构也会对续展价值进行进一步衡量，最终做出主动终止续牌的决定。

而在2022年年末，全国第五批支付牌照也将迎来新一轮续展大考。业内普遍认为，在支付行业持续强化合规监管的大环境下，不仅是预付卡机构，其他没有实际业务、存在重大违规情形的支付机构也将存在清退可能。在追求盈利的同时，支付机构也应该守好合规底线，直到行业内找到能支撑长期发展的新盈利方式。

四、第三方支付市场风险及监管

近十年来，随着互联网的发展和创新，网络交易逐渐凭借其方便与快捷的优势为大众所接受。但相较于传统交易，网络交易的双方存在时空差，线上的虚拟交互环境也使交易双方存在戒备心理。出于网络交易的风险管控与安全保证，第三方支付出现，架起了买卖双方之间的安全桥梁。

· 104 ·

（一）第三方支付自身风险

1. 技术风险

中国人民银行在下发的《非金融机构支付服务管理办法》中明确指出，所有的互联网支付机构在申报支付许可证的过程中均需要向央行提交技术安全检测认证证明。由此可见，对第三方支付机构的系统安全的高标准和高要求。

第三方支付机构自身面临的风险有一部分来自应用系统设计，从计算机到网络，任何一个小漏洞都可能造成第三方支付机构或者使用第三方支付的消费者的巨大损失。另外，第三方支付机构有义务与责任保护消费者的信息，任何因系统漏洞导致的信息泄露都会给消费者带来不便。因此，保障第三方支付系统的运行安全，是第三方支付风险防范环节中最重要的部分。

2. 沉淀资金风险

广义的沉淀资金是指放置在社会上，未被聚积起来利用的闲散资金。由于第三方支付的业务特性，第三方支付机构借此可以吸储并形成大量沉淀资金。第三方支付机构的沉淀资金主要包括两部分：在途资金和用户为方便而存储在第三方的暂存资金。在途资金是指在交易过程中从消费者付款到商家收款期间，在第三方支付机构暂留的商品资金。从第三方支付机构的角度来说，一方面，数额巨大的沉淀资金在滞留期间可以带来可观的利息收入，继而对利息的分配会引起支付风险与道德风险。另一方面，平台会利用这段滞留时间将这笔资金用于风险投资，取得投资收益。当然，获利的同时第三方支付机构也要承担一定的风险，如果风险水平持续上升必然会造成第三方支付平台资金无法回流，从而导致用户利益及平台自身利益受损。

3. 套现风险

套现一般是指用违法或虚假的手段交换取得现金利益，多发生于信用卡、公积金、证券等。套现风险主要是因为第三方支付企业基于信用度向用户提供了一定额度的现金提取权利，通常会发生在 C2C（消费者对消费者）的交易中。由于网络交易的监管漏洞，不法分子会利用"第三方支付所在市场的虚拟性，难以辨别交易是否真实发生，无法判断经济活动是否发生"的情况，在电子商务平台进行"自买自卖"交易，然后用信用卡进行支付，将卖家的收益提现，却又不用支付买家的信用卡提现费用。第三方支付机构因其特殊的业务流程，只能尽力保证网络交易的安全性，而忽略了网络交易的真实性，从而很可能成为不法分子制造虚假交易、完成零成本非法转移、套取现金的工具。

4. 洗钱风险

洗钱是指将违法所得及其产生的收益，通过各种手段掩饰、隐瞒其来源和性质，使其在形式上合法化的行为。洗钱风险是目前第三方支付行业面临的不容忽视的重大风险。

第三方支付企业为了吸引顾客并没有严格按照法律要求对用户进行实名认证，导致部分用户信息缺乏。另外，由于整个交易过程在线上完成，复杂多变且存在虚拟性，很多不法分子借此机会采取小额转账和虚拟交易的方式进行资金转移，将非法获得的资金洗白，从而达到资金转移等目的。也有不法分子利用监管漏洞，通过网络交易售卖违禁物品等。他们手段隐秘，难以察觉，而第三方支付在收付款的过程中并不能清晰分辨每笔交易的来源与去向。因此，第三方支付面临着极高的洗钱风险。

（二）第三方支付机构外部风险

第三方支付的意义在于充当网络交易中的信用中介，保证消费者与商家之间物品与资金交易的安全。我们在分析第三方支付所面临的风险时，也应认清第三方支付业务流程涉及的几个相关主体之间的外部风险。

1. 与消费者之间的问题

第三方支付机构在消费者方面培养信任度的关键莫过于建立全面的资金安全保障机制，以支付金的流程（如图5-4所示）为例，在消费者准备进行的每一笔交易前后，第三方支付的风控系统都会进行严密的监控，以保证支付以及用户的资金安全。当消费者遇到钓鱼网站时，第三方支付机构就有责任识别出风险，并且拒绝交易。

第三方支付的业务流程中也存在风险。第三方支付机构一方面应尽量满足消费者在支付速度上的需求，另一方面又需要通过复杂的流程以确定操作者就是交易账号对应的消费者本人，防止其他人盗取账号中的资金。在消费者对网络支付安全性的信心越来越足的今天，众多第三方支付机构都在用简便的支付流程、快捷的支付速度打动消费者。但简便的操作很容易带来业务流程上的风险。误操作、假支付命令、非本人盗刷等可避免的损失都有可能因简便的操作而加大发生概率。因此，第三方支付机构应在快捷方便与支付安全之间寻求一个平衡点，在确认操作人身份的前提下提高支付效率。

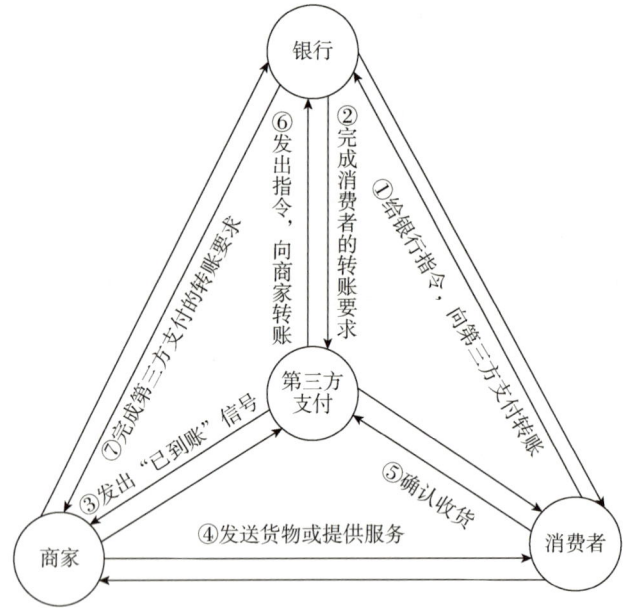

图5-4　支付宝的操作流程

2. 第三方支付与商家之间的问题

第三方支付的出现是为了在网络交易中建立商家与消费者之间的信任桥梁，充当信用中介。对于第三方支付机构来说，商家也是第三方支付的用户。为在网络交易中保证消费者资产安全的同时满足商家的基本权益，第三方支付机构需要选取一个平衡点。

对于不同的网络交易流程，第三方支付与商家之间可能存在的风险不一样。对于预收货款的平台，允许用户使用某种认可的身份标识手段，进行用户之间的资金转移，方便用户，而商家在收到汇款后的一周内发货。而平台的职责是监管双方之间的交易，为双方提供交易的信用担保。

对于预售货物的平台，交易时商家需要先发送货物，经过一定的时间延迟，等消费者确认货品收到后，才能收到所售出商品的货款。虽然这样降低了消费者的风险，但对于商家而言，若遇上交易量扩大或经营成本提高等特殊情况，商家就会面临资金流动性不足的风险，从而影响经营，极端情况下还可能导致商家债务危机。对比预售平台，预收平台的商家可以在收到货款后立即变现，虽说大范围的快速变现也有可能造成预收平台账户的冻结，影响商户信誉，但会降低可能面临的资金流动性风险。

3. 第三方支付与银行之间的问题

由于买卖双方资金是在商业银行间转移，所以第三方支付机构与银行之间资金往来的对账和风险处理的交流显得尤为重要。目前银行与支付机构间有多种措施，以减少双方间资金纠纷发生的可能性。在纠纷发生后，双方各自保留的交易凭证也保证了纠纷的顺利解决。从第三方支付机构的角度来看，即便某交易订单由于银行方出错导致资金到账的延迟或失败，一旦第三方支付机构向用户通知交易成功，支付机构就有责任保证用户的权益。所以第三方支付机构应保存好相关的交易凭证，以便后期与银行进行对接，降低自身交易风险。

 案例分析

支付宝的风险防范

新闻一

继推出"繁星计划2.0"百亿流量补贴后，为了助力商家数字化降本提效，支付宝再添新举措：支付宝开放平台宣布面向小微商家推出"三零服务"，平台通过提现免费、被盗全赔、免费权益等为小微商家降本提效，其中降费举措已为小微商家节省成本超过50亿元。

新闻二

近日，有用户发现，支付宝和微信新上线了信用卡取现功能，用户可以在这些平台上从自己的信用卡额度里支取现金，转到储蓄卡之中。信用卡取现功能以前可以通过银行App和网点ATM机实现，银行与支付宝、微信的合作无疑拓展了线上触达渠道。支付宝目前支持宁波银行、光大银行、平安银行的信用卡取现功能。取现时银行一般会收取一定的手续费。

五、第三方支付风险防范建议

（一）内部把控

除了来自政府行业的政策监管，第三方支付机构内部也有一些应对风险的内部把控措施，主要包括事前控制和事后补救两个方面。

1. 事前控制

（1）加强安全技术控制。第三方支付机构想要在金融市场中开展业务，首先应保证资

金的安全性。由于存在依赖于电子设备与互联网的特殊性，第三方支付需要以成熟的信息安全技术为支撑。第三方支付机构应继续发展自身的软硬件技术，持续研发更高层次的信息安全技术，配合合理的业务流程，确保用户信息的安全性与交易处理的稳定性，最大可能地避免信息技术带来的风险。

（2）建立信用体系与欺诈检测。第三方支付机构包含大量用户的个人信息以及交易信息，第三方支付机构可充分利用数据，挖掘数据中的关系，建立用户的信用体系。合理的信用体系，不仅可以加强买卖双方的诚信意识，也可以提高双方的信任程度，还有利于提升第三方支付的企业信誉。同时，针对用户不同的信用表现，给予适当奖励或惩罚，激励用户的守信表现，促进整个行业的健康发展。另外，构建内部反欺诈机制，对于信用水平不足的个体进行交易监控，防范欺诈交易的发生，做好风险防范与风险监测，在事故或损失发生前控制风险。

2. 事后补救

风险的发生是不可能完全避免的，应该做到尽力防范。作为网络交易买卖双方之间的信用担保方，第三方支付机构应在交易纠纷或业务事故发生后及时启动风险处理流程。首先应对风险发生情况进行调查，在交易纠纷中收集双方证据并调查双方责任，尽早排查事故原因，明确影响范围，做好数据恢复的准备。

在确认了纠纷或事故的原因后，应迅速启动赔付或修复机制，承担相应的责任。只有这样，才能够最快地控制风险，最大化地降低损失，从而不断提升第三方支付机构的信誉度。

（二）外部监管

为促进第三方支付更好地保障网络交易的安全与高效，并且加强对第三方支付活动的监管，政府出台了一系列的监管政策。2010年，中国人民银行发布了《非金融机构支付服务管理办法》。2015年，央行等十部委联合印发了《关于促进互联网金融健康发展的指导意见》。2021年，根据数字经济新形势，为细致规范第三方支付行业，央行相续发布了《非银行支付机构条例（征求意见稿）》和《金融机构反洗钱和反恐怖融资监督管理办法》，详细规划了反垄断、反洗钱、用户信息保护、支付机构退出机制等市场关心的问题，增强了法律威慑力。2022年1月，国家发展改革委等九部委发布《关于推动平台经济规范健康持续发展的若干意见》，要求"加强金融领域监管。强化支付领域监管，断开支付工具与其他金融产品的不当连接，依法治理支付过程中的排他或'二选一'行为，对滥用非银行支付服务相关市场支配地位的行为加强监管，研究出台非银行支付机构条例。规范平台数据使用，从严监管征信业务，确保依法持牌合规经营。"

各种规定的相继出台，短期来看极大地打击了第三方支付行业乃至互联网金融行业的创新动力，但从长远角度看，新规对第三方支付行业和互联网金融企业规范和健康发展起到了引导作用。

近几年，政府主要从四个方面对第三方支付的风险进行防范。

1. 业务规范

在缺乏监管的时代，第三方支付机构为吸引用户，提高影响力，积极扩展各类金融业务。但无序的创新和盲目的发展带来的是业务的杂乱无章，以及对风险控制的忽视，从而导致潜在的风险积聚。积极的外部控制应明确行业涉及的业务范围，引导各个行业在各自领域内深入发展，完善业务流程，加强安全保障。

2. 备付金

备付金是指专业银行和其他金融机构存入中央银行的存款准备金。机构按规定比例缴存在中央银行的存款准备金，除了在客户款下降时可以调减、退回之外，是不能支取或动用的，不可充当机构的支付准备。为保证第三方支付机构的资金流动性与其用户的财产安全，2021年正式实施的《非银行支付机构客户备付金存管办法》详细规定了备付金出金、入金以及自有资金划转的范围和方式，明确了支付机构间开展合规合作产生的备付金划转应当通过符合规定的清算机构办理，也进一步明确了中国人民银行及其分支机构、清算机构、备付金银行各方对于客户备付金的监督管理职责，并增加备付金违规行为处罚条款，极大降低了用户的财产可能遇到的风险。

3. 反套现与反洗钱

近年来第三方支付市场获得长足发展，客户数量、交易金额迅速增长，已成为我国支付体系的重要组成部分。但由于业务普遍具有快捷、便利、非面对面的交易特点，在为普通客户提供高效服务的同时，第三方支付市场存在被一些违法资金交易所利用的洗钱风险。

中国人民银行对第三方支付市场的反洗钱监管加强。2021年发布的《中华人民共和国反洗钱法（修订草案公开征求意见稿)》，对违法行为分类进一步细化，并在处罚力度上大幅提升了违法罚款金额；同年正式施行的《金融机构反洗钱和反恐怖融资监督管理办法》，则进一步完善反洗钱义务主体范围，正式将非银行支付机构纳入适用范围。

对第三方支付机构实施常态化反洗钱监管，不仅能防范化解金融风险，还能促进平台经济规范健康发展，有利于平台经济的行稳致远。

4. 监控力度

政府的外部监管将保证市场的平稳运作和行业的健康发展，但在加大监管力度的同时应注意到，目前我国的第三方支付正处于快速发展阶段，政府应保持谨慎的态度加以监控。适当的监控力度，可以引导市场在规范与创新间寻求一个平衡点，推动第三方支付行业和互联网金融产业健康、有序发展。

 案例分析

央行加大对第三方支付领域的处罚力度

2022年上半年，央行针对第三方支付领域共计发布36张罚单，共计32家机构被罚9 794.89万元。

与2021年上半年相比，2022年上半年罚单数量和罚没金额均有大幅增长。上年同期，央行共计发布26张罚单，23家支付机构被罚9 461万元。其中，仅福建国通星驿网络科技有限公司就被罚 7 016 万元。

从被罚金额来看，支付机构最低被处罚款 3 万元，最高超过 2 200 万元。2022 年上半年，央行一共披露了两张千万元级别罚单。银盛支付服务有限公司被罚没 2 245 万元，是年内被罚没最多的支付机构。此外，快钱支付清算信息有限公司年内被罚 1 004 万元。

尽管最高罚没金额相比上年存在较大差异，但年内百万元级别罚单数量明显增多。年内的 36 张罚单中，包括责任人被罚在内，有 14 张罚单所涉及的罚没金额超过百万元，占比接近 40%。其中还有 3 张罚单涉及金额超过 700 万元。而在 2021 年，仅有 5 家机构领到百万元罚单。

第三方支付是很多网络诈骗、洗钱违法行为的通道，针对支付市场的各种乱象，从 2015 年开始，央行严控了支付机构的市场准入，出台了备付金、分类监管等办法，同时加大了非银行支付违规行为行政处罚的力度。

"随着近些年监管力度不断加强，支付领域整体合规程度有所提升。" 2022 年上半年罚单金额与上年同期相比有小幅增长，但罚单数量增长较多，平均单笔处罚金额较上年同期明显缩减。这一结果显示出，在监管加强的背景下，支付领域特别重大的支付违规事件在减少，但数量依然不减，行业合规问题依然有一定的普遍性。

2022 年上半年罚单增长的情况，也能够充分表明监管机构对支付合规工作的重视程度，同时也反映出支付行业从重、从严监管的态势。

六、第三方支付未来的发展趋势

（一）商家数字化升级加速

近几年，大量商家依托工业支付服务商进行数字化升级、建设线上云店，客观上加速了商户的数字化升级进程。

（二）坚持金融科技创新

第三方支付本质是通过支付媒介的变革，链接更多的支付场景，但并未触及支付基础设施的建设。但目前支付结算系统存在合作效率低、风险控制差、监管难等问题。随着金融科技的发展，支付结算体系将从合作模式、风险控制、应用场景、监管等方面进行重构。在提升效率、风控和监管效果的基础上，支付结算系统将链接更多的贸易和应用场景，成为金融服务业数字化的关键入口。支付结算系统是关键的金融基础设施，其规模升级需要自上而下逐步推进。

（三）加大支付技术投资力度

到 2024 年，中国 85% 的集装箱运输将由区块链跟踪，其中一半将使用区块链支持的跨境支付。从技术投入来看，银行相对更积极，多以外部技术采购为主；支付机构技术以自研为主，头部企业技术能力领先，中尾部落后，两极分化比较严重。通过对银行和支付机构的调研，未来几年金融科技在支付业务上的投入会逐渐增加，支付新基础设施会随着技术的不断投入而越来越成熟。

第二节　P2P 信贷市场

拍拍贷

拍拍贷是一家金融科技公司，2007 年成立于上海，同年 11 月成功于美国纽交所上市。截至 2020 年 3 月末，平台累计借款用户数为 1 653 万人，累计投资用户数为 71.3 万人，累积交易总额为 1 782 亿元。

作为中国互联网金融协会首批理事单位，拍拍贷将合法、合规放在第一位，遵从金融本质，以数据为基石，用创新技术为用户提供金融服务，并在金融科技和智慧金融领域持续投入，研发了依托集大数据、云计算和人工智能等科技为一体的"魔镜"大数据风控系统。拍拍贷还将大数据分析和以 AI 为核心的技术应用于信贷审核、风险控制、精准营销和智能客服等方面，努力践行"共益经济"的理念，助力中国普惠金融发展。

2019 年拍拍贷更名为信也科技，将业务重心转向金融科技，缩减 P2P 服务，当前已成功清退网贷业务。此外，拍拍贷引入金融机构资金，转型助贷机构，与银行合作开展贷款业务。2019 年，机构资金已达 510 亿元，占平台贷款总额的 62%。

拍拍贷网站首页如图 5-5 所示。

图 5-5　拍拍贷网站首页

一、P2P 信贷市场概述

在互联网时代，"90 后"因超前的消费意识及对新兴互联网金融的快速接纳，成为需求增速最快的群体。2014 年，"90 后"的借款需求出现了同比 768% 的高速增长，为中国 P2P 个人无抵押信贷业务发展提供了持续的动力。

（一）P2P 网贷的概念

网络借贷包括 P2P 网络借贷（个体网络借贷）和网络小额贷款。P2P 网络借贷是指个体和个体之间通过互联网平台实现的直接借贷，简称 P2P 网贷；网络小额贷款是指互联网企业通过其控制的小额贷款公司，利用互联网向客户提供的小额贷款。其中 P2P 网络借贷发展的时间较长，覆盖的范围较广，影响广泛，是了解互联网金融市场不可或缺的一环。

（二）发展背景

1. P2P 网贷产生的背景

P2P 网络借贷指的是在借贷过程中，资料与资金、合同、手续等全部通过网络实现。它是随着互联网的发展和民间借贷的兴起而发展起来的一种新金融模式。与基于银行的间接融资模式不同，P2P 借贷是一种直接融资方式，是在对等主体之间直接发生的债权债务关系，借贷行为是点对点的，不经过任何第三方机构（如银行），并在此基础上融入了互联网的连接功能，使得众多借款人（在 P2P 网贷平台上进行资金借入活动的用户）和出借人（即在平台上进行资金出借活动的用户，也称投资人或理财人）能跨地域建立借贷关系，极大地扩展了资金融通的范围和速度。

P2P 网贷诞生在英国，发展在美国，繁荣在中国。2005 年，英国几位年轻人共同创办了全球第一家 P2P 网贷平台 Zopa，在伦敦上线运营。随后，2006 年，Prosper 在美国加州旧金山市创立，成为美国金融史上第一个 P2P 网贷平台。同年 5 月，宜信公司成立，并将 P2P 网贷概念引入中国。2007 年 5 月，美国 Lending Club 在社交网站 Facebook 上推出 P2P 网贷应用。同年 8 月，我国第一家基于互联网的纯信用无担保 P2P 网贷平台拍拍贷成立，随后，我国陆续涌现了一批像红岭创投、人人贷等规模较大的 P2P 网贷平台。2012 年我国网贷平台进入爆发期，网贷平台如雨后春笋般出现。2013 年 P2P 网贷平台数量在 800 家左右，到了 2015 年就暴涨到了 3 844 家。2017 年可以说是 P2P 的全盛时代，当年中国 P2P 平台累计有 5 970 家。

P2P 网贷平台的相关利益方关系如图 5-6 所示。

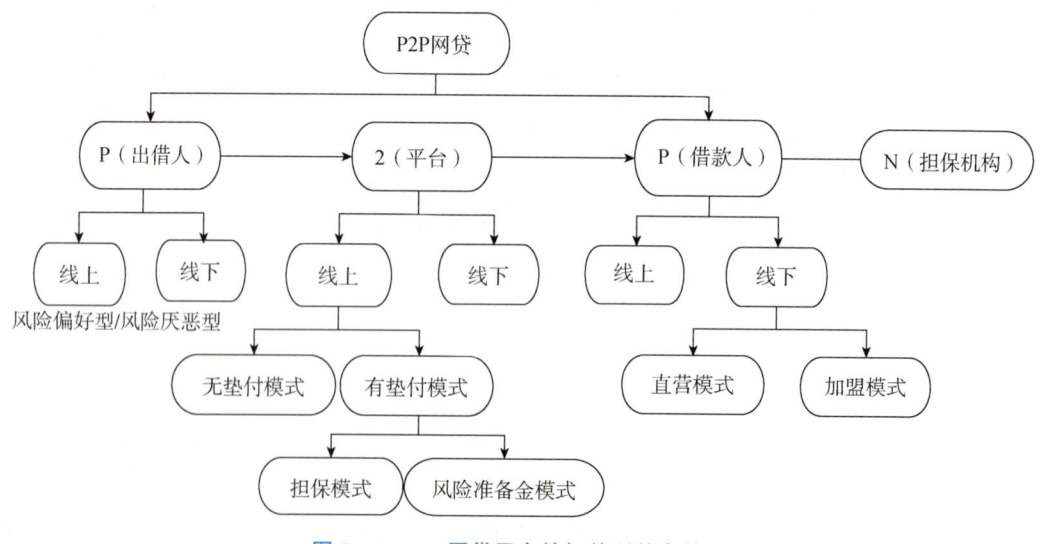

图 5-6　P2P 网贷平台的相关利益方关系

2. P2P 爆发因素

P2P 网贷在中国市场得到繁荣的主要原因有以下四点。

首先，我国的资本市场尚不发达，仍存在股市供求关系不协调、上市公司素质参差不齐、证券公司违规现象严重等诸多问题，使得资本市场资源配置效率低下，为新型金融融资模式提供了很好的发展空间。

其次，我国征信体制尚不健全，只有少部分国有企业和大型公司能从传统的间接融资方式（如银行借贷）中获益，而对大多数中小企业和个人来说，传统融资成本过高，导致其融资难、融资贵，这为新型融资渠道提供了用户需求。

再有，民间融资、投资需求巨大，互联网对传统渠道的替代，互联网贷款产品的创新。非持续性的因素有监管空白背景下的高额利润、风险后置带来的短期繁荣等。

最后，P2P 解决的是特定群体金融服务的有无问题，它起到填补传统金融无法或不愿覆盖的市场空白、普及金融服务的作用。一方面中小企业对贷款极度渴求，另一方面银行等中介金融机构监管严格，在这样的情况下，P2P 因为门槛低、收益高而得以迅速发展。

（三）P2P 网贷的特点

1. 加入门槛低

P2P 网贷去中心化（点对点）的交易结构，在一定程度上缓解了用户数量的限制，降低了融资金额、期限错配的压力，使得信用交易可以很便捷地进行，相比银行和专业的理财机构，P2P 网贷针对的客户主要是普通大众，所以每个人都能很容易地参与进来。

2. 融资成本低

P2P 网贷平台借助互联网思维模式，利用平台和其他社区网络及在线社区将出借人和借款人聚合，网罗有关贷款人的个人信息，从而减少信息收集成本。同时，P2P 网贷平台与工商、税务和金融监管机构的各种信息交流都通过互联网完成，提高了信息的传播速度，降低了信息传递成本。另外，P2P 网贷将间接融资转化为直接融资，省去了中间步骤，提高了资金利用率和融资效率，节约了交易成本。

3. 直接透明

借贷双方直接签署个人对个人的借贷合同，一对一地了解对方的身份、信用信息，借贷双方的信息基本对等，投资人大致能了解借款人的还款进度和资产变化情况等，在一定程度上消除了信息的不对称。

4. 融入互联网技术

P2P 网贷平台一方面消除了时空限制，为扩大用户数量、直接匹配用户需求奠定了基础；另一方面，平台通过采用自动化的模型与算法，能够批量处理借款申请的审核与定价问题，提高了平台的运营效率，降低了平台的边际成本。

二、P2P 信贷市场运营模式

（一）P2P 网贷运营模式分析

在行业中，被广泛采用的业务模式主要包括纯线上模式、债权转让模式、O2O（线上+线下）模式、担保模式和混合模式。

1. 纯线上模式

这种方式从线上获取项目资源、线上审核，无抵押、无担保，贷后有条件保障计划，鼓励投资者自主分散投资风险。比如，拍拍贷的本金保障计划要求投资者必须成功投资 50 个以上借款列表等，才可以用平台自有资金进行保障。这种模式是海外 P2P 的主流模式，国内较少。优缺点是平台承担的风险小，但由于不受约束，总体违约率较高。这一模式的典型平台是拍拍贷和美国的 Lending Club。

 案例分析

Lending Club 的纯线上模式

2007 年 Lending Club 在 Facebook 上线"合作性的 P2P 贷款服务"，该服务提供给 Facebook 用户一条不需要银行参与、借贷双方直接联系、拥有更优惠利率的贷款渠道。通过此种方式，缩短了资金流通的细节，绕过了传统的大银行等金融机构，使投资者和借贷者都能得到更多实惠并且更快捷。

它让借款人列出他们的借贷需求，经过资格审核后，依照债务人的信用评级、借款总额及分期贷款期限的资讯，计算出每期应偿还之利息及本金。然后，再将债务总额分割为小金额债券，提供给众多投资人进行有的放矢的选购。借款人的优势在于：首先，借款利率要低于信用卡公司和银行；其次，通常借款人无须资产抵押担保，而个人投资者将获得高于储蓄账户或定期存款的回报率。

Lending Club 的利润主要来自对贷款人收取的手续费和对投资者的管理费。

Lending Club 最大的特点就是它不提供任何资金和风险的保障。也就是说，借款人如果没有办法还本付息，平台是不承担任何责任的。

与传统银行相比，Lending Club 的竞争优势体现在全面网上运营，不用设立实体分支机构，利用互联网技术和计算机程序自动处理大量业务，并将借款者和贷款者合理配对，经营成本远低于传统银行。数据显示，一般银行经营成本支出占 5%~7%，而 Lending Club 的经营成本支出仅占 2%。

2. 债权转让模式

在这一模式下，借款人与投资人之间存在专业放款中介，即 P2P 网贷平台。一个借贷列表满标之后且符合放款标准，P2P 网贷平台将把所筹资金打入借款人账户，这一过程也称为放款，由 P2P 网贷平台先以自有资金放贷，然后把债权转让给投资者，再以回流的资金继续放贷。债权转让模式多见于线下 P2P 平台，因此也称为纯线下模式。这种模式可以通过平台力量控制风险，小额出借人不用承担过多风险，但投资人不了解借款项目的真实情况，信息不透明。典型的债权转让模式平台是美国的 Prosper 和中国的宜信。

 案例分析

宜信模式

宜信在创立之初就走上了 P2P 中国化的道路，将 P2P 贷款业务从"线上"发展到"线下"，独创了"线下债权转让模式"。这一模式简单来说，即由借贷人和宜信创始人或

其他高管个人签订一份借款协议，提前放款给需要借款的用户，宜信创始人等人再把获得的债权按时间金额进行拆分并组合打包成为固定收益的理财产品，并通过销售队伍将其销售给投资理财客户，也就是出借人。出借人以购买理财产品的名义，将钱直接打到创始人或其他高管等人的个人账户，通过这个最大的债主中转，出借人和借款人的借贷关系也由此完成。宜信模式中网贷平台只提供交易信息，具体的交易手续、交易程序都由平台的信贷机构和客户面对面完成，而在传统的线上模式中，则是由借款人和出借人直接签订合同。

3. O2O 模式

O2O 即 Online to Offline 的缩写。这种线上线下相结合的模式，一方面由具有资质的网络信贷公司（第三方公司或网站）作为中介平台，有效借助移动互联时代的网络技术和网络平台，把借、贷双方及其需求对接起来；另一方面通过线下实际调研审核，配合线上交易和支付，做到了线下线上一体化。同时，它又将小额度的社会闲散资金聚集起来，借贷给有资金需求的人群，在满足个人资金需求、发展个人信用体系和提高社会闲散资金利用率三个方面作用巨大。

这是国内互联网信贷最主流的方式，其本质是线上投资人和小贷公司的匹配，是中小额理财市场与小贷市场对接。P2P 平台通过计提准备金提供本金保障计划，通过自有的担保公司或者合作的机构方提供一定担保。

不过，O2O 模式平台容易割裂完整的风险控制流程，导致合作双方的道德风险，表现为线上平台一心吸引投资人而忽视借款客户审核，线下平台一心扩大借款人数量而降低审核标准。但因为平台有背书，一旦借款人违约，平台（担保公司）提供全额代偿（部分补偿），所以导致个体风险低，平台系统性风险大。

 案例分析

陆金所成功良退

陆金所主要提供中介服务，借款人申请借款，出借人进行投标，借款的发放和收回由陆金所代为办理。在交易过程中，陆金所引入了平安集团旗下的担保公司进行担保。对于贷款逾期未还情形，陆金所提供全额代偿，对于出借人来说，资金安全程度较高。

基于平安集团的用户数据，陆金所致力于发起针对保险客户的贷款项目，从而利用现有数据基础进行风险审核，实现线上与线下风控的模式对接。

伴随监管政策收紧，陆金所自 2015 年起开始谋求转型，探索开展小微企业贷款、财富管理等业务，并将自身定义为"技术驱动型个人金融服务平台"。2019 年 7 月，作为其中一家主动配合监管落实网贷"三降"要求和全面退出 P2P 业务的公司，陆金所进一步明确了出清 P2P 业务的详细计划。

截至 2021 年二季度末，陆金所已基本出清 P2P 业务。这也标志着 P2P 存量资产曾达 1 600 亿元规模的陆金所，实现了 P2P 业务的平稳退出，成为 P2P 行业率先完成良退的典型案例。

4. 担保模式

担保模式需要在借贷关系中引入担保，以防范投资者风险，但由于引入了担保环节，借贷业务办理的流程较长，速度容易受到影响。目前担保模式主要有四种。

（1）第三方担保公司担保。第三方担保公司担保是指有牌照的担保公司为借款项目提供担保，收取一定的担保费用，如果借款发生违约，由担保公司进行本息赔付。

（2）风险准备金担保。风险准备金担保是主流的一种模式。风险准备金是指为维护企业业务的正常运转，在风险发生时可用于财务担保和弥补风险带来的损失的，提前准备好的资金。P2P网贷平台将风险准备金交由银行等第三方托管，一些P2P网贷平台将风险准备金模式作为主推的安全保障模式。当借贷人发生还款逾期或违约时，P2P网贷平台须从事先建立的风险准备金账户中提取资金，归还给投资人，用于最大限度地保障投资人的利益。这种模式的问题在于，一些P2P网贷平台的资金与风险准备金没有实现根本上的分离，风险准备金极有可能被挪用，而在关键时刻无法起到担保的作用，风险准备金形同虚设。

（3）抵押担保。抵押担保指的是借款人以房产、汽车等固定资产作为抵押来借款，一旦面临还款逾期或违约而转变为坏账，P2P网贷平台和投资者有权处理抵押物来收回资金。从坏账数据来看，抵押担保模式在P2P网贷行业的坏账率是最低的。

（4）保险公司担保。随着相关部门严禁P2P行业自行提供产品担保，越来越多的P2P机构除引入第三方担保公司外，还开始探索引保险公司"入伙"的新模式。在引入保险公司的模式中，保险公司起到的不仅仅是保障风险的作用，同时也发挥了担保作用。但保险公司出于对P2P的风险及自身收益的考虑，对受理此类保险持谨慎态度，且P2P平台的规模和用户量大多还不能达到保险公司对降低风险评估的要求，限制了保险公司在P2P网贷过程中的作用。

5. 混合模式

很多P2P网贷平台的模式划分并不明显，其通常分别在客户端、产品端和投资端选择多种模式进行有效组合。例如，人人贷在客户端会按照借款金额要求不同的担保方式。有的平台既从线上开发借款人，也从线下寻找借款人。

P2P网贷平台的运营模式对比如表5-4所示。

表5-4　P2P网贷平台运营模式对比

商业模式	参与机构	平台性质	业务模式	典型代表
纯线上模式	P2P平台	中介机构	线上	Lending Club 拍拍贷
债权转让模式	P2P平台+专业放贷人	中介机构+放贷人	线下为主	Prosper 宜信
O2O模式	P2P平台、 小额信贷公司	中介机构	线上线下相结合	有利网
担保模式	P2P平台、担保机构	中介机构+担保机构	线上线下相结合	积木盒子
混合模式	P2P平台、小额信贷 公司、担保机构	中介机构+放贷人+ 担保机构	线上线下相结合	人人贷

三、P2P 信贷市场风险及监管

（一）P2P 网贷平台面临的风险

P2P 网贷平台面临的风险很多，按其影响因素主要划分为以下几类。

1. 流动性风险

流动性主要指 P2P 网贷平台承诺为出借人垫付逾期借款的情况下，平台履行出借人兑现要求的能力。流动性风险是指因为市场成交量不足或缺乏愿意交易的对手，导致未能在理想的时间点完成交易的风险。

当 P2P 网贷平台的流动性不足的时候，平台就无法以合理的成本迅速减少负债或变现资产获取足够的资金，从而影响盈利水平。当平台持有的用于支付需求的流动资产只占负债总额的很小部分时，如网络借贷的大量债权人同时要求兑现债权（如挤兑行为），网贷平台就会面临流动性危机。

2. 信用风险

信用风险主要来自两方面，一是借款人到期没有偿还资金的风险，二是 P2P 网贷平台虚构债权吸收投资人资金的风险。

首先，P2P 网贷平台对借款人的信用评估不够专业全面。P2P 网贷行业门槛较低，部分 P2P 网贷机构缺少对借款人进行信用风险评估的专业人员，风险管理能力不过关，增加了易违约借款人的比率，造成大量的坏账。此外，我国征信体系完善度与开放度都不足，多个 P2P 网贷平台之间并未实现信息共享，难以对借款人的信用状况有全面深入的了解。

其次，P2P 网贷平台的经营者可能通过虚假增信和虚假债权等手段吸引投资人的资金，将其用于其他用途。虚假的借款需求很可能是因为 P2P 网贷平台为补救前期的坏账而产生的，即网贷平台为弥补旧的资金缺口而挖掘了新的更大的资金缺口，最终演变成"庞氏骗局"，受损的还是广大投资者的利益。还有一些平台为了制造交易量或提高知名度，利用高收益吸引投资者，在极短的时间内便将本金加利息返还给投资者，这并不是一个健康的借贷交易，也并不存在正常的借款需求，而仅仅是网贷平台花钱买名气的一个虚假手段。

3. 操作风险

操作风险是指由于不完善或有问题的内部操作过程、人员、系统或外部事件而导致的直接或间接损失的风险。在 P2P 网贷中，借贷双方的资金需要通过中间账户进行操作，以处理出借人和借款人之间大量的资金往来，但中间账户的资金和流动性情况处于监管真空状态，P2P 网贷公司一般没有严格的资金收集、管理和使用程序，没有妥善保管资金安全的相应制度规范，导致 P2P 网贷公司的业务人员或者 P2P 网贷公司能够轻易地挪用平台用户充值的资金，存在较高的风险。

4. 法律风险

（1）涉嫌洗钱。P2P 网贷平台准入门槛比较低，加之其具有虚拟化、隐蔽性等特征，并且行业发展不够健全，网贷公司很容易成为犯罪分子洗钱的通道。P2P 网贷行业发展过于迅猛，许多平台没有完善的资金审核、追踪机制，对网贷资金的监管力度不够，以及网络本身的特性，导致难以辨别身份信息的真实性，因此无法从本质上阻截洗钱犯罪风险的发生。

（2）涉嫌"高利贷"。P2P网贷平台往往以较高的利息来吸引投资人进行投资获利，在这个过程中很容易引发"高利贷"风险。

P2P网贷平台能够迅速发展，重要的原因就是它提供了较高的利率，给予了投资者更高的回报。在现实社会中，有很多资金需求者在短时间内急需资金，而又不满足金融机构的放贷资格要求，就会转向利率高、门槛低、高效快捷的网贷平台。因此，P2P网贷平台天然具有"高利贷"风险。

 案例分析

P2P跑路第一案：优易网

优易网于2012年8月上线，是一家P2P网贷平台。2012年12月，优易网自称的控股股东香港亿丰国际集团投资发展有限公司突然声明，旗下成员从未有所谓的南通优易网电子科技有限公司。该公告发出后，优易网随即在网站发布公告称"公司停电，15点恢复正常"。15点以后，公司客服电话无人接听，三位负责人失去联系。随后证实出借人的2000余万元资金被卷走。

出借人之所以受到资金的损失，主要是由于第三方支付机构并未起到资金监管的作用。优易网网站信息显示，出借人可以通过两种方式将投资款划拨给优易网，一是直接转账到公司的工行账户，二是通过第三方支付机构国付宝和环迅支付充值。该模式的问题在于：一是在优易网与国付宝和环迅签订的合作协议中，第三方支付机构的责任权限在于将出借人充值的资金结算给优易网，而网站发款给借款人这一环第三方支付机构并未参与，更未接触过借款人。二是第三方支付直接绑定的托管银行即优易网的开户行。出借人的钱其实全部存在托管银行账户中，银行账户是否被冻结以及银行里沉淀了多少资金，第三方支付机构并不清楚，优易网从第三方支付结算账户提现就是直接将钱提到开户账户里，优易网收到出借人款项后的真实资金用途无法查证。

（二）P2P网贷平台风险监管策略

1. 风险准备金策略

一些P2P网贷平台专门设立风险准备金，以此来应对可能出现的风险。风险准备金的来源主要有平台自有资金、按项目提取的风险准备金、第三方机构按一定比例计提的风险准备金等。这种风控方式的主要问题在于，资金账户规模未必拥有充足的偿付能力，同时有的P2P网贷平台并不能很好地管理风险准备金，很可能会对风险准备金进行随意的支取或挪用。为防止平台挪用风险准备金，需要将自有资金与风险准备金分离，并交由银行等第三方托管，在使用风险准备金时也需要一定的审核流程和监管。这种风控方式简单易行，被多家平台采纳。

2. 机构担保策略

专业担保机构由于之前和银行等金融机构合作，积累了风控和信用审核的经验，为平台担保增信从而转移风险发挥了作用。在征信欠发达的环境中，许多投资者认为机构担保为资金提供了更高的安全保障，但是实际上担保公司的资质和实力良莠不齐，机构担保这

种风控方式也暗藏风险。例如，融资性或非融资性担保公司本身运营风险较大，特别是非融资性担保公司不接受融资性担保业务监管部际联席会议的监管，也缺乏各地监管部门的监管，在担保的杠杆放大机制下可能增添平台自身的风险。

3. 抵押担保策略

抵押担保是较为传统的风控方式。由于使用资产抵押进行贷款的门槛较高，这种担保方式在各种风控措施中安全性最高。尽管如此，抵押资产的质量同样会影响风控的安全性。一些平台未对抵押资产设置明确要求，违约发生时才发现抵押资产无法变现或足额偿付；另一些平台则明确要求抵押房产在一线城市，拥有注册企业，可获授信额度为资产估价的70%，虽说高要求减少了符合条件的借款人数量，但其安全性也随之升高，因此，只有严格控制抵押资产质量的担保措施安全性才高。

4. 保险策略

为了降低风险，P2P网贷平台与保险公司合作紧密，以此吸引更多的投资者，同时也保障了自身的财产安全。相比担保公司，保险公司的实力更强，能够转移部分P2P网贷平台的风险。在保险策略中，被保险人可能是平台、项目、合作金融机构、投资人和借款人。但是，这种模式下的保险技术成本过高，P2P平台上的用户数据不足以满足保险行业的大数法则，即保障低风险情况下的足够用户规模，所以，保险模式不能全面实际应用。

5. 技术手段规避策略

除了以上传统手段，还可以利用各种技术，从审贷、"不良信用记录"系统、信息披露制度等信用审核方面来规避P2P网贷平台的风险。但实际上，除了不良信息记录备案的手段能够确切实施，行业内并没有建立起真正可以适应未来社会投资者自主决策的风险评估模型以及完善的信息披露制度，导致审贷信息不对称，无法减轻风险。

（三）P2P网贷风险防范措施

1. 完善体系建设

在社会信用体系不健全的环境下，评估风险本身的数据都有可能是虚假的，类似的系统性风险是难以避免的。为了防范P2P网贷风险，首先应该从政策上对P2P网贷予以立法规范，加强P2P网贷法律建设，构建P2P网贷的相关法律体系。P2P网贷从本质上讲属于民间借贷的范畴，与传统金融机构并不存在尖锐的对立矛盾，都是以自身作为媒介来满足借贷双方对于资金的需求，只是实现方式有所转变。

2. 加强行业自律

P2P网贷行业处于尝试探索阶段，并不成熟，各个公司的经营模式、数据指标等差别很大，没有规范行业标准。为了加强行业自律性，在行业内可以建立行业自律组织。在经营方式、经营范围、进入门槛等各个方面明确行业规则，可以有效地降低整个行业的系统性风险，还可以协调各个P2P网贷平台的工作，避免不正当竞争，对从业人员进行资格评定并建立诚信档案，对P2P网贷参与者进行不定期的投资者教育，通过业务交流促进行业发展。同时，行业内还应当建立统一的信用评级标准，防止同一借款人利用不同平台的不同评级标准进行投机套利活动。

3. 落实监管政策

在政策方面，应对P2P网贷平台的监管范围和措施进行更详细的规定，建立专业化、标准化的贷前、贷中、贷后的流程管理体系和决策机制，使 P2P 网贷运营流程的每一个细节做到有法可循、有法可依。

P2P 网贷平台具有跨地区、较分散的特点，对其监管主体的确定较困难，可以采用中央与地方两级监管体系：中央监管部门制定 P2P 网贷的相关法律法规，地方监管部门则充分发挥其独立监管职能，对辖区内的民间金融中介进行规范检查和相应的风险防控。此外，也可以根据 P2P 网贷平台所从事业务的性质来划分监管职能。

4. 发展征信系统

信用体系的健全和信用风险评估机制的确立对于金融体系的稳定和安全有重要意义。具体在 P2P 网贷范畴中，个人信用信息的披露是至关重要的一环，是监管者关注的重点，同时也是投资者权衡风险和收益的重要依据。因此需要建立完善的信息披露机制，促进信息透明化，最大限度地降低信息不对称的影响，以完善征信系统，对个人和机构产生一定的约束力，防止由于监管盲点的存在而造成的信用风险。

四、P2P 信贷市场的退出及反思

(一) P2P 信贷市场的退出

2017 年，网贷平台达到顶峰状态，全国共有各类 P2P 网贷平台 6 000 多家，跑路、非法集资等问题层出不穷，新平台与越来越多的问题平台并存。经济由高速增长转向中高速增长，加之其他因素导致部分企业经营困难，难以承受高成本借贷，一些头部网贷平台的理财产品出现逾期、"爆雷"。

从 2016 年开始，监管层接连出台了一系列文件、政策，经历了由合规检查为主到清理退出为主的演变。截至 2021 年年末，P2P 存量业务尚未清零的停业网贷机构数量由 1 466 家压降至 1 169 家，比年初减少 297 家；未兑付余额由 8 207 亿元压降至 4 974 亿元，比年初减少 3 233 亿元。

在国家政策引导下，各大正规平台陆续向三个方向转型。

第一，转型小贷、消费金融等持牌放贷机构。实践中，有自营资产端的平台更适合向消费金融转型。消费金融牌照申请门槛相对更高，转型平台较少。2020 年陆金所正式确定转型消费金融机构。

第二，转型助贷机构。拥有自营资产端、金融科技能力较强的头部 P2P 平台，可利用互联网技术、资产端优势开放平台开展助贷业务，作为一个信息平台降低金融机构和借款人信息不对称风险。目前最具代表性的是拍拍贷，已完成网贷业务清退，转型助贷。

第三，转型综合理财平台。与基金、银行合作，开展货币基金产品、公募基金组合、股票型基金组合等信息推荐和服务，上线各大金融机构资管产品等，形成线上"产品超市"。

 案例分析

P2P 转型之路

2018 年以来，大批 P2P 平台或主动或被动进行了转型。位于成都的森淼科技通过切入汽车租赁市场和网约车市场，而获得了新的增长方向。

森森科技旗下车贷业务 P2P 平台爱鸿森于 2018 在美国纳斯达克上市，因其交易体量小，被业内称为"袖珍车贷股"。在 2019 年 10 月宣布终止 P2P 业务前，森森科技已开始布局汽车租赁市场。

2018 年 11 月，森森科技获得湖南瑞禧融资租赁有限公司 60%股权，并通过湖南瑞禧全资子公司湖南瑞禧汽车租赁及其控股公司四川金凯龙汽车租赁等开展汽车租赁等业务。2021 年与滴滴出行签署合作协议，双方在各自平台上聚合用户。2022 年，森森科技网约车业务已覆盖全国 19 个城市，包括四川的 6 个城市和其他省份的 13 个主要城市。

（二）对 P2P 信贷市场退出的反思与总结

我国 P2P 网贷的发展历程是满足社会需求、应对潜在风险的风险管理过程，两者相互作用、相互促进。P2P 网贷的产生建立在风险管理者对其风险评价的基础上，风险管理的措施随着 P2P 网贷的发展而变化；随着风险管理措施的变化，P2P 网贷或机构也相应进行适应性调整。

可见，最初产生 P2P 网贷时的风险评价与应对，是其后续健康发展的保证。从我国 P2P 网贷的发展历程中，能够得出如下启示。

1. 公众与风险管理者皆为有限理性

人是有限理性的，受时间、精力、知识等因素的限制，人们常常依靠某些线索而非完整、准确的信息进行决策，由此容易造成决策偏差。我国 P2P 网贷的发展历程，表明了公众对其认识的变化过程。起初，公众因陌生而不信任 P2P 网贷平台，后受国家态度的影响开始盲目信任，随着经验的积累，保本承诺、实体企业加入、高回报率、专家宣传等标签，成为人们选择 P2P 网贷平台的主要原因。最后，在危机集中爆发的阶段，人们因恐慌而逃离。因此有必要积极引导公众的行为选择，消除影响公众进行错误选择的因素，风险管理者亦如此。在 P2P 整治过程中，监管政策存在剧烈变动。从强力集中整治到最后全部清退的政策定位，固然因为行业发展的不规范性，但不分问题平台与非问题平台的全面清退，也反映了监管者的非理性偏差。不同部门共同决策或社会主体广泛参与，是减少管理者决策偏差的主要办法。

2. 风险管理措施本身具有风险性

风险管理措施与 P2P 网贷的发展历程相互作用。适当的风险管理措施能够规范机构行为、促进行业发展；不当的风险管理措施则会起到相反作用。其原因是，受有限理性的影响，管理者的决策可能是风险的来源。有研究表明，公众的风险感知与风险应对行为受到已有风险管理措施的影响。有必要预先估计风险管理措施可能对机构、公众认知和行为产生的积极或消极影响。

3. 摒弃事后应对观念，树立风险管理理念

传统的风险管理倾向于"危机"或"应急"管理。这类管理的意图是在危机事件发生后，阻止负面后果扩大、控制损失规模、尽可能减少人员和财产损失。虽然应急准备也是其中的重要部分，但应急准备的目的是确保不幸事件发生后能够以更快、更有效的方式进行回应。囿于风险事件突发性、不确定性的特点，危机爆发后的应对难以得到充分的资

源保障，也不利于资源效用的发挥。并且这些应对措施具有临时性、调控能力弱等特征，极易发生应急失灵的状况。风险管理是对应急管理的发展，其目的是消除或减轻灾难的后果，降低危机发生后应对工作的难度和强度。因此，有的学者认为，风险管理是应急管理或危机管理的"关口再提前"。政府风险管理必须从事后被动反应向事前主动保障转变，只有这样，才能在根源上控制各类危险因素。P2P 网贷属于新的金融领域，其蕴含的风险属于新兴风险。新兴风险具有陌生性、系统性和极端性的特点。新兴经济和社会领域的健康发展，离不开事先的、全面的风险评估与管理，及时防范和化解行业风险是 P2P 健康发展的保障。

4. 有效的风险管理离不开社会主体的广泛参与

风险管理是风险管理者综合考虑法律、政治、经济等因素，进行风险识别、评估、控制的过程和系列活动。它是一项系统性工程，包括风险发生前的评估、预防，以及风险发生后的应对和恢复两个阶段。同时风险沟通贯穿整个过程，形成完整的风险管理流程，起到促进社会主体广泛参与的作用。多元社会主体广泛参与，一方面有助于风险管理者理解不同利益相关者的诉求及其对风险的看法，使其对风险形成较为全面的认识；另一方面有助于社会主体理解并认同风险管理者的政策选择。从风险链和风险管理理论来看，P2P 崩盘的过程，体现出风险管理存在不足。在风险初期，风险沟通欠缺，投资者对自己的投资损失风险估计不足，导致其受高利诱惑而忽视行业风险遭受巨大损失。行业监管不足，P2P 平台无视甚至掩盖经营风险，任凭风险放大。风险爆发后，监管者对潜在损害风险的管控不足，缺乏 P2P 网贷平台分类整治及适当救助。

5. 关注受影响公众，维护社会稳定

风险链表明针对突发事件采取应急管理措施后，应该针对潜在的危害采取相应的缓解措施。P2P 风险爆发和退出，体现出监管的外部性。P2P 网贷危机波及的范围非常广，受众生活、家庭都因此受到影响。P2P 网贷危机造成的潜在社会安全影响没有被纳入风险管理工作之中。从维护社会稳定、保障人民基本生活的角度出发，有必要统计波及人数以及他们受影响的程度，依靠社区、社会组织开展有针对性的帮扶，对于经济上特别困难的群众，可考虑给予社会救助等。

第三节 众筹市场

 案例分析

众筹网

众筹网于 2013 年 2 月正式上线，是当时国内最具影响力的众筹平台，是网信集团旗下的众筹模式网站，为项目发起者提供募资、投资、孵化、运营一站式综合众筹服务。

众筹网提供包括智能硬件、娱乐演艺、影视图书、公益服务等 10 大频道，4 000 多个项目，为客户提供更多选择、更低价格、更多创新的个性化定制产品和服务。

众筹网 Logo 是"众"形，类似两个人红黑相间、互补互联，代表众筹网是一家聚众人之力为众人服务的平台。

众筹网网站首页如图 5-7 所示。

图 5-7　众筹网网站首页

一、众筹市场概述

众筹是互联网金融最重要的模式之一，它以互联网为载体，汇集资金支持某个特定项目或组织。"众筹"这一新兴的融资模式首先兴起于国外，近几年在我国得到大力发展。相较于传统的融资模式，众筹具有其独特的产生背景和优势。

（一）众筹市场的概念

1. 众筹的定义

"众筹"翻译自国外"Crowdfunding"一词，即大众筹资，指用"团购+预购"的形式，通过互联网方式发布筹款项目并募集资金的形式。

虽然大众筹资的行为早在千百年前就已出现，但是它近几年才真正进入人们的生活。互联网的广泛普及和互联网的传播特性使众筹进入了一个新的领域。现代众筹指通过互联网方式发布筹款项目并募集资金。相对于传统的融资方式，众筹更为开放，也不再把能否获得资金作为项目的商业价值的唯一标准。只要是网友喜欢的项目，都可以通过众筹方式获得项目启动的第一笔资金，为更多小本经营或创作的人提供了可能。

2. 众筹的参与要素

众筹的参与要素有三个，分别是项目发起人、出资人和众筹网络融资平台，三者之间的关系如图 5-8 所示。

图 5-8　众筹参与要素关系

（1）项目发起人。项目发起人是指在平台上发布有明确目标的项目责任人。项目发起人必须具备一定的条件（如国籍、年龄、银行账户、教育学历等），项目的自主性应为100%。项目发起人签署代理合同（所有的融资平台），明确双方的权利和义务。项目发起人通常是需要解决启动资金问题的创意团队或有创意项目的微型企业，但也存在个别企业发布项目的目的是为加强与网络市场用户的互动和体验，使产品的预销售和推广等其他功能得以扩展。项目发起人借助项目发布让公众（潜在用户）参与产品开发、试生产和推广等环节，借此使项目产品获得更好的市场反应。

（2）出资人。出资人通常是数量庞大的互联网用户，他们可能对项目发起人的创意感兴趣，通过在线支付的方式为发起人的项目出资。也就是说，每个投资者都已成为"天使投资人"。若项目成功实施，投资者得到的可能不是资本报酬，而是一种产品的样品，如一张演唱会的票、一张专属签名的碟片或者一个个性化定制产品等。

（3）众筹网络融资平台。众筹网络融资平台是一种中介，平台搭建起一座沟通的桥梁。它既是项目发起人的指导者、监督者，也是出资人利益的守卫者，承担了重要的责任。首先，平台要有一个强大的网络技术团队做支撑，按照有关法律法规的规定，采取虚拟经营的方式，让项目发起人在融资平台上提出融资需求，将创作的介绍信息发布在网页上。发布信息的前提是要进行详细的实名审核，确保项目内容完善可行、有社会价值，并在实施过程中确保其不违反网站准则和项目要求。其次，平台要负责项目融资的管理和咨询。最后，当项目不能执行时，众筹平台有监督项目发起人赔偿出资者的责任和义务。

3. 众筹在国外的发展现状

世界上最早建立的众筹网站是 ArtistShare，于 2001 年开始运营，主要面向音乐界的艺术家及其粉丝，被称为"众筹金融的先锋"。2005 年，ArtistShare 因"为富于创造力的艺术家服务的全新商业模式"受到广泛赞誉，它通过新颖的原创项目筹措渠道同时惠及艺术家和粉丝，并创造了一个坚定、忠诚的粉丝基地。同年，ArtistShare 的第一个粉丝筹资项目——美国作曲家玛丽亚·施耐德的"Concert in the Garden"成为格莱美历史上首张不通过零售店销售的获奖专辑，施耐德本人则因该专辑获得 4 项格莱美提名，并最终荣获"最佳大爵士乐团专辑"奖。

2005 年后，众筹平台如雨后春笋般出现，但众筹模式没有成为完整的体系，也没有形成成熟的商业模式特征。直到 10 多年前，众筹融资模式才被看成融资模式的一种，近两年在欧美国家迎来了黄金发展期。

目前，Kickstarter 是世界上发展最好的互联网众筹平台之一。它让那些企业家和发明家可在全美甚至是全球领域发掘新的想法和概念，还运用新的技术大大推动了互联网融资的发展。截至 2022 年 4 月，Kickstarter 共上线项目 556 073 个，项目成功率为 39.66%。这些项目共筹集资金 65.8 亿美元，其中获得成功的项目融资 59.8 亿美元，失败项目融资 5.42 亿美元，正在融资的项目筹资 5 300 万美元。从这些数据中可以推断出，成功的众筹项目实际融资规模可能远超计划融资规模。Kickstarter 平台上成功项目的平均融资额远超失败项目的融资额，以 39.66% 的项目数量筹集资金占比达到总资金池的 90.88%。

世界银行预测，到 2025 年全球众筹市场规模可望达到 3 000 亿美元。不过从众筹产业规模的地域分布看，美国占比超过 58%，欧洲占比 34%，亚洲只占 1.2%，这也说明众筹仍主要集中在欧美发达国家，亚洲市场虽然很弱小，不过发展空间很大。欧美国家的众筹不仅为创业公司融资提供了新的重要渠道，发展迅猛，而且众筹自身也受到了风险资本的狂热追逐。

为了保障众筹有法可依，各国开始修缮法律。2012 年，美国颁布了《促进创业企业融资法案》（JOBS 法案），为众筹融资活动提供了明确的法律保障。2013 年 10 月，FCA（英国金融行为监管局）发布了《关于众筹和其他类似行为的监管规则》，详细说明了 FCA 对经营网络众筹平台的公司或进行其他类似行为公司的监管方法，为规范网络众筹行为提供了若干监管的建议。

4. 众筹在中国的发展现状

中国经历 40 多年改革开放的发展，金融市场向高效而活跃的新时代过渡，这使得金融模式的创新成为必然趋势。

国内众筹的起步时间较晚，第一家众筹平台是成立于 2011 年 7 月的点名时间，2011 年 11 月上线的天使汇是国内首家股权众筹平台，之后众筹平台开始陆续出现。众筹在国内的发展虽然时间较短，但发展迅猛。经过 10 多年的发展，在借鉴美国、英国等众筹先进国家操作模式的基础上，众筹的本土化创新发展进程加快。

2013 年下半年起，随着京东、阿里巴巴等互联网巨头凭借足够的人气进入众筹领域，国内众筹市场进入了一个新时代。2015 年，随着"双创"工作的进一步推进，众筹变得更加火热。截至 2015 年年底，全国正常运营的众筹平台接近 300 家，全年的融资金额超 100 亿元，比 2014 年翻了两倍之多。

2016 年是众筹行业的一个转折点，全国正常运营的众筹平台达到了 532 家，此后呈现急转下滑的趋势，整个行业处于洗牌整理期。截至 2020 年，全国共有上线众筹平台近 900 家，但正常运营众筹平台只剩 66 家，比 2019 年减少了 1 家，比 2018 年减少了约 55%，仅是 2016 年的 12.4%。

 案例分析

"滴滴打车"创业的第一笔投资

滴滴打车是一款免费打车软件，是覆盖面最广、用户最多、最受用户喜爱的打车应用软件，入选中国区"AppStore2013 年度精选"，荣登日常助手类应用榜单冠军。许多人可能并不知道，这款打车软件最初的融资是通过互联网股权众筹完成的。帮助"滴滴打车"迈出创业第一步的网络平台是天使汇，这是一家天使投资众筹网站，创业者可以在网站上

发布创业计划，出售股权以获得天使投资，2012年，"滴滴打车"在这一平台上完成了1 500万元融资。

天使汇是国内最大的天使合投平台，致力于帮助靠谱的项目找到靠谱的钱，以专业投资人合伙投资为核心模式。

（二）众筹市场的特点

1. 更为开放的融资模式

相对于传统的融资方式，众筹更为开放。其特点是平民化。众筹项目的发起者多是处于初创期、缺乏启动资金的人。大部分在众筹网站上进行融资的项目都处于创意萌芽或试生产阶段，支持额度都在大众能够接受的范围内。能否获得资金也不再把项目的商业价值作为唯一标准，只要是网友喜欢的项目，都可以通过众筹方式获得项目启动的第一笔资金，为更多小本经营者或创作者提供了无限可能。

2. 创业门槛较低

众筹的一个很明显的特点就是门槛很低，任何一个懂得运用互联网的用户，只要拥有好的创意，都可以在众筹平台上发起众筹项目。除此之外，融资范围不再受地域的限制，世界上任何一个角落的人只要对某个项目有意向，都可以对众筹项目进行投资。

3. 降低风险

大多数时候，一些项目发起人并不是不具备投资某个项目的能力，而是不敢去承担某个项目失败带来的损失。众筹的钱来自大众，这样一来项目发起人需要承担的风险就被无限分割了。换言之，无形之中，项目发起人需要承担的风险就小了许多。如果项目融资成功，并且实际的研发与生产过程顺利，就能实现众筹目标，这在很大程度上降低了创业成本与风险。

4. 获得宣传效果

众筹的宣传作用体现在两方面。一方面，一个众筹项目从发起到实现，会经历一段不短的时间。在这段时间里，如果项目足够有吸引力，众筹项目会得到投资者的持续关注和自发宣传。无论是否融资成功，项目都得到了展示。另一方面，项目融资成功意味着一次成功的广告，吸引了众人对产品的关注并且拓展了潜在客户群。

5. 吸引潜在长期支持者

最早对项目提供支持的人都是潜在的消费者。这些人甚至有望在目后成为项目的成员。众筹项目可以向每个参与者提供消费渠道。

6. 涉猎领域广泛

众筹涉及的领域非常广泛，包括设计、科技、音乐、影视、书籍、游戏、摄影、食品等，并且逐渐向"三农"、土地、房地产、酒店、饭店、医疗等产业渗透。

 案例分析

中国智造，屡创海外众筹佳绩

作为国家高新技术企业，正浩自2017年成立以来便专注于移动储能产品研发、生产

与销售，户外电源产品应用领域涉及户外便捷用电、个人及家庭储能等，广受用户认可。正浩始终将为全球用户提供清洁普惠的用电方式、加速清洁能源在全球范围的普及视为己任，为全球用户"用电无忧"而不懈努力。

2021年9月，正浩德 DELTA Pro 产品与德 DELTA Max 产品全球预售在知名众筹网站 Kickstarter 上线，半日就突破300万美元，最终以刷新纪录的1 217万美元筹金，成为 Kickstarter 亚洲首个破千万美元的众筹项目，获得全球科技类项目第一位、全品类最热门产品第六位。正浩在日本知名众筹平台 Makuake 众筹时，也同样屡创佳绩。2019年，德 DELTA 在众筹网站 Makuake 销售 2.8 亿日元，成为当时 Makuake 历史销量榜首。2020年，正浩再次携新品睿 RIVER 系列户外电源登陆 Makuake，获得超过5亿日元众筹成绩，刷新了 Makuake 历史销量纪录。并且，睿 RIVER 众筹项目也获得了 Makuake 平台的 Makauke Award 金奖，是第一个非日本本土公司的金奖项目（银奖由佳能获得，铜奖由一家日本本土创业公司获得）。

二、众筹市场运营模式

根据项目的融资形式、项目支持者的支持形式、对项目支持者的汇报形式、项目支持者的支持动机等因素，众筹可以分为四种类型，分别是捐赠众筹、奖励众筹、股权众筹和债权众筹，如图5-9所示。

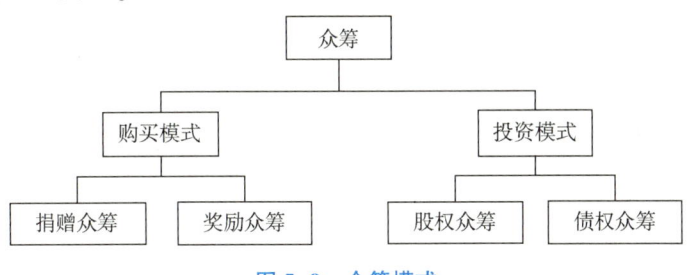

图 5-9　众筹模式

（一）捐赠众筹

捐赠众筹又称公益众筹，是单纯的赠予式筹资，是指一种向群众募资，以支持发起的个人或组织的行为。一般而言是通过网络上的平台联结起赞助者与提案者。投资者是赠与人，筹资者是受赠人。捐赠众筹的筹资项目必须在发起人设定的天数内达到或者超过目标金额。

捐赠募资被用来支持各种活动，包含灾后重建、民间集资、竞选活动、创业募资、艺术创作、自由软件、设计发明、科学研究及公共专案等。

筹资者无须向投资者提供任何回报，投资者向筹资者提供资金后也并不求任何回报，更多的是考虑项目带来的心理或精神上的满足感，因此捐赠众筹具有无偿性。捐赠众筹的门槛较低，更为简单开放。

捐赠众筹能够充分发挥社会大众的公益热情，这将极大地重塑我国公益事业的格局，重拾被各类网络曝光事件所消磨的大众公益事业信心。

案例分析

甬派公益众筹

2022年7月，"清凉一座城"公益众筹行动连续第五次在高温之下启动。爱心商家积极响应，来自四面八方的微小力量，源源不断地汇聚起来——

饿了么提供3 000支雪糕；

丽水山泉提供300箱矿泉水；

宁波福彩为一线户外劳动者送上1 500箱矿泉水；

豪雅集团捐赠3 000件饮品和800条毛巾；

宁波食全食美菜篮子配送公司提供爱心运输服务；

博洋集团、泰隆银行、牛吃草、宁波新华书店……

一个个爱心商家和企事业单位不断加入"送清凉"接力行动，更有网友打通热线电话，要做"送清凉"的志愿者。

"有需要就出力，参与'送清凉'志愿服务，也是爱心教育的延续。"在甬派上看到"清凉一座城"倡议后，热心网友立即将倡议转发到了女儿学校家委会的微信群中。很快，大家积极回应，数十名小朋友加入了"送清凉"队伍。通过甬派牵线，这群小小志愿者联合宁波博洋家纺志愿者，一起为宁波轨道交通的建设者送去了清凉物资。

"站一会儿就大汗淋漓了。叔叔阿姨们为了地铁建设，真的很拼。"同学们送上精心准备的清凉礼包，并认真地向地铁建设者敬了少先队队礼。

"很感谢这群小志愿者和爱心企业对于城市地铁建设者的关怀。"宁波业主代表告诉记者，公益众筹行动，让他和同伴们感受到关爱和被尊重。

"这些防暑降温用品数量不多，但都是孩子们用自己的零用钱购买的，是一份心意。"热心网友告诉记者，公益行动本身就是给人带去清凉的爱心之举，让更多的人对高温下的劳动者多一份关爱。

7月21日，甬派公益众筹"送清凉"小分队兵分多路，给工地建设者、外卖小哥等一线劳动者送上矿泉水、雪糕等物资。

"一天要送60多单，回去衣服上都是白花花的汗渍。"在饿了么外卖月湖站点，外卖小哥吴师傅告诉记者，送外卖非常辛苦，但工作就是这样，总要有人去做，才能保障大家的正常生活。

高温天，对他们多一分理解、尊重，便是送给他们最暖心的"清凉"。

甬派客户端对"送清凉"活动的直播和报道，短短两天吸引了近150万人次关注，不少人在点赞转发的同时，也纷纷加入公益众筹行动，一起"清凉一座城"。

知识拓展

捐赠众筹"赠与"的本质

在众筹中介上发布的慈善项目，本质上是筹资者向投资者发出的要约，只要投资者以某种方式承诺（筹资者接受赠与），双方即达成一致。投资者承诺的具体形式应当是其在众筹中介上向筹资者筹资账户打款的行为，只要投资者的打款行为完成，那么这一赠与合同即告成立。合同成立后，投资者和筹资者依照赠与合同的规则取得相应的权利义务。

捐赠众筹最大特点在于筹资者必须将投资者赠与的财产用于特定项目而促成特定目的之实现。如果筹资者的行为不符合约定的特定目的行为，投资者并无法律依据诉请其履行，而只能主张缔约目的不能实现，依照不当得利原则请求筹资者返还赠与财产。

　　我国的捐赠众筹主要受《中华人民共和国民法典》《中华人民共和国公益事业捐赠法》《救灾捐赠管理办法》和《基金会管理条例》等法律法规。

　　应当注意的是，捐赠众筹的"捐赠性"是从投资者与筹资者的角度来说的，众筹中介还是会根据项目的筹资进度以及筹资额度收取相应的管理费用，因为管理费是众筹中介的收入来源，是众筹中介得以生存的根本。

（二）奖励众筹

　　奖励众筹是指筹资者从出资者处获得资金，这种奖励以筹资者的项目产品为主要形式，项目产品可以是实物形式，也可以是非实物形式，如电影的首映体验等。

　　目前，我国奖励众筹一般是预售类项目。与团购相比，这种预售形式在商业逻辑上存在着根本不同。商品团购利用的是规模效应，集合了类似客户的相近需求，利用商品的通用性，尽可能扩大采购规模，有效降低采购成本。奖励众筹则是针对性地满足潜在客户的个性化需求，将特殊需求的"长尾"集中起来，达到可经营规模。奖励众筹在新产品的设计上须充分了解客户的需求，只有满足了支持者的需求，有了一定的预订量并收到了预订款项后，才会进行生产。

　　奖励众筹的价值可以概括为以下几点：众筹处于产业链的最前端，可以快速发现和发掘有潜力的产品项目；通过用户的支持，可以验证项目是否符合市场需求，从而降低项目失败的风险；提供天然的平台，帮助发起人获得第一批忠实粉丝；众筹后的数据结果可为项目获得进一步融资提供强有力的说明，众筹网也会根据项目筹资表现的数据，提供借贷、孵化或投资等金融服务。因此，奖励众筹的核心诉求并不是直接的融资，而是"筹人、筹智、筹资"。

　　相比于其他形式的众筹，奖励众筹的覆盖范围更加广泛，包括商业和企业、音乐、电影、表演艺术、社会事件、时尚等。同时，奖励众筹也可以作为其他众筹的有益补充，例如，债权众筹和股权众筹中都可以加入奖励式众筹的元素，作为其补充手段吸引投资者，从而促进项目的成功。

　　奖励众筹的数量在众筹融资平台中的占比最大，美国的众筹平台 Kickstarter 是一个运作非常成熟的奖励众筹网络。除此之外，美国的 Appsplit、Tucky Ant，新加坡的 ToGather 等也是著名的奖励众筹公司。

 案例分析

大悟河口："众筹倍奖"聚合力共同缔造促振兴

　　走进大悟县河口镇顺山村，一栋栋新居房舍林立，柏油路通组到户，房前屋后绿植花香，村集体猕猴桃、果蔬产业园生机盎然，村民热情淳朴，一派怡人的和美乡村景象。

　　在规划设计上，由村"两委"干部牵头，在充分征求民心民意的前提下聘请专业团队规划设计，按照"修旧如旧、原生态、低成本、有特色"方式共绘发展蓝图；在组织实施上，坚持政府主导、村民主体和社会参与相结合，构建"村级组织、村湾自治、民主决策"的建设机制，引导多方力量共同参与；在组织保障上，成立由村民理事会、村务监督委员会、湾组小组长、党员群众代表等为成员的项目推进领导小组，鼓励拆违、拆旧，并按科学标准补偿折算，发动在外能人捐款捐物，多方进行筹资筹劳，最后镇政府整合资金资源项目，根据众筹资金量按照1:2至1:5比例实行奖励，最终达到"建设规划众谋、建设资金众筹、建设质量众管、建设效果众评、建设成果众享"的目的。

（三）股权众筹

股权众筹又称互联网非公开股权融资，是指投资者为项目投入资金后享有该项目的股份或其他与项目有关且具有股权性质的衍生工具的众筹模式。它是众筹中风险最大、投资素质要求最高、流程最为复杂的模式。

股权众筹从筹资模式上来看，可以分为三类：凭证式众筹、会籍式众筹和天使式众筹。凭证式众筹一般是通过熟人介绍加入众筹项目，得到付出资金的相关凭证与股权挂钩并得到分红回报，但投资者不成为股东。出资人如果不想再持有凭证，可以转让凭证或者要求筹资者进行回购，例如"花草事公司"的众筹项目。会籍式众筹的投资者成为被投资企业的股东，出资者成为会员。出资者的目标不一定是赚到钱，但一定要有价值目标，这个目标可能是人脉资源、社会地位、特别体验等。典型的是3W咖啡众筹项目。天使式众筹更接近天使投资或风险投资的模式，出资人通过互联网寻找投资企业或项目，付出资金或直接或间接成为该公司的股东，同时出资人往往伴有明确的财务回报要求。它除了通过互联网给诸多潜在的出资人提供了投资机会，对出资人几乎不设门槛外，与现实生活中的天使投资、风险投资基本没有多大区别。

股权众筹从是否担保来看，可分为两类：无担保股权众筹和有担保股权众筹。无担保股权众筹是指投资人在进行众筹投资的过程中没有第三方公司提供相关权益问题的担保。目前国内基本上是无担保股权众筹。有担保股权众筹是指股权众筹项目在进行众筹的同时，有第三方公司提供相关权益的担保，这种担保是固定期限的担保责任。国内目前只有极少数众筹项目提供担保服务，此项服务尚未被多数平台接受。

现在的网络众筹多半属于股权众筹的范畴，多用于解决中小微型初创企业的融资难问题。初创企业在早期很难通过传统融资渠道获取所需资金，就算通过更为灵活的天使投资，也会存在投资人数量和投资金额较小等方面的不足。股权众筹可以解决这些问题。一方面，股权众筹平台不分项目、企业大小，只看创意；另一方面，通过股权众筹平台筹集到的资金量比单个的天使投资大幅增长，更容易满足企业的资金需求。

股权众筹改变了股权投资过去由专业投资人垄断的现象，给了普通投资人更多的投资选择和更高的投资收益空间。但由于普通投资人的风险承受能力有限，如果不加限制地允许任何人参与到股权众筹之中，创业的高风险可能导致创业公司大量破产，进而导致投资人血本无归，产生巨大的社会风险。

为了防控股权众筹的风险，股权众筹融资方也应通过股权众筹融资中介机构向投资人如实披露企业的商业模式、经营管理、财务状况、资金使用等关键信息，不得误导或欺诈投资者，并对出资者的进入门槛提出一定的要求，如财务上的最低要求。投资者也应当充分了解股权众筹融资活动风险，具备相应的风险承受能力。目前股权众筹的监管法律尚处空白，股权众筹参与人的门槛也没有确定，股权众筹发布者的行为规范更没有明确。

知识拓展

凭证式众筹

2013 年 3 月，一家植物护肤品牌"花草事"在淘宝网销售自己公司原始股：花草事品牌对公司未来 1 年的销售收入和品牌知名度进行估值并拆分为 2 000 万股，每股作价 1.8 元，100 股起开始认购，计划通过网络私募 200 万股。股份以会员卡形式出售，每张会员卡面值人民币 180 元，每购买 1 张会员卡赠送股份 100 股，自然人每人最多认购 100 张。

早在花草事之前，美微传媒也采用了大致相同的模式，都是出资人购买会员卡，公司附赠相应的原始股份，一度在业内引起了轩然大波，在筹资过程当中被相关部门叫停。

会籍式众筹

2012 年，3W 咖啡通过微博招募原始股东，每个人 10 股，每股 6 000 元，相当于一个人 6 万元。很快，3W 咖啡汇集了一批知名投资人、创业者、企业高管等。3W 咖啡引爆了中国众筹式创业，没过多久，几乎每个规模城市都出现了众筹式的咖啡厅。

相关法律规定

2014 年《私募股权众筹融资管理办法（试行）》明确规定，股权众筹应当采取非公开发行方式，并通过一系列自律管理要求以满足《证券法》第 10 条对非公开发行的相关规定：一是投资者必须为特定对象，即经股权众筹平台核实的符合《私募股权众筹融资管理办法（试行）》中规定条件的实名注册用户；二是投资者累计不得超过 200 人；三是股权众筹平台只能向实名注册用户推荐项目信息，股权众筹平台和融资者均不得进行公开宣传、推介或劝诱。

2015 年《关于促进互联网金融健康发展的指导意见》规定股权众筹融资主要是指通过互联网形式进行公开小额股权融资的活动。股权众筹融资必须通过股权众筹融资中介机构平台（互联网网站或其他类似的电子媒介）进行。股权众筹融资中介机构可以在符合法律法规规定前提下，对业务模式进行创新探索，发挥股权众筹融资作为多层次资本市场有机组成部分的作用，更好服务创新创业企业。股权众筹融资方应为小微企业，应通过股权众筹融资中介机构向投资人如实披露企业的商业模式、经营管理、财务、资金使用等关键信息，不得误导或欺诈投资者。投资者应当充分了解股权众筹融资活动风险，具备相应风险承受能力，进行小额投资。

（四）债权众筹

债权众筹是指筹资者向出资者借款并承诺给予出资者一定比例的利息回报，届时出资者可以收回本金并得到承诺的预期年化预期收益的众筹方式。从法律角度而言，债权众筹就是借款合同，出资者是贷款人，筹资者是借款人，投融资双方通常会约定借款种类、币种、用途数额、利率、期限、还款方式和违约责任等。所以众筹的出资者主体还是自然人，筹资者通常是法人。

债权众筹中，筹资人的主要义务有三个方面。

一是依约使用借款的义务。借款用途是出资者斟酌决定是否投资的关键，也是确保合同期满后筹资者能还本付息的客观要求。所以，如果筹资者没有按照合同约定的用途使用款项，出资者可以提前收回投资或者解除合同。

二是依约支付利息的义务。

三是依约返还借款的义务。出资者的主要义务是借款的利息不得预先在投资款项中扣除。

债权众筹的特征是门槛低，面对的是社交平台的所有用户，其借贷关系清晰、投资回报明确，所以融资效率在四种众筹模式中是最高的，在债权众筹平台上发起项目到完成募集所花费的时间大约只为股权众筹和奖励众筹的一半。

这种模式和 P2P 网贷非常相似，P2P 网贷可以看作债权式众筹的转型。国外比较著名的债权众筹平台有英国的 Zopa、美国的 Prosper 和 T. ending Club 等。

四类众筹模式的比较如表 5-5 所示。

表 5-5 四类众筹模式的比较

比较项目	捐赠众筹	奖励众筹	股权众筹	债权众筹
回报方式	成就、荣誉感等心理回报	实物、服务、荣誉等	公司股权、股份、合伙份额	还本付息
模式实质	公益	团购、预付费	股权合资、合伙投资	债务型集资
适用法律	相关的公益捐赠法规	相关的团购、预付费管理法规	《中华人民共和国公司法》《中华人民共和国证券法》《中华人民共和国合伙企业法》	《中华人民共和国民法典》《贷款通则》等

 案例分析

美地众筹

美地众筹 825 债权基金基本情况如图 5-10 所示，其派息时间如表 5-6 所示。

美地众筹825债权基金

投资类型：债权投资
融资总额：$1,000,000
年回报率：7.25% - 7.50%
起投金额：$10,000
项目周期：3 - 12 个月

已投资：100 %

融资结束

基金类型	私募股权
融资额度	$1,000,000美元
预计收益	7.25% - 7.50% 年化股息[1]
投资类型	债权投资
起投额度	$10,000/认购单位
起投日期	2022年8月
项目周期	3 - 12 个月[2]
收益方式	每3个月预付股息[3]

[1] 投资认购单位1-19股，年化股息7.25%；20股以上，年化股息7.50%。

[2] 投资者将获得最少3个月的股息，在收取3个月股息后，开发商将按天计息至归还本金为止。

[3] 投资者将获得每3个月一次的预付股息。

图 5-10 美地众筹 825 债权基金基本情况

表 5-6　美地众筹 825 债权基金派息时间

派息批次	支付日期*1	计息开始	计息截止	计息周期	备注
第一次	不晚于 9/7/2022	8/23/2022	11/22/2022	3 个月	预付股息
第二次	不晚于 12/7/2022	11/23/2022	2/22/2023	3 个月	开发商有权选择否延期*2
第三次	不晚于 3/7/2023	2/23/2023	5/22/2023	3 个月	开发商有权选择否延期*3
第四次	不晚于 6/7/2023	5/23/2023	8/22/2023	3 个月	开发商有权选择否延期*3

投资策略：本次美地众筹 825 基金，为开发商提供短期过桥贷款。开发商在市场中积极寻求新的投资机会，并且使用两个已建成的公寓作为抵押，在可预计的短期内，开发商可将其他物业重新贷款并偿还美地众筹 825 基金贷款。

美地众筹 825 基金以较低的贷款对价值比（LTV）发放该笔贷款。美地众筹 825 基金所拥有的抵押物业没有额外的建筑风险及开发风险，在租赁市场及销售市场火爆的核心区域内，以安全且流通性高的物业作为抵押，发放该笔短期过桥贷款。

 知识拓展

股权众筹与债权众筹区别

1. 定义不同

股权众筹是指公司出让一定比例的股份，面向普通投资者，投资者通过出资入股公司，获得未来收益。

债权众筹是指投资者对项目或公司进行投资，获得其一定比例的债权，未来获取利息收益并收回本金。

2. 风险不同

债券众筹风险相对来说比较低，而股权众筹的风险很高，这两者之间不同的风险也决定了收益的不同。

股权众筹风险的不确定性较高。债权众筹由于一般存在抵押物，事先约定收益率，风险不确定性相对较低，但具体需要看债权类别。

3. 收益不同

股权众筹是一种全新的投资方式，由创业者通过众筹平台发起项目，以出让部分股权获得所需的资金，通过某个时间段（少则 1 年，多则 3～5 年）的经营，给予投资人一定的股权预期年化收益。在预期年化收益方面，股权众筹的回报取决于创业团队的情况，因为大多数进行股权众筹的企业往往处在从生长期到成熟期过渡的阶段，一旦发展起来，投资人的回报难以估量。收益一般由无风险利率收益与风险溢价构成，股权众筹的风险溢价一般相对较高，因此收益较高；而债权众筹的风险溢价一般较低，因此收益也较低。

4. 流程不同

股权众筹是目前通行的一种模式，是投资者通过众筹平台投资后，平台或者平台选择的公司/个人领投设立一家合伙企业。投资者作为有限合伙人，对外无权代表合伙企业，只对合伙企业的债务承担有限责任。合伙企业成立后，再以合伙企业的名义投资融资的项目公司，以合伙企业作为公司股东。

债权众筹在众筹平台发布融资需求后需要提交信用资料和项目资料以备审核查询，投资者挑选符合自己投资意向的项目并投资。平台在筹资满额后放贷，寻求小贷公司担保，保持关注项目进展，监控风险。筹资者收到贷款后用于项目运行，到期偿还。

三、众筹市场的风险及监管

（一）众筹市场的风险

1. 信用风险

第一，筹资者层面的信用风险问题。对于筹资者来说，筹资的额度超过项目需要的额度，虽然一般会在资金额度满后关闭，但是并不能排除筹资平台和项目发起人约定在项目发起后通过设定高于自身项目需要的额度来获得差价的行为。在众筹融资模式中承诺能否真正兑现是一个重要问题。也就是说，项目的发起人所承诺的回报，不具有法律效力，倘若是投资人得不到回报，众筹平台的免责条约会造成投资人的损失。还有是资金的流向风险，项目的筹资一旦成功后，资金就会打到发起人的账户内，这时候发起人就不再有受监管，资金的实际运用也不会受到法律的约束。

第二，众筹平台层面信用风险问题。从众筹平台的角度来看，在整个资金的周转中，缺少专门的资金托管部门，如果众筹平台不自觉，必然会出现信用危机。众筹平台的盈利方式是赚取手续费，倘若为赚得更多手续费而降低了准入标准，必然会有一些不合格的项目进入，在信用风险上就表现得比较突出。

第三，众筹作为新兴行业，在管理体系方面尚不成熟，很容易引起管理混乱。在经济利益的驱动下，众筹平台缺少对项目的严格考核标准，又无监管约束，平台极易降低创业项目上线门槛，放行更多项目进入众筹平台募资，同时，不能排除平台与融资企业之间存在内幕交易、关联交易，甚至是"自融"行为的可能性。同时，融资方为了尽可能得到投资人的青睐，提高募资的成功率，在项目的描述上将倾力包装，尽量回避项目的风险，采用一些极度乐观或夸大和误导性的宣传来吸引投资者。当融资成功后，在追求自身利益最大化的强大驱动力下，再加上必要的信息披露存在虚假性，融资方很可能不按契约、擅自更改募集资金的用途或者违规使用资金，这将损害投资者的利益。

2. 法律风险

对于众筹是否合规，监管尚属空白，众筹平台容易在运营过程中触碰非法吸收公众存款以及擅自发行债券的红线，引起法律风险。

目前我国的众筹平台多限制在实物、服务或者媒体内容等作为回报，但参照国际发展的趋势，未来极有可能发展出将股权作为投资标的和回报的情况，触及非法集资的红线。我国的法律还没有专门针对众筹立法，参考《最高人民法院关于审理非法集资刑事案件具体应用法律若干问题的解释》，众筹模式在形式上似乎已经同时满足了四个要素，即未经审批、通过网站公开推荐、承诺一定的回报、向不特定对象吸收资金。不过因目前出资人的出资不是以获得利息、固定回报或高额回报为目的，而是一种对模型产品预付款的性质，所以双方并非存贷款的法律关系。倘若筹资人以股权收益作为回报，那么极易触发非法集资的底线。

《中华人民共和国证券法》规定，向不特定对象或向特定对象累计超过 200 人发行证券，属于公开发行证券。公开发行证券，必须经国务院证券监管机构或国务院授权的部门核准。如果发行人没有通过公开方式发行，而是通过非公开的方式向特定的对象发行，最终股东人数累计不超过 200 人的，为非公开发行。如果是非公开发行，就不会构成擅自发行股票罪，非公开发行股票成立股份有限公司或者有限责任公司，属于正常的民事经济活动。众筹融资平台在募集资金过程中经营要面对不特定对象，其人数常超过 200 人，很容易违反《中华人民共和国证券法》关于公开发行证券的规定。

另外，如果是表面上发行股票，又承诺支持者的股票、股权有保底收益，或者有保本性质的回购承诺，因为众筹本身就是涉众发行，受保护的股权方式承诺保本付息，涉嫌的罪名就不是擅自发行股票罪，而是非法吸收公众存款罪。

3. 代持股风险

根据《中华人民共和国公司法》第二十四条规定"有限责任公司由五十人以下股东出资成立"。那么，众筹项目所吸收的股东人数不得超过五十人。如果超出，未注册成立的不能被注册为有限责任公司；已注册的，超出部分的出资者不能被工商部门记录在股东名册中享受股东权利。为了解决管理的难题，也为了符合公司法的规定，大多数股权众筹采用了股份代持的方式，大多数众筹计划是通过微信、微博或专门的众筹平台公开发布的。

一是股份代持是基于委托人和受托人之间的信任而设计的。如信任发生问题，比如受托人未经委托人同意将委托人的股份转让给其他人或进行抵押融资。在这种情况下，只要第三方第三人对代持的事情是不知情的，并支付了转让对价完成了股份的转让，其取得的股东的资格就受到国家保护。而委托人只能要求受托人赔偿损失，而不能要求恢复自己的股权。此外，受托人如果因个人的债务原因致使委托持有的股份被司法机关强制执行，也会使委托人受到财产损失。

二是很多人担心在众筹项目中，隐名股东把自己的股东权利都委托给了名义股东，隐名股东无法去监督公司的运营。

三是由于股份代持时间较长，期间可能会发生法律、政策的变化，产生不必要的法律风险。

4. 知识产权权益受到侵犯的风险

目前，我国这一问题主要针对商品众筹平台，因为一般的商业众筹项目以创新性为主，但是在商品众筹平台的众筹项目大都是还未申请专利权的半成品创意，故不能依知识产权相关法律保护其权益。同时，几个月的众筹项目预热期给了盗版商充分的剽窃时间，因此从保护知识产权利益角度出发，许多众筹项目的发起者只向公众展示其创意的部分内容，但这也会降低投资者的兴趣和热情。

5. 监管制度缺失引发的风险

目前成立一个众筹平台只需进行工商登记和网站备案，对于众筹项目的审核由众筹平台全权负责。也就是说，目前还没有专门针对众筹平台的监管部门和监管规定。众筹平台涉及大量的公众资金和社会群众，一旦失控，会产生大量纠纷，容易引发社会经济和社会稳定问题，所以监管制度的缺失会使众筹平台的出资者面临投资风险，不利于众筹平台整体行业发展。

（二）众筹模式的风险防范措施

1. 增强投资者的风险意识

投资者风险的防范需要从两方面入手；一方面，投资人本身要提高众筹投资的风险意识，在对投资风险有一定认识的基础上，合理选择投资项目；另一方面，众筹平台应采取一定的措施来保护投资者利益。投资人风险意识和投资水平提高，既需要投资人本身学习知识和积累经验，也需要众筹平台对这项工作加以重视。

众筹平台可以采取很多有效措施来保护投资者利益。一是坚持正确的舆论导向。二是突出众筹平台的宣教功能。三是强制执行投资下单前的警示与下单后的冷却操作流程。四是规范投资的准入门槛，根据经济实力、投资经验设定差异化的投资规模。

《非金融机构支付服务管理办法》对互联网支付服务做出了规定："非金融机构提供支付服务，应当根据本办法取得《支付业务许可证》成为支付机构""未经中国人民银行许可，任何非金融机构和个人不得从事或变相从事支付业务"。目前只有取得《支付业务许可证》的非金融机构和个人才能从事支付业务，而众筹平台目前属于普通的互联网线上平台，其为普通工商企业，并不具备这种支付资格。

2. 规范众筹平台管理制度

（1）防控非法集资行为。众筹作为新兴的融资模式，以互联网为融资平台，其涉及人群广、数额大，容易触及法律禁止的"红线"。因此，单纯依靠平台自身的运作管理很难完全防范非法集资的风险，必须通过外部监管的加强才能保证众筹模式在法律框架内稳定运行。为达到这一效果，必须首先完善信息披露制度，使其既有相应法律法规的明确规定，又有平台相应的管理措施，同时项目发起人需主动披露公司的基本信息、财务数据、经营情况、商业计划以及募集资金的用途和投向。

（2）控制平台资金流动。众筹平台发挥的是中介的作用，以撮合投融资交易为目标。一旦众筹平台在中介过程中能够控制资金的利用与流动，则平台就有可能挪用投资人资金，当平台资金发生流动性风险时，投资者和筹资人的利益将遭受损失。所以，出于对资金安全性的考虑，应将平台资金交由第三方机构或银行托管，并支付一定的托管费用。

另外，应严格控制众筹平台不得从事与其业务无关的筹融资活动，例如，不得通过本机构为其他公司融资，不得提供担保或进行股权代持，不得从事证券承销、投资顾问、资产管理等证券期货经营机构业务等，以减少众筹平台挪用资金的动机。

（3）完善信用审核环节。目前我国众筹平台对于项目和项目发起人的审核尚没有可方便采用的信用数据系统，在很大程度上依据对方的信用状况。当前也没有法律规定一旦发起人违约，如果是因为平台审核不严格而导致出资人的利益受损，众筹平台应承担何种责任。目前各政府机构、央行、通信运营商、银行甚至各大互联网公司都有一套自己的信用系统，但是并不联网。应该尽快建立健全以央行为中心的我国个人、机构的信用体系，并以适当的授权方式授予众筹平台询权，保障出资人利益和促进我国众筹行业的长远健康发展。

3. 建立健全监管机制

在我国，当前众筹行业由于监管缺位，已经出现野蛮生长的局面。若不及时加以规范引导，任由市场主体恶性竞争甚至违规越界，一方面可能导致市场无序失控引致区域性风险，对金融稳定和经济发展形成负面冲击；另一方面可能使行业陷入困境，市场停滞甚至萎缩。因此，有必要加快完善监管机制，积极将众筹纳入监管。

（1）实行行业准入机制。首先，就众筹行业而言，众筹平台本身应设立准入机制。只有在它的专业能力、资金门槛和项目的风控措施达到一定的标准后，才能成为合格的众筹平台。其次，要加大对融资项目的准入限制。平台对融资项目要有初步的监管。另外，还可以聘请一些专业的投资分析人士对项目进行初步的判断。最后，对众筹平台的投资人也应设立一定的进入门槛。投资是风险比较大的行业，所以要引入合格投资人，另外，对投资人的投资额度也可以进行一定限制。

根据《关于促进互联网金融健康发展的指导意见》，中国人民银行会同有关部门组建了中国互联网金融协会。协会按业务类型制定经营管理规则和行业标准，充分发挥行业自律机制在规范从业机构市场行为和保护行业合法权益等方面的积极作用。

（2）完善信息披露制度。对于众筹融资模式的信息披露需要进行专门的设计，适当简化披露手续。披露的内容应清晰明确，披露内容除了发行人及项目的基本信息外，还应该对项目动态、资金使用及其他可能影响投资者权益的重大信息及时进行动态披露。同时对股权众筹融资和债权众筹融资投资者应有所区分，与债权融资投资者息息相关的是企业的偿债能力，在信息披露时应该对融资者的现金流、资产、负债以及担保情况等有所侧重。而股权融资投资者更为关注产品的销售情况、企业的营利能力以及管理者素质、高管薪酬等，因此对于企业经营状况的信息披露应该更为详细。

（3）明确众筹监管部门。《关于促进互联网金融健康发展的指导意见》规定，任何组织和个人开设网站从事互联网金融业务的，除应按规定履行相关金融监管程序外，还应依法向电信主管部门履行网站备案手续，否则不得开展互联网金融业务。工业和信息化部负责对互联网金融业务涉及的电信业务进行监管，国家互联网信息办公室负责对金融信息服务、互联网信息内容等业务进行监管，两部门按职责制定相关监管细则。

（4）落实相关法律政策。首先，肯定众筹平台的合法性及划清其与非法集资等犯罪行为的界限是当务之急。国内相关的法律法规和政策应尽早出台，为合法合理的项目发起者、项目支持者以及众筹平台提供政策和法律保护。

其次，知识产权保护的相关法律制度需要完善。要想众筹行业真正获得发展，必须为项目发起者提供一个良好的版权环境。目前至少存在两方面问题：一是众筹项目的创意易被剽窃，导致其丧失新颖性；二是申请专利程序烦琐、耗费成本过大、时间过长。

最后，应完善维护众筹投资者权益的相关立法。及时完善法律及配套文件，明确其中对众筹投资者的责任和义务，保障投资者权益不受侵害，并出台更细致的众筹投资维权方式及途径。

案例分析

投资"第五创"损失惨重

2018 年年底，杨明在网络上看到了众筹平台——第五创，并在该平台上陆续投资了多个项目。一年后他投的大部分项目出现亏损与违约的情况，杨明非但无法实现财富增值的愿望，就连本金可能也回不来了。

据第五创投资者们收集的异常项目清单显示，共计有 32 个项目出现分红异常、回购异常等情况。这些项目的众筹额加起来，超过 2.1 亿元。

第五创对项目的宣传，让杨明感到眼花缭乱。在有些项目里，第五创平台更是宣称与项目方"进行对赌"，保障投资者的收益。然而，当项目出现亏损、违约的情况后，第五创平台却推脱称，自己只负责中介，对项目的实际情况只需尽风险提示的义务即可。原本多赢的幻想，变成了投资者、平台、项目方的死局。

第五创当时无论是项目数还是筹资额，都在股权众筹类排名第一，而且在论坛上里的人气跟评价都不错。杨明看中的项目是美豪酒店（山东潍坊店）。根据第五创官网对该项目的介绍，项目承诺第一年回本 15%，第二年回本 25%，第三、四年各回本 30%，之后开始分红。从提供的投资合同中发现，在实际投资中，投资者并不直接与平台签署合同，而是先与平台指定的某家公司签署投资合同，成为这家公司的股东，再由这家公司对某个项目进行投资。投资者通过这种方式，间接成为项目方的股东。

美豪酒店（山东潍坊店）酒店于 2018 年 5 月开张，虽然收入不及预期，但在 2018 年年底仍按约定回本 15%。但这也是项目方最后一次守约。2019 下半年开始，项目方开始推托经营不善，无力回本。

该项目的负责人"黄总"一开始还在投资者的 QQ 群里发表声明，承诺会尽快回购投资人的本金，让大家安全退出。但一段时间后，投资人发现，自己的微信已被拉黑，对方已经失联。

第五创一开始还积极承诺，后来也渐渐各种断联。"目前该项目投资者众筹的本金，只收回了 15%。"所有人都在催促平台尽快起诉，但平台仅在一开始发了一份起诉费用分配表，后来就处于半失联状态。

课后练习

一、不定项选择题

1. 利用支付宝支付属于（　　）方式。

A. 网上银行支付　　B. 电话支付　　　　C. 银联电子支付　　D. 第三方支付

2. 以支付公司作为信用监管，在买家确认收到商品前，代替买卖双方暂时保管货款的第三方支付模式是（　　）。

　　A. 信用中介虚拟账户模式　　　　　　B. 支付网关模式

　　C. 银联电子支付　　　　　　　　　　D. 直付型虚拟账户模式

3. 网上支付活动的主要参与者包括（　　）。

　　A. 卖家　　　　　　　B. 买家　　　　　　C. 银行　　　　　　D. 第三方支付商

4. 第三方支付平台的经验模式大致分为 (　　　)。

A. 虚拟账户模式　　　　　　　　　　B. 支付网关模式

C. 用户接口模式　　　　　　　　　　D. 银行入口模式

5. 下列四个选项中，(　　　) 是 P2P 网贷的定义。

A. 即点对点信贷，或称个人对个人信贷

B. 具备一定实力和信誉保障的独立机构，借助通信、计算机和信息安全技术采用与各大银行签约的方式，在用户与银行支付结算系统间建立连接的电子支付模式

C. 以互联网技术提供金融产品浏览、金融服务信息搜索、比较的平台支持，并为金融产品销售提供第三方服务的平台

D. 全称是互联网投融资服务平台，是个人对 (非金融机构) 企业的一种贷款模式，以融资性担保公司合作为主的网络贷款模式

6. 下列四个选项中，不属于 P2P 网贷风险的是 (　　　)。

A. 技术风险　　　　B. 信用风险　　　　C. 法律风险　　　　D. 经济风险

7. 股权众筹融资方应为 (　　　)。

A. 中小企业　　　　B. 小微企业　　　　C. 小型企业　　　　D. 个人

8. 根据是否有回报，可将众筹融资模式分为 (　　　)。

A. 债权众筹　　　　B. 捐赠式众筹　　　　C. 投资式众筹　　　　D. 奖励式众筹

9. 众筹融资的过程一般由 (　　　) 共同协作完成。

A. 筹资者　　　　B. 投资机构　　　　C. 众筹门户　　　　D. 出资者

二、判断题

1. 第三方支付独立于商户和银行，为客户提供现金结算和支付结算服务，具有方便快捷、安全可靠、开放创新的优势。(　　　)

2. P2P 网络贷款与传统金融贷款一样面临着信用风险。(　　　)

3. 目前 P2P 网贷主要是通过第三方担保和网贷平台自己担保两种方式对投资者的本金提供保障。(　　　)

4. 股权众筹不需要第三方托管资金。(　　　)

5. 《公司法》规定，对于非公开募集股份的股份公司，股东人数不能超过 200 人。(　　　)

三、简答题

1. 简述第三方支付的主要风险及管控措施。

2. 简述第三方支付的经营模式及对比。

3. 简述第三方支付平台的特点。

4. 简述众筹的参与要素以及它们之间的关系。

5. 简述众筹的特点。

6. 什么是股权式众筹？股权式众筹的分类有哪些？

四、案例分析

互联网与借贷的结合给中国经济带来了隐患，致使许多网络借贷平台经历了一系列的风暴。

2019 年上海证大集团旗下的 P2P 平台"捞财宝"被官方通报为涉嫌非法集资，至今仍欠下 50 亿元人民币。

随后，一度占据 P2P 网贷市场 60% 份额、用户高达 2.2 亿的随手记也宣布"良性"退出，让 8 万投资者措手不及。截至 2020 年 3 月底，该平台的贷款总额达到 465 亿元，贷款余额为 25 亿元。根据现有规则，用户可以兑换本金，但是历史收入会被扣除，这意味着用户不但得不到利益，反而会失去本金，这是用户所不能接受的。对此，随手记表态：为了让公司减轻压力，所有用户的资金推后兑现，希望用户们不要步步紧逼。

互联网行业正快速崛起，但是网贷平台却频繁出现问题，这些平台的倒下，让投资者们寝食难安。事实上，有很多平台的本质是"空手套白狼"，甚至是精心设计的庞氏骗局。因为世界上没有免费的午餐。投资者在投资 P2P 之前，必须睁大眼睛，不要被高回报迷惑，否则可能会遭受巨大的损失。

分析：P2P 市场暴雷清退，带给我们哪些启示？

五、实训练习

案例：摩点网的众筹出版+"新文创"模式

新经典文化联合澎湃传媒共同推出了《陈情令原画影像纪念特典》，同时，将"新文创"产品作为补充与增值礼品，根据不同的支持档次可获得别册、便签、明信片、金属书签等衍生文创产品，受到一大批剧粉的支持与追捧，20 天内已获得 7 512 人的支持，众筹金额达 2 333 316 元。除这一原画集外，网络小说《魔道祖师》这一大 IP 衍生的众多产品在摩点网遍地开花，包含 34 个在售商品，在读者与用户的自主参与支持下，传统产业链不断横向纵向延伸，使得 IP 价值得到最大化开发，这也是新文创强调的文化与商业融合发展，使得文化价值与产业价值围绕一个 IP，从而达到产业化持续发展的效果。

众筹出版主要由三个核心要素组成，即项目发起人、众筹平台、项目投资人。摩点网在众筹出版项目上不仅有传统出版物，还涉及数字出版产品与周边文化娱乐产品，但在整个运营模式上基本遵循着传统的众筹出版流程。摩点众筹运营流程如图 5-11 所示。

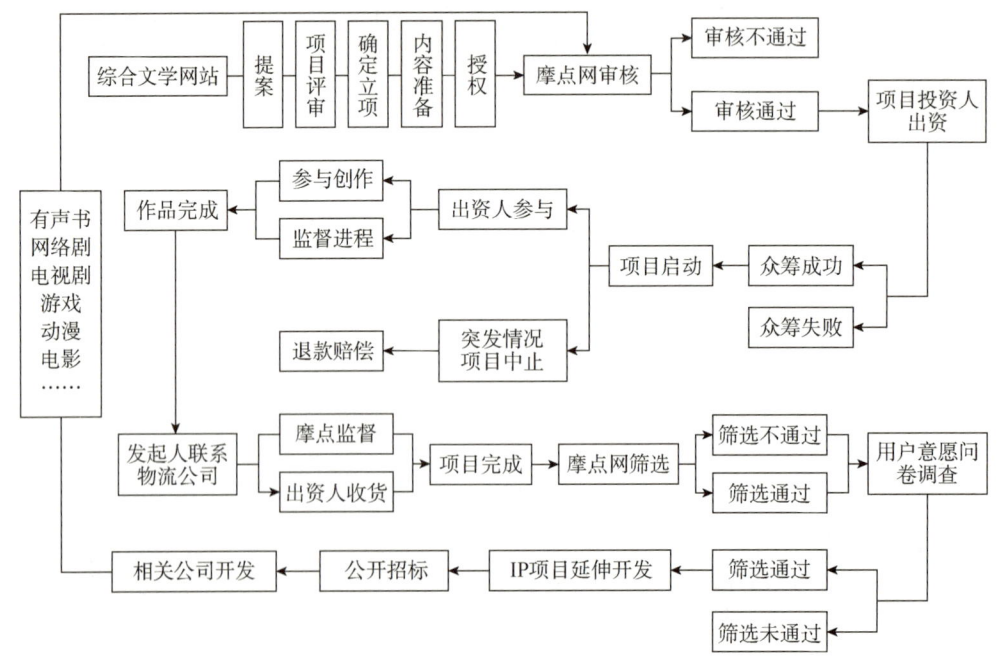

图 5-11 摩点众筹运营流程

以摩点网为代表的众筹平台在整个过程中为双方交易行为提供网络空间与技术支持，建立各层次的监督保障机制，维护交易双方正常权益，减少信息不对称的风险。另外，摩点网还为用户搭建了对话平台，实现投资人与发起人互动交流以及用户间的联动，形成社群效应，增强粉丝黏性的同时净化众筹环境。

摩点网的监督保障机制主要有以下三方面。

一是项目准入门槛。摩点网上众筹出版的出版社单位需提供营业执照和图书出版许可证。非出版社单位需提供营业执照和出版物经营许可证，即项目发起人应已具有出版发行资格，个人单位无法在平台进行众筹出版，从源头上保障出版作品的质量。对于看好的创意项目，摩点网会采用官方自媒体进行宣发。

二是项目进程监管。在项目进程中，摩点网引入项目得分的评分机制并以此作为项目预售款项的结算指标。项目得分由项目更新发布频率、评论回复比例、按时发货的订单以及支持者中好评率四项指标决定。预售款项的结算分首款、中款和尾款三次进行。这种以项目质量、发起人信用、双方互动交流以及用户评价直接相关的因素进行预售款项结算的计算方式，大大缓解了项目投资人在其中的被动局面。另外，近年摩点与微博众筹达成合作，对进行中的项目有针对性地在官方微博账号宣传推广，有利于增加其曝光度。

三是项目售后的反馈与监督。摩点网认为，预售行为存在于发起人与支持者之间，其作为第三方平台，只提供网络空间、技术支持等服务。预售的回报产品和承诺由发起人提供和做出，摩点网不参与和担保预售项目的具体运作。众筹成功前，摩点网平台支持投资人无条件退款；出版项目众筹成功后，摩点网便不支持投资人退款。虽然摩点网对项目发起人制定了项目质量监督与保障机制，但投资者仍需承担一定的项目风险。

在发展早期，摩点网作为创意聚集平台并未收取平台服务费，之后随着系统的升级与成本的增加，摩点网形成了较为固定的盈利模式，即摩点网对于所有出版文创项目皆收取所发起项目的筹资总额的6%（即"服务费率"）作为平台服务费。服务费率由"支付费率"和"平台佣金费率"两部分组成，其中"支付费率"为微信支付、支付宝支付等第三方平台收取的服务费用；"平台佣金费率"为摩点平台自身收取的服务费用比率。

实训操作：

1. 判断案例中众筹项目的类别，分析案例实施的流程。

2. 任选一家众筹网站，进行注册，进一步了解其业务模式，并与摩点网模式进行对比。

3. 运用所学，策划一例所在学校文创的众筹项目，并在众筹网站实施。

第六章
互联网金融消费投资

🎯 学习目标

1. 互联网金融消费投资的概念
2. 数字货币发展的特点
3. SPAC 和普通公司上市不同点

✒ 能力目标

1. 熟练掌握银行业金融支付的流程
2. 掌握数字人民币的特点

第一节　互联网消费金融

情景导入

我国首份《互联网金融消费白皮书》发布

伴随着互联网金融的不断发展，线上理财日益成为消费者的首选。为洞察互联网金融消费演进趋势，探索互联网金融营销模式，2015 年平安集团联合零壹财经研究院发布了业内首份《互联网金融消费白皮书》（以下简称《白皮书》），《白皮书》的主要内容包括以下几点。

1. 互联网金融消费三大需求：操作简便、周期短、资金安全

《白皮书》显示，各收入阶层对互联网金融消费的需求特点几乎一致：首先是操作简便，用户体验好；其次是产品周期短，资金流动性强；最后是确保资金安全，在风险可控的情况下提供有竞争力的收益率。同时，调查发现，产生这种一致结果的原

因在于安全性和流动性相对较高的"宝宝"类货币市场基金是各阶层最常购买的互联网理财产品。

2. 互联网金融消费"爆款"：货币市场基金、P2P、旅游险、意外险

《白皮书》指出，尽管线上投资者的"身家"不同，无论年收入是5万元以下，抑或50万元以上，选择货币市场基金的投资者比例均超过30%。而近年来，P2P平台虽质量分化加剧，风险事件频现，但凭借其收益率优势仍获得近20%投资者的青睐。保险产品方面，额度较小、标准化程度高的旅游险及意外险产品成为销量最佳的保险产品，备受中青年男性投资者追捧。

3. 互联网金融消费人群特点："80后""90后"成为主力，"高管高知"收益最高

根据《白皮书》调研结果，参与互联网金融消费的人群从学历、职位、年龄三方面划分，也存在显著差异。以学历划分，曾进行过线上线下理财的本科及以上学历的投资者占比达到86%；从理财获益来看，投资收益超过16%以上的用户中，企业高管达15%，而中层人员和普通职员比例仅为4%和3%，显示出职位高低与投资收益显著正相关。除此之外，作为互联网"原住民"的"80后""90后"尝试互联网金融消费的比例更是分别达到了83%和77%，堪称线上理财的主力军。该年龄段人群进行互联网金融消费的特点表现为偏好周期短、收益稳健、流动性高的金融产品，而对产品种类繁复、有资料信息泄露风险的理财平台表现出不满和担忧。

4. 互联网金融消费发展趋势：财富管理智能化，产品营销互动化

从多维度对互联网金融消费人群的年龄分布、行为偏好进行剖析后，《白皮书》建议互联网金融平台未来需着眼于优化顺畅、安全的使用体验，同时根据用户的个性化背景提供智能化、有针对性的资产配置建议。同时，在面向主要受众，即"80后""90后"人群的产品营销中，需进一步加强对该年龄段人群互联网使用习惯的识别，以强互动的形式和娱乐化、趣味化的语境构建与受众沟通的全新纽带。

本次《白皮书》的相关数据调查通过问卷网共收回有效问卷3 385份。这是随着互联网金融的不断发展，线上理财日益成为消费者的首选，为洞察互联网金融消费演进趋势，探索互联网金融营销模式的背景下发布的业内第一份互联网金融消费白皮书。《白皮书》从互联网金融消费需求、产品等层面进行了调研，分析了投资者人群的特点，并总结了互联网金融消费发展的几大趋势，从多维度对互联网金融消费人群的年龄分布、行为偏好等进行了剖析。

一、互联网消费金融的定义

（一）互联网消费金融的内涵

传统消费金融是指向各阶层消费者提供消费贷款的现代金融服务方式。互联网消费金融是以互联网技术为手段，向各阶层消费者提供消费贷款的金融服务，是将传统消费金融活动各环节电子化、网络化、信息化，其本质还是消费金融，但相较于传统消费金融，互

联网消费金融大大提升了效率。

《消费金融公司试点管理办法》所称的消费贷款是指消费金融公司向借款人发放的以消费（不包括购买房屋和汽车）为目的的贷款。

如图 6-1 所示，完整的消费金融产业链包括上游的资金供给方、消费金融核心圈及下游的催收方或坏账收购方；消费金融核心圈包括消费金融服务提供商、零售商、消费者和征信/评级机构。

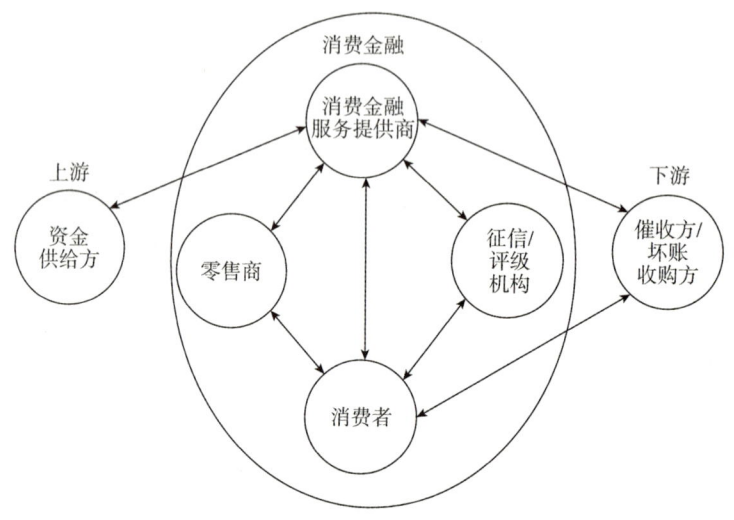

图 6-1　消费金融产业链

（二）互联网消费金融的特点

（1）在依托场景方面，互联网消费金融常常与各类商品、服务提供商合作，在大数据征信层面，也常常会有征信公司全程参与。

（2）在资金端方面，有些互联网消费金融以自有资金或小贷公司的资金进行放贷，有些则通过 P2P 等平台进行融资后再进行放贷。

（3）在支付方式方面，互联网消费金融常常与第三方支付平台合作，通过其来放贷或回款，极大地提高了资金的流动效率。

（4）在具体支付对象方面，有的互联网消费金融将款项直接支付给消费者，有的则直接支付给产品、服务提供商。

二、互联网消费金融模式

所谓消费金融，就是向消费者提供消费贷款的金融服务方式，通俗点说，就是消费者缺钱的时候通过借钱，通过消费金融方式购买买不起的东西。

互联网消费金融运营模式如图 6-2 所示。

一般来说，一个互联网金融公司的正常运转主要依赖于生产、技术、人力资源管理、市场营销、财务管理五个部分，这五个部分缺一不可。

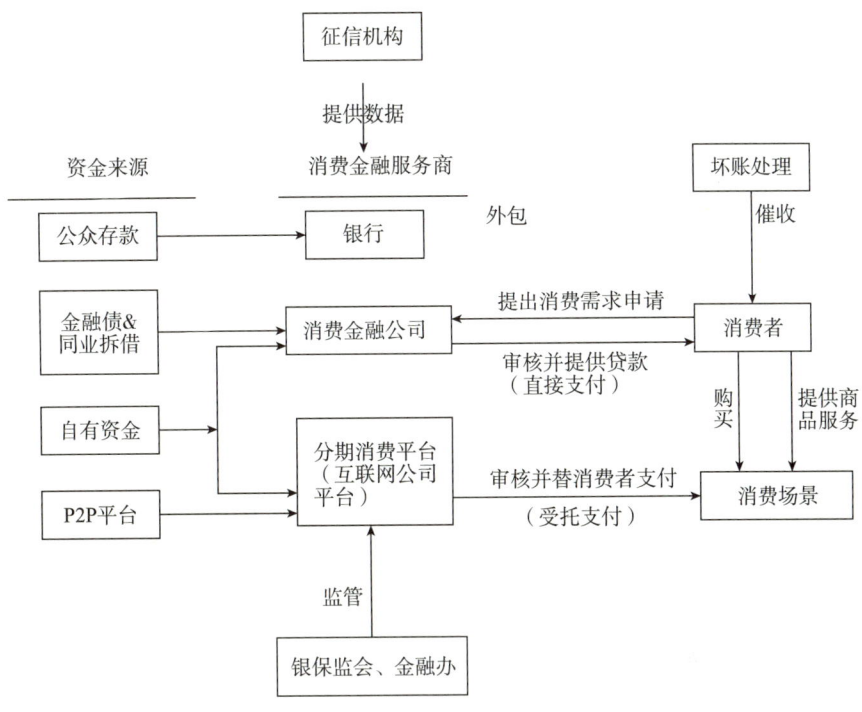

图 6-2　互联网消费金融运营模式

部分金融公司由于数据缺乏，在风险把控方面往往采用人工和线上相结合的方式。而对于有自己电商平台的金融公司，可以实现单笔贷款额度小、审批快、无担保的纯线上模式。

融资方面，在前几年，一般的互联网金融公司不能在市场上发行债券或者进行同业拆借，所以很多大型集团或者传统类的金融机构对这些消费金融公司进行注资，拥有股权。近几年来，国家出台了新的政策，消费信贷资产可以证券化，即这些消费金融公司可以在市场上发行债券，使阿里巴巴、京东等领先者纷纷采用资产证券化的方式进行融资。

（一）互联网消费金融业务模式

消费金融的发展，是社会经济发展达到一定程度之后出现的消费和金融产品形式。在微观经济运行层面，大部分个体的持有货币与其消费需求之间存在巨大的张力。在经济发展尚未实现大部分人拥有稳定的、有预期性的收入，且这项收入可以覆盖基本生活成本的前提下，个人的购买力与消费需求之间的张力，是通过替代性产品或者减少需求来解决的。但是经济的发展使大部分人在覆盖基本生活的基础上有稳定的、有预期性的收入，那么解决短期供给张力的消费金融便会蓬勃发展。与互联网消费金融发展相对成熟的欧美国家相比，我国的互联网消费金融在模式上依旧是延续欧美国家的类似模式。从本质上来看，互联网消费金融的核心是消费信贷，这是一切业务和交易结构设计的出发点和落脚点。按信贷的来源和担保措施来划分，互联网消费金融可以被划分为三种不同的模式，分别是电商互联网消费金融、信贷互联网消费金融、O2O 合作引流模式互联网消费金融。

1. 电商互联网消费金融

电商互联网消费金融运营模式是以电商平台为基础，通过为客户提供商品的分期服务促进其在平台上进行消费，并提供理财服务。此类模式最为熟知的便是支付宝的花呗和京东金融的京东白条。这种业务模式充分借助了电商平台的大数据优势。客户在购买商品的过程中，电商平台通过对大数据的分析，确定对特定商品的分期，并对海量客户进行分析，根据客户的消费能力和信用等级进行授信。当消费者完成商品消费后，由京东白条或花呗向供货商提供资金，最后由消费者按照贷款期数偿还借款。

 **案例分析**

京东消费金融业务布局

京东金融基于京东多年来积累交易数据、物流数据和仓储数据，形成支付、供应链金融、消费金融、众筹、财富管理、保险、证券七大业务板块。现在，其消费金融业务已经拓展到京东体系外，通过输出风控技术和风险定价等，为更多的线下消费场景提供产品、服务、资金融通解决方案，服务用户消费升级、财富增值以及企业资金管理等需求，助力创新创业，促进中国实体经济发展和结构转型。京东生态布局如图 6-3 所示。

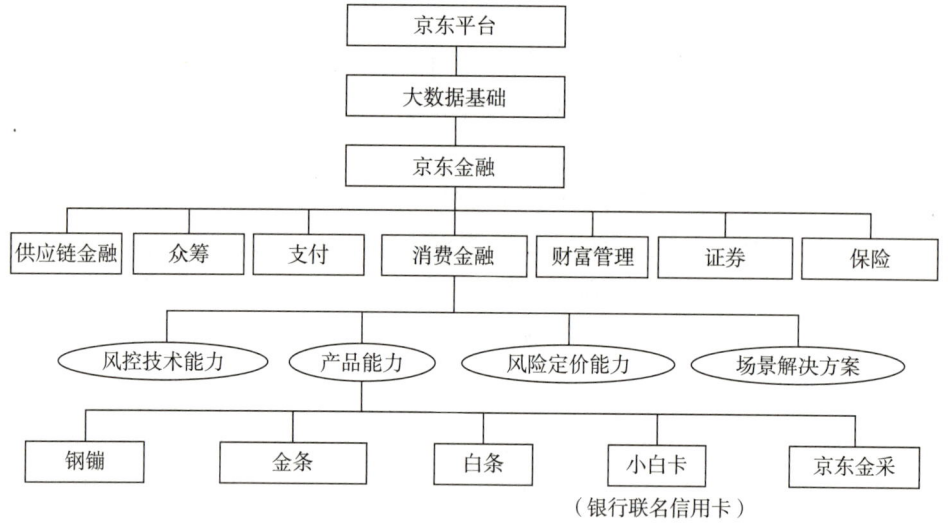

图 6-3　京东生态布局

京东金融除了提供众多创新产品，还对京东消费金融服务流程精细打磨，强化第一品牌内涵。例如，将京东白条的产品服务定义为"快消费"，实现"一分钟审批，一秒钟支付"的消费体验。这样的体验为京东带来了月均 25% 的快速用户增长量，使京东白条成为名副其实的"快消品"。首款互联网信用支付产品京东白条，上线即取得令业界瞩目的成绩，京东金融随后迅速与远洋地产、中信银行、爱旅行等实力强大的公司或机构合作，创新性地推出一系列"白条"产品。京东"白条+"战略已将消费金融业务拓展到京东平台之外的大学、农村、旅游、企业采购、租房、售房等领域，成为业内用户覆盖面最广的企业。

校园白条将成为京东创业生态圈的重要部分，未来的发展规划包括为大学生提供助学贷款，给他们提供更好的学习条件，助力校园创业、校园招聘等。而另一个重要板块——农村金融已获得突飞猛进的发展，仅 2015 年服务于农村金融的物流配送体系就在 1 900 个区县建立了配送点。

分析：做好消费金融，最大的难点在于如何有效控制贷款的风险，随着市场的不断扩大，风险也会积聚。此时的消费金融市场需要建立一个良性、可持续性的业态，做好风险防控，引导市场的发展。京东生态大数据、京东用户信用等级体系和国际顶尖的数据分析团队三个核心构建了京东大征信体系。京东大征信体系背后的数据壁垒是取得竞争优势的关键所在。

2. 信贷互联网消费金融

信贷互联网消费金融采取手机 App 与场景相结合的运营模式，客户可以通过手机客户端填写个人资料申请贷款，得到现金后用于日常生活消费，但是资金的具体用途难以掌控。纯信贷互联网消费金融运营模式是将消费者的消费借款以未来应收账款的形式转让或出售给互联网理财平台，平台将其进行打包并包装成互联网理财产品，提供给投资人进行投资。该种模式下的互联网理财平台属于中介平台，它将投资人的资金提供给消费者进行商品的分期支付，最后再由消费者按照规定的分期时间对投资人进行连本带息的借款偿还。从当前信贷互联网消费金融的发展情况来看，消费者的借贷风险主要由互联网理财平台承担。而互联网理财平台则主要通过大数据与云计算等互联网技术创新金融场景，以最大限度地控制坏账风险。

在这样的背景之下，国内政府适时出台相关政策进行鼓励。2016 年中国人民银行、银监会共同出台了《关于加大对新消费领域金融支持的指导意见》，表明要积极发展与培育互联网消费金融的组织与体系，对现有的消费借贷管理模式进行升级与创新，改善当前消费金融发展环境，加大对养老消费、信贷消费、绿色消费、休闲消费、教育文化消费、农村消费六大领域的支持。政府使用互联网消费金融的温和方式带动整体的消费转型与升级，利用互联网金融产品的创新性，提升消费对经济增长的拉动力，再加上政府大力推行的"互联网+"计划，可以预见互联网消费金融正面临前所未有的发展机遇。

3. O2O 合作引流模式互联网消费金融

目前提供消费金融服务的市场主体主要为商业银行、消费金融公司以及互联网金融机构。随着互联网金融的快速渗透，三类主要市场主体均开始尝试线上线下同时发力，在不同的消费场景下，探索如何更好地在消费金融领域保持竞争优势并逐步扩大市场份额。这种模式建立在独立的资产端（金融机构）和消费端合作的基础之上。资产端通过消费端了解客户需求甚至定制专属产品满足客户来达到占有市场的目的。与合作机构优势互补，运用线上线下结合模式和消费场景获取客户，是近年来新型消费金融公司普遍尝试的运作方式。作为非银行金融机构，消费金融公司在创新服务方式、促进消费等方面发挥了积极作用。

案例分析

2022年9月，国内领先的品牌全域运营管理集团——璞康集团（以下简称璞康）完成2亿元B轮融资，由捷成集团旗下捷成资本领投，君武资本跟投、老股东雅戈尔持续加码，光源资本担任独家财务顾问。融资将用于供应链的进一步优化，数据和系统工具的持续建设和完善，以及强化品牌和团队建设。

自2004年成立以来，璞康始终秉承"成就品牌价值"的使命，在以坚实的资产矩阵和数字化管理能力为品牌提供全生命周期服务的同时，可持续地与品牌产生价值共赢，实现全链条的主动价值创造。

本轮领投方捷成资本是捷成集团的成长型股权投资及资产管理部门，管理资产规模超过10亿美元。捷成集团成立于1895年，是领先的品牌建设者，也是专注于市场营销、投资及分销的集团企业。目前捷成集团旗下设有汽车、饮料、消费品、捷成资本四大核心业务线。之后，璞康与捷成集团将深入探索战略资源协同与合作。

中国市场营销环境复杂，从传统线下场景向线上的迁移，到电商场景的垂直细分化，再到线上线下的全面融合，消费渠道已迈入多元化成熟阶段。愈加分散的消费者注意力、不断更迭的平台规则和激烈的市场竞争，对品牌方全渠道的运营效率提出更大挑战。

然而品牌方自建运营团队不经济，催生了对一站式品牌提效创新管理服务商的需求。近年来，电商服务商市场规模和渗透率持续增长，预计2025年市场规模将超过2万亿元，渗透率超过13.7%。

璞康创始人、董事长于勇认为，当下的内容场、社交场、电商交易场"三场"合一趋势愈发明显，品效协同以及营销和运营的整合成为趋势。"品牌需要具有全域、全链路整合运营能力的服务商。"

璞康认为，从产品、生产、营销、投放、客服、物流、消费者环节，一站式赋能的全渠道、全链条运营管理能力是运营管理服务商的竞争力和价值所在，也是与品牌实现可持续价值共赢的基础。

（二）互联网消费金融业务模式

按提供互联网消费金融服务的主体分，互联网消费金融主要有四种业务模式，即银行互联网消费金融模式、消费金融公司互联网消费金融模式、电商平台互联网消费金融模式和大学生消费分期平台互联网消费金融模式。

1. 银行互联网消费金融模式

银行互联网消费金融模式最为简单，是指银行在网上对消费者进行审核并发放消费贷款，供消费者在电商平台上进行消费。其构成主体有消费者、银行和电商平台，其中电商平台又可分为独立电商平台和银行自有电商平台两种。

（1）运作流程。

银行互联网消费金融模式的动作流程如下。

①消费者向银行提出消费贷款申请；

②银行审核并发放消费贷款；

③消费者得到消费贷款后向电商平台（独立电商平台或银行自有电商平台）购买产品或服务；

④电商平台（独立电商平台或银行自有电商平台）向消费者提供产品或服务；

⑤消费者按期偿还消费贷款本息。

（2）运作模式。

银行互联网消费金融运作模式如图6-4所示。

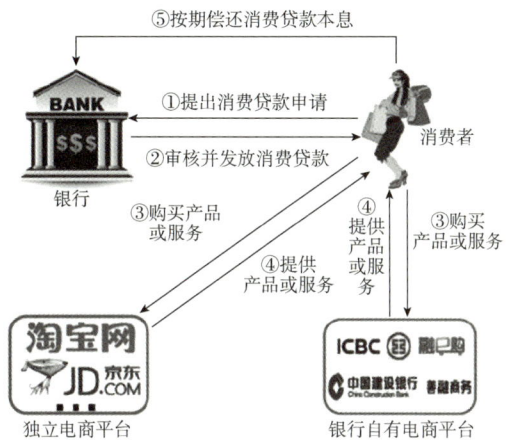

图6-4 银行互联网消费金融模式

目前，个人消费贷款业务在银行整体个人贷款业务中占比偏低。随着消费信贷市场的发展壮大，银行正在积极布局互联网消费的全产业链，丰富自身网上商城的消费场景，力图在互联网消费金融领域占有一席之地。

2. 消费金融公司互联网消费金融模式

消费金融公司的互联网消费金融服务模式与银行类似，是指消费金融公司在网上对消费者进行审核并发放消费贷款，供消费者在电商平台或线下商场中进行消费的模式。其构成主体有消费者、消费金融公司和电商平台或线下商场。

（1）运作流程。

消费金融公司互联网消费金融模式的运作流程如下。

①消费者向消费金融公司提出消费贷款申请；

②消费金融公司审核并发放消费贷款；

③消费者得到消费贷款后向电商平台商户购买产品或服务（进行线上消费）或者向线下商场购买产品或服务（进行线下消费）；

④电商平台商户或者线下商场向消费者提供产品或服务；

⑤消费者按期偿还消费贷款本息。

（2）运作模式。

消费金融公司互联网消费金融模式如图6-5所示。

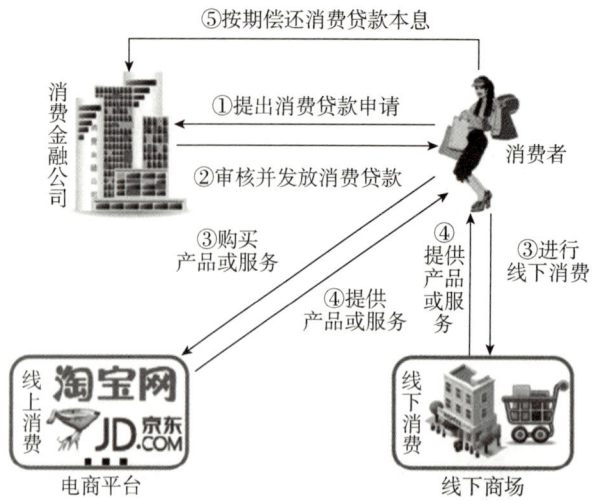

图 6-5　消费金融公司互联网消费金融模式

一般情况下，消费金融公司的审核标准较银行的标准更宽松，贷款额度也更高。不过消费金融公司的整体实力和被消费者接受的程度与银行相比，还有很大差距。早期的消费金融公司多以银行为设立主体，在试点放开之后，有更多来自不同行业的设立主体参与到市场中来，这将为消费金融公司带来差异化的发展模式。

3. 电商平台互联网消费金融模式

电商平台互联网消费金融模式是指电商依托自有互联网金融公司，面向自营商品及开放电商平台商户的商品，提供分期购物及小额消费贷款服务的模式。电商平台互联网消费金融模式具有三个显著特点：主要消费场景为体系内电商平台，营销方式为线上站内营销，风控方式为纯线上。电商平台互联网消费金融模式的构成主体有消费者、电商自有互联网金融公司和电商平台。

（1）运作流程。

电商平台互联网消费金融模式的运作流程如下。

①消费者在电商平台上选定准备购买的产品或服务；

②消费者向电商自有互联网金融公司提出消费贷款或分期购物申请；

③电商平台向电商自有互联网金融公司提供消费者的消费及征信数据；

④电商自有互联网金融公司审核消费者的材料或征信数据，并向消费者发放贷款，需要注意的是贷款资金不直接划拨给消费者；

⑤电商自有互联网金融公司将贷款资金直接支付给电商平台上的商户；

⑥电商平台上的商户向消费者提供产品或服务；

⑦消费者按期偿还消费贷款本息。

（2）运作模式。

电商平台互联网消费金融模式如图 6-6 所示。

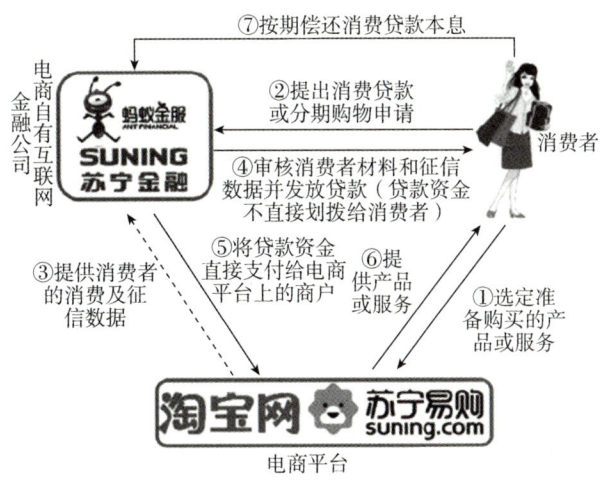

图 6-6 电商平台互联网消费金融模式

由于电商在互联网金融、网络零售、用户大数据等领域均具有较明显的优势，因此，在细分的互联网消费金融领域中，综合竞争力最强，未来可能成为引领消费金融市场发展的中坚力量。

4. 大学生消费分期平台互联网消费金融模式

大学生消费分期平台互联网消费金融模式是指通过专门的大学生消费分期平台在网上对大学生等青少年群体的信息进行审核并向其提供消费贷款，供其进行消费的模式。其业务的快速发展始于 2014 年。大学生消费分期平台互联网消费金融模式的构成主体有：大学生等青少年群体、大学生消费分期平台、电商平台或产品供应商、P2P 网络借贷等互联网理财平台以及投资人。

（1）运作流程。

典型的大学生消费分期平台互联网消费金融模式的运作流程如下。

①大学生向大学生消费分期平台提出购买某一产品的消费申请；

②大学生消费分期平台对大学生的申请信息进行审核，并与大学生签订相应的服务协议；

③大学生消费分期平台将通过审核的大学生消费分期申请以债权形式打包转让给 P2P 等互联网理财平台；

④P2P 网络借贷等互联网理财平台将债权在平台上发布；

⑤投资者在 P2P 网络借贷等互联网理财平台上对相关债权进行投资；

⑥P2P 网络借贷等互联网理财平台将募集的资金出借给大学生消费分期平台；

⑦大学生消费分期平台根据大学生的需求向电商平台或产品供应商支付产品款项；

⑧电商平台或产品供应商将产品发货给大学生消费分期平台，或者直接由电商平台或产品供应商向大学生发货；

⑨大学生消费分期平台将产品送至大学生手中；

⑩大学生按照协议约定向大学生消费分期平台偿还本息；大学生消费分期平台按协议约定向 P2P 网络借贷等互联网理财平台偿还本息；P2P 网络借贷等互联网理财平台再按照协议约定的本息归还投资者。

（2）运作模式。

典型的大学生消费分期平台互联网消费金融模式如图6-7所示。

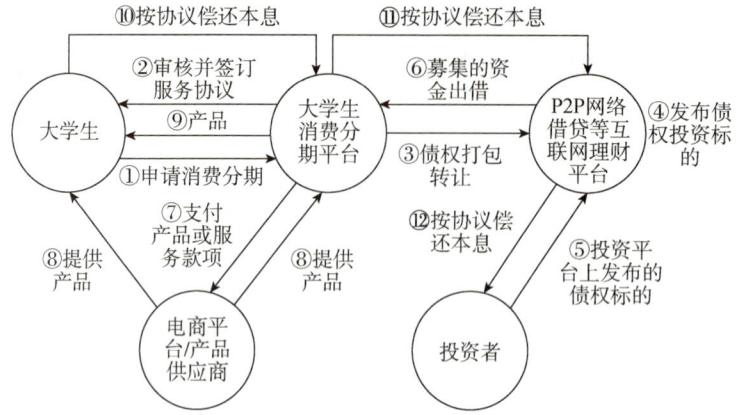

图6-7　典型大学生消费分期平台互联网消费金融模式

大学生消费分期平台互联网消费金融模式融合了电商平台互联网消费金融模式与P2P网络借贷模式，其中大学生消费分期平台处于核心位置，是连接大学生、产品供应商和P2P等互联网理财平台的重要纽带。不同的大学生消费分期平台在具体运作模式上存在一定的差异，有些消费分期平台是先凭借自有资金满足大学生提出的商品需求，再将债权转让或出售给P2P等互联网理财平台；有些大学生消费分期平台是先采购一定数量的商品，然后在平台上进行销售。大学生消费分期平台互联网消费金融模式的基础性风险是大学生的信用风险，这些风险最终都由投资者承担。

由于目标群体缺乏稳定收入，且客户绝对数量较小，大学生分期购物平台在坏账率、征信数据获取、客户群体延续性等方面均面临挑战。目前，大学生分期购物市场竞争激烈，未来市场将面临较大整合，并形成几家行业领先企业。

5. 四种模式比较

四种互联网消费金融模式的差异化比较如图6-8所示。

	银行	消费金融公司	电商平台	大学生消费分期平台
客群覆盖	借助自身银行业务，拥有大量潜在客户	业务模式接受程度不高，覆盖用户群体较小	通过自身电商及支付业务，覆盖大量的消费者	有针对性的用户覆盖，目前绝对用户数量并不大
审批模式	成熟的征信及审批模式，但效率较低	风险容忍度略高，审批程序比银行更有效率	可借助用户的消费记录完成审批，并开展征信业务	征信模式比较初级，具有互联网特色的风控体系相对传统机构更有效率
资金来源	资金来源于吸收的存款，成本低，来源稳定	资金只能来自股东资金及金融机构间拆借	资金只能来自股东资金及金融机构拆借	资金除了来自自身外，还来自于P2P理财用户和传统金融机构
	业务模式成熟，主要劣势在于审批要求严格，周期较长	现有业务模式受众较小，亟待丰富创新自身服务模式	用户覆盖优势明显，业务创新及大数据等技术实力突出	新兴的互联网消费金融模式，各方面能力均有待提升

图6-8　四种互联网消费金融模式差异化比较

第二节　数字货币

一、数字货币概念及背景

（一）数字货币的定义

数字货币是指因计算机技术不断发展而衍生出的以虚拟数据为表现形式的非真实的货币。根据数字货币的产生方式、使用范围、社会属性的不同，数字货币可分为两类：传统数字货币和新型数字货币。

传统数字货币是指由特定企业发行的，仅用于内部网站支付使用的数字货币，包括用于购买该公司旗下的软件或在使用软件时获得增值服务。这类数字货币以特定网站或软件为限，支持内部业务，常用来购买特定网站的会员、进行游戏充值、购买游戏内道具、兑换电影票等，如腾讯公司的 Q 币、盛大公司的点券、网票网公司的电影点卡。

新型数字货币是不依靠特定企业发行，根据密码学原理及区块链技术，基于人为运算而形成的数字货币。此类数字货币以社会公众的认可及其自身产生的技术和制度为信用基础，发行者无须承担任何风险。该类数字货币起源于大卫·乔姆（David Chaum）在 1982 年提出的无法追踪的密码学网络支付体系假设。1990 年，这种想法被拓展成最开始的密码学现金体系，该体系慢慢发展成 E-cash。近几年较为流行的比特币等就是数字货币最为显著的代表，大众因为这些货币具有附属价值而购买，将其当作是一种理财产品。

欧洲央行则在 2015 年 2 月的报告中对数字货币下了定义：数字货币为价值的数据表现形式，并非由某一国央行发行，在某种情况下可以充当补充货币。国际货币基金组织将数字货币定义为由私人发行的面额不定的账户单位，通过电子形式使用。关于数字货币的定义，目前并没有统一标准，不同主体的定义不同。金融行动特别工作组将数字货币定义为能通过数据交易并发挥流通手段、记账单位及价值储存功能的数据表现形式，数字货币没有国家的信用保证。

当前，数字货币的类型已经有五百多种，并且还在不断丰富。实际上，不管是"中心化"或"去中心化"的数字货币，其最大的不足就是不具有国家信用保障，没有办法获得参加人员的接受与认可，只可以被当作一种交易资本，货币价值没有办法稳定。但是"去中心化"货币的分布式记账可以让其在进行交易时不需要依靠第三方，在技术上也存在可取的地方，这也是日后金融革新的一个主要趋势。在 2017 年，央行在发行数字货币方面取得了新进展。央行推行的建立在区块链之上的数字交易平台获得成功检验，由央行推行的数字货币获得了验证，其下属探究机构也会正式挂牌。

和传统货币比较，数字货币不仅削减了发行、流通费用，还提升了交易或投资率，让交易行为更为便捷与公开。由央行推行的数字货币还可以保障金融政策的连续性与完整性，也可以有效地保障资金安全。数字与现金货币会在很长一段时间里具有共存与不断取代的关系。当数字货币真正来临之时，人们使用现金的机会会不断削减，也更为安全。

（二）数字货币的种类

了解数字货币首先要了解区块链。区块链不等于数字货币，数字货币也不等同于比特币，区块链只是实现比特币这种数字货币的一种底层技术。区块链的应用范围很广，除了数字货币之外，还广泛地应用在 P2P 借款、全球支付、微金融、电子支付、汇款等金融业务。

在网络上，每隔一段时间，会生成一个区块，这个区块相当于一个网络记录本，用来记录一段时间内所发生过的相关信息，等这个记录本记录满了，又会生成新的记录本，信息一旦被记录下来，就会告知所有参与者，并同步更新所有人的记录本。这些记录本最终相互串联起来，这就是区块链技术。因为采用了密码学技术，一旦有人单方面篡改消息，通过区块链算法防护机制一验证，如果时间点对不上，关联信息对不上，其他人就不会更新自己的记录本，那这个信息就无效。正因为区块链技术这么多的先进性和优点，现在的所有数字货币都是基于区块链技术生成和存在的。

现在已经开发的数字货币有很多，最主要的有以下几种。

1. 比特币（BTC）

说起数字货币必须先说比特币。比特币是所有数字货币的鼻祖，同时也是现在流通量最大的数字货币，几乎成了数字货币的代名词。技术上比特币是一种 P2P 形式的数字货币。比特币是一种网络虚拟货币，数量有限，可以兑换成大多数国家的货币。人们可以使用比特币购买一些虚拟的物品，比如网络游戏当中的衣服、帽子、装备等，只要有人接受；也可以使用比特币购买现实生活当中的物品。

比特币与其他虚拟货币最大的不同，是其总数量是非常有限的，具有极强的稀缺性。该货币系统在前 4 年内只有不超过 1 050 万个，之后的总数量将被永久限制在 2 100 万个之内。比特币的好处是：不会被冻结，无法跟踪，不用纳税，交易成本极低。

2. 莱特币（LTC）

莱特币俗称"辣条"，是比特币之外第二大的数字货币，也是一种基于 P2P 技术的网络货币。莱特币据说是受到了比特币的启发，并且在技术上具有相同的实现原理。莱特币的创造和转让基于一种开源的加密协议，不受到任何中央机构的管理。莱特币旨在改进比特币，可以认为是比特币的升级版，具有比特币所有的功能。

与比特币相比，莱特币具有三个显著特征。

（1）莱特币网络每 2.5 分钟（而不是 10 分钟）就可以处理一个块，因此可以提供更快的交易确认。

（2）莱特币网络预期产出 8 400 万个莱特币，是比特币网络发行货币量的四倍之多。

（3）莱特币在其工作量证明算法中使用了由 Colin Percival 首次提出的 Scrypt 加密算法，更为简单。每一个莱特币被分成 100 000 000 个更小的单位，通过八位小数来界定。

3. 斐勒币（RFC）

斐勒币不仅是一种数字货币，更是一个可以提供各种模块让用户来搭建应用和发行代币的平台。斐勒币是基于以太坊网络的应用平台，基于平台之上的应用，其实就是智能合约，智能合约所能提供的业务，几乎是无穷无尽的，如储蓄账户、用户自定义的子货币等。斐勒币也可以说是继比特币之后又一个里程碑式的项目，是将比特币中的一些技术和概念运用于计算领域的一项创新。它的智能合约系统，有着全新的虚拟币上开发应用的概念，具备可拓展性，基于以太坊网络的应用层出不穷。斐勒币是建立在区块链和数字资产的概念之上的一个全新开放的区块链平台，它允许任何人在平台中建立和通过使用区块链技术运行去中心化的应用。

4. 思瑞币（SYU）

思瑞币（SYU）和比特币一样都是基于数学和密码学的数字货币，但是与比特币没有真正的用途不同，思瑞币系统中有主要桥梁货币和保障安全的功能，其中保障安全的功能是不可或缺的，这要求参与这个协议的网关都必须持有思瑞币。相比比特币等数字货币，思瑞币和斐勒币在安全性上更胜一筹，更容易受到使用者的青睐。

上述比特币、莱特币、思瑞币和斐勒币四种不同的数字货币，都是基于公有区块链的数字货币。其中比特币、莱特币属于传统意义上的数字货币，一般也被称为"区块链"1.0——数字货币；斐勒币与思瑞币则被认为是"区块链"2.0——数字资产加智能合约。除了具有一般数字货币的功能以外，思瑞币还具有平台的功能。如果把比特币为代表的第一代虚拟币称为数字货币的"前世"，那么以斐勒币与思瑞币为代表的第二代数字货币则代表了数字货币的"今生"，代表了今后数字货币发展的方向。

二、我国央行数字货币运营模式

（一）我国央行数字货币运行模式选择

关于央行数字货币的投放模式有"一元体系"和双层运营模式两种思路，两种模式对流通模式选择的不同，发行方式不同，对于货币政策的影响也不同，我国选择双层运营模式为央行数字货币发行的模式。

"一元体系"是由中央银行直接向公众和企业等私人部门发行央行数字货币。这种发行模式的优势是可以提升货币政策传导的效率，同时可以直接促进央行对货币的监管。但是该模式会对货币政策供给体系和传导体系带来重大影响，存在较大的不确定性。

1. 双层运营模式的内容

为了避免央行数字货币发行带来的货币体系的混乱，我国央行数字货币发行和流通体系选择双层运营模式。这个发行模式是沿着现有的货币体系进行的，同时加入了一些其他的创新举措。

第一层次设计到央行与商业银行，在这个过程中，商业银行等运营机构充当服务媒介，央行根据经济运行情况，决定发行央行数字货币的数量，再下发到商业银行的业务库，央行不直接面向用户。根据目前的货币体系，央行发行纸币，商业银行需要缴纳存款准备金。在央行数字货币发行后，商业银行业必须按照1:1的比例缴纳准备金。同样的，央行必须按照缴纳的100%准备金，向商业银行等运营机构发放央行数字货币，这是一个等比例兑换的过程。

第二层次设计到商业银行与用户之间，用户需要使用央行数字货币时，可以向商业银行申请兑换，额度可以自由选择。商业银行等运营机构根据用户需求，将一定量的 CBDC （央行数字货币）转存到用户的央行数字钱包。在此背景下，商业银行的清算业务，在未来将主要采取点对点的方式进行。

第三层次主要是用户之间的交易，用户日常进行支付结算主要有两种选择，既可以直接使用央行数字货币钱包的钱，也可以利用电子货币交易。与现有流程相同，可以通过央行跨行支付系统进行。未来的银行账户体系将会包含两种账户，一个是央行数字货币钱包，另一个是现有的电子账户，并且这两个账户并不存在冲突。

2. 双层运营模式的优势

双层运营模式有许多优势。

首先，如果采用央行直接面向用户发行的模式，商业银行这一成熟的金融机构将无法被充分利用，商业银行积极性会下降。而采用双层运营模式，则可以最大限度地利用现有资源，在当前的货币运行体系下发行央行数字货币，逐渐替代传统纸币。商业银行发展得已经比较成熟，基础设施完善，服务体系比较健全，与此同时，商业银行内有大量的储备经验和人才，通过双层运营模式可以减少资源浪费，中央银行不需要再重新建立货币运行框架，也促进了央行数字货币更高效率的发行与流通。

其次，该模式可以防止金融脱媒，如果采用"一元模式"，央行直接面向公众发行法定数字货币，商业银行就不再被需要。同时，虽然中央银行掌握了充足的个人信息和企业相关信息，可以完全替代商业银行开展金融业务，但是央行会面临巨大的压力，可能会存在信息传达不充分的情况。"一元模式"也易导致市场竞争不充分，不利于金融创新。此外，如果央行出现决策偏差问题，商业银行无法再做及时反馈，将会导致不可逆的后果。而双层运营模式有利于分散风险，可以防止央行权利过度集中，减轻央行负担。

数字货币发行模式如图 6-9 所示。

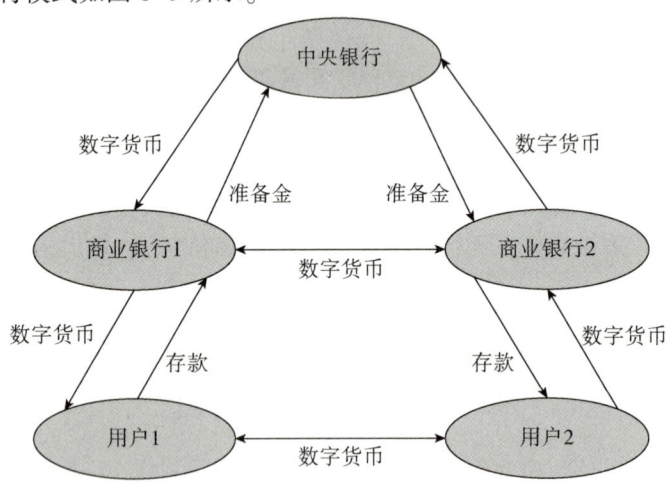

图 6-9 数字货币发行模式

（二）我国央行数字货币运行中的货币政策创新

在对央行数字货币进行发行设计时，为了更好地服务经济，我国进行了一系列的创新，加入了许多新的科学技术，以及一系列前沿设计，主要有大数据分析、前瞻设计等创新设计方案。将这些技术应用到央行数字货币的发行与流通模式中，与双层运营模式互相结合，可使货币政策更加精准有效。我国人民银行在对央行数字货币的设计中还运用了人工智能等。新技术的运用与创新保证了货币政策传导更加顺利、货币政策实施更加流畅。传统的央行发行货币的模式是，人民银行根据市场需要的货币量，依据货币改造发行计划，统一印制纸钞。这一过程成本比较高，且对于具体发行的货币量只能依据经济需要计划发行，无法做到精准印制。发行后的货币，在流向市场后追踪难度比较大。

运用大数据技术，可以搜集前一期货币发行的信息，在对前一期信息进行衡量考察后，再结合人工智能，比较精准地确定本期的货币发行量。在发行设计中同时加入了前瞻条件触发设计，有利于从多个时点解决货币政策传导困境。当商业银行向社会提供数字货币服务时，前瞻条件机制被触发，开始产生作用。如果满足前瞻条件，那么央行数字货币生效，可以向用户发放。

大数据分析的应用优化了传统的货币发行模式，使发行前的计划更加完善，发行后依据互联网可以对数字货币及时进行追踪监测，每一次的货币发行都基于大数据系统和人工智能的双重保证，可以使最优货币发行量更加合理，货币政策效果更优。在满足前瞻条件后央行数字货币才能生效，这是我国央行为提高货币政策的前瞻性实施效果而设定的。数字货币投放后需要满足时点触发条件，这一举措可以合理界定数字货币的生效时间。此外，央行数字货币生效还要满足主体要求，商业银行向用户投放央行数字货币时，需经过央行的流向主体验证，这有利于实现精准投放。

商业银行在发放贷款时，需要满足央行设定的利率条件，有利于时滞减少和商业银行利益保证。前边的主要是关于信贷业务的调节机制，最后还要满足经济状态条件触发，央行可以根据经济发展情况，一些经济指标的表现，对商业银行进行逆周期调节。条件触发机制是我国央行数字货币研究发行的一项重要内容，该机制的应用会提高货币政策的精准性，同时会极大地提高货币政策的传导效率。央行数字货币原型系统如图6-10所示。

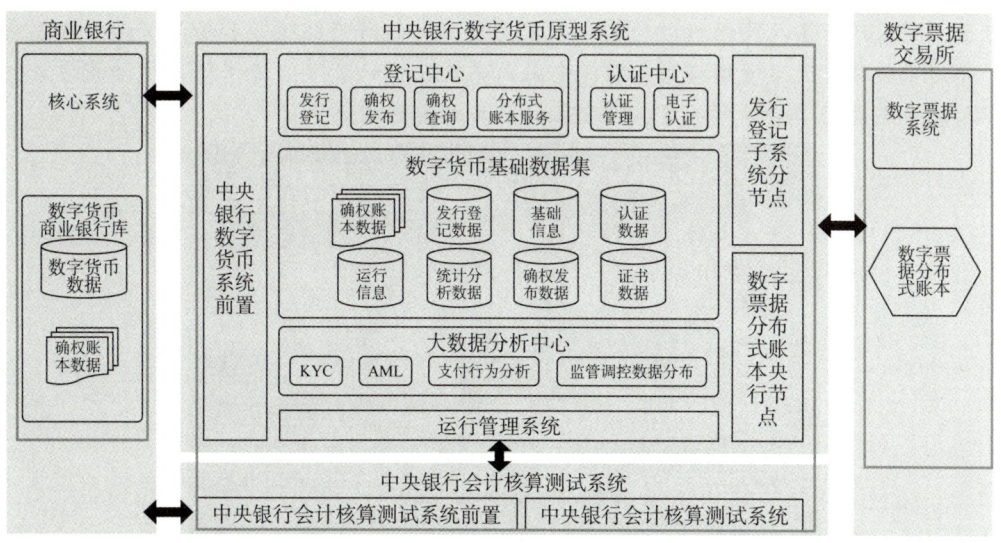

图6-10 央行数字货币原型系统

📖 **案例分析**

在 2022 中国（北京）数字金融论坛上，中国邮政储蓄银行（简称"邮储银行"）对外发布了以数字人民币硬件钱包为载体的"丽泽数币一卡通"，业内首创通过多项行业应用叠加，将"金融+工作+生活"完美契合，实现了"一卡通行，一卡通付"，如图 6-11 所示。"丽泽数币一卡通"充分体现了丽泽金融商务区挂牌"北京法定数字货币试验区"一周年以来，数字人民币在丽泽全域试点应用领域的创新成果。

据了解，北京法定数字货币试验区（丽泽金融商务区）是北京市"两区"建设的重要工程，邮储银行作为数字人民币运营机构，积极与地方政府部门合作，联手破题，全力投入到丽泽项目实践工作中，打造全国数字人民币"样板工程"。在人民银行数字货币研究所、人民银行营业管理部、北京市地方金融监督管理局等部门的指导下，与丰台区人民政府密切配合，"研发建设、运营支撑、市场拓展"三线并行，围绕智慧园区写字楼宇应用和零售交易、公共服务等场景，以"一卡多应用"助推"数币+"实践，创新推出"丽泽数币一卡通"硬件钱包。

"丽泽数币一卡通"是由丰台区金融服务办公室、丽泽金融商务区管理委员会和邮储银行北京分行，面向丽泽金融商务区入驻企业员工发行的叠加多项行业应用的数字人民币硬件钱包。业内首创持卡用户刷卡，即可完成每日写字楼宇进入的健康宝登记、闸机通行、电梯搭乘、办公签到、食堂用餐等环节的"一卡通行"便捷服务，提高了驻区企业的工作效率；同时邮储银行按照"全面推进、全域覆盖、全力投入"原则，全方位推动"国家法定数字货币试验区（丽泽金融商务区）"的数字人民币场景建设，持卡用户可享受在丽泽数字人民币商圈"一卡通付"的优惠便利，营造了交易活跃的数字人民币生态体系。

作为业内首张"金融+工作+生活"一卡尽在掌握的数字人民硬件钱包，"丽泽数币一卡通"全面实践了数字人民币在"北京法定数字货币试验区（丽泽金融商务区）"的全域应用，深入践行了人民银行"坚持以人民为中心，做好产品服务和场景建设"的发展要求，开启了数字人民运营新模式和丽泽金融商务区人士的数字经济工作、生活新方式，用数字人民币点靓丽泽金融商务区，让金融科技成就美好未来。

图 6-11 "丽泽数币一卡通"

三、我国央行数字货币特征

我国央行数字货币的运行机制具有以下六大特征。

1. 双层投放

我国央行"中央银行—代理投放的商业机构"的双层投放模式，从具体运作来看，代理投放机构需要向央行按100%全额缴纳准备金，从而可以确保货币不超发，也不改变流通中货币的债权债务关系。

2. M0 替代

央行发行数字货币主要目的是替代流通中的现金。现有纸钞和硬币的发行、印制、回笼和贮藏等环节成本较高，流通体系层级多，且携带不便、易被伪造、匿名不可控，存在被用于洗钱等违法犯罪活动的风险，实现数字化可以有效规避这些问题。

3. 账户松耦合

数字货币不需要银行账户就可以开立数字货币钱包，任何能形成个人身份唯一标识的东西都可以成为账户，这给物联网支付带来了发展空间。另外，账户松耦合，便利了偏远地区没有银行账户的群众，以及境外来华旅游的游客，他们可以很方便地开立数字人民币钱包，用于境内支付。账户松耦合的特征，可降低交易过程中对账户的依赖性，既可和现金一样易于流通，又能实现可控匿名。

4. 可控匿名

可控匿名是指对交易对手方实行匿名的，对央行是保持透明，这样既能有效降低洗钱、逃税等犯罪行为，又能保证用户合法交易过程中的匿名需求。这也为央行数字货币用于扶贫资金发放、转移支付款发放等带来了发展空间。

5. 审慎加载智能合约

央行认为审慎加载智能合约，加载除法定货币本身功能外的智能合约，将影响其法偿功能，甚至使其退化为有价票证，降低我国央行数字货币的可自由使用程度，也将对人民币国际化产生不利影响，还会降低货币流通速度，影响货币政策传导和央行履行宏观审慎职能，还可能侵犯公民隐私权，不利于个人权益保护。

6. 双离线支付

根据 DCEP（Digital Currency Electronic Payment，央行数字货币）的设计模式，两个设备之间发生的数字货币交易最终是需要数字货币投放系统进行确认的。数字货币的结构中，所有者标识指的是用户的钱包证书。当数字货币投放系统认可一个数字货币被一个钱包所拥有时，会利用自己的私钥对数字货币进行签名，进而生成一个新的数字货币。而让数字货币投放系统认可一张货币所有权转移的方式，便是将双方发生的交易提交给数字货币投放系统。数字货币投放系统在收到交易请求后，会验证数字货币原本拥有者是否已经在这次交易上进行签名，同时确定这笔货币拥有者的身份。当确认通过时，数字货币投放系统会为新的货币拥有者生成新的货币。这个流程是交易双方钱包在线时完成的。在交易时间戳的保证下，这个具体的流程可以被延时完成，即数字货币的最终确认流程可以与交易过程分离开来。

课后练习

一、单项选择题

1. 狭义的网络金融不包括（　　）。

A. 网上银行 　　　　　　　　B. 网上证券

C. 网上支付 　　　　　　　　D. 金融信息服务业

2. 美国富国银行网上房屋贷款批复业务只需 50 秒；而美国第一银行更宣称，其网上贷款业务 25 秒即可办妥，这说明网络金融具有（　　）的特征。

A. 高效性和经济性 　　　　　B. 科技性与共享性

C. 信息化与虚拟化 　　　　　D. 一体化

3. 下列各项中，不能算作电子货币的特征的是（　　）。

A. 形式多样 　　　　　　　　B. 技术精密，防伪性能好

C. 自动化处理 　　　　　　　D. 重要的保值工具

4. 网络招聘、网络旅游、网络金融、网上支付等网络经济活动可以归结为（　　）。

A. 网络互动 　　　　　　　　B. 网络服务

C. 信息发布的平台 　　　　　D. 互联网通信

5. 下列各项中不属于数字认证技术的是（　　）。

A. 数字签名 　　　　　　　　B. SET 协议

C. 数字信封 　　　　　　　　D. 数字时间邮戳

二、多项选择题

1. 电子商务的支付方式有（　　）。

A. 网络银行线上支付 　　　　B. 银行汇款

C. 信用卡转账 　　　　　　　D. 货到付款

E. 第三方网上支付平台

2. 一般说来，在大额支付的简单加密信誉卡网上支付系统中，实质当事人有（　　）。

A. 买家银行 　　　　　　　　B. 买家

C. 第三方 　　　　　　　　　D. 发卡行

E. 卖家和卖家银行

3. 以下各项中，属于电子钱币的特色的有（　　）。

A. 形式多样 　　　　　　　　C. 自动化办理

B. 技术精美，防伪性能好 　　D. 重要的保值工具

三、简答题

1. 简述互联网消费金融的含义。

2. 简述 P2P 网贷平台的主要特点。

四、论述题

网络证券的交易模式有哪些？

五、实训练习

互联网消费金融产品

（一）头脑风暴法

1. 实训设计

（1）目的：运用头脑风暴法，培养学生的创新能力。

（2）时间：20～30分钟。

（3）要求：组成3个或4个小组，指定一位发言人在老师提问时向全班报告小组的发现与结论，运用头脑风暴法确定互联网消费金融新产品。

2. 主要内容

以小组为单位开发一款新型互联网消费金融产品。网上已经有了很多的类似产品，这些产品能够提供各种价位的不同种类的消费服务，假设拥有足够资源，小组决定开发什么样的新产品才有可能成功？

3. 操作步骤

（1）小组集体花5～10分钟时间，来讨论最可能成功的产品类型。每位小组成员都要尽可能地具有创新性和创造力，对任何提议都要理性探讨。

（2）指定一位小组成员把所提出的各种方案写下来。

（3）用10～15分钟时间讨论各个方案的优点与缺点。作为集体，确定一个所有成员意见一致的最可能成功的方案。

（4）用头脑风暴法的优点与缺点进行讨论，确定方案是否产生了阻碍。

（二）京东白条

1. 背景知识

京东白条（以下简称白条）是京东推出的"先消费，后付款"的支付方式。在京东使用白条进行付款，可以享受账期内延后付款或者最长24期的分期付款方式。白条不支持转账功能，部分用户支持白条取现服务。

作为业内起步最早的互联网消费金融产品之一，起初白条仅提供给京东商城上的用户购物使用，后期白条延伸到了京东体系内的O2O（京东到家）、全球购、产品众筹，后来又逐步覆盖了租房、旅游、装修、教育等领域，从赊购服务延伸到提供信用贷款，覆盖更多消费场景。

2. 操作步骤

在京东购物，提交订单时选择在线支付的"打白条"即可使用，具体操作步骤如下：

（1）点击京东的网页。

（2）进入京东商城。

（3）进入购买商品页。

（4）点击"立即购买"。

（5）选择商品规格。

（6）点击"确定"。

（7）页面跳转订单页，支付方式选择"在线支付"。

（8）点击"提交订单"。

（9）勾选"打白条"。

（10）点击"确认支付"。

（11）白条支付成功。

3. 注意事项

提交订单页面的支付方式需选择"在线支付"，且需勾选"打白条"才能支付成功。

4. 总结思考

（1）京东白条的信用衡量标准是什么？

（2）京东白条还款方式有哪些？

（3）除京东白条外，京东金融还有哪些业务布局？请列举一二。

第七章
互联网金融风险及控制

🎯 **学习目标**

1. 互联网金融风险相关概念
2. 互联网金融风险种类
3. 识别互联网金融安全风险

✒️ **能力目标**

1. 掌握互联网金融风险的概念和特点，进行互联网金融风险分析
2. 分析新型互联网金融产品的风险

情景导入

互联网平台金融变现之路：越走越难

最近，关于"柘城黄淮村镇银行等4家银行储户无法提现"事件受到公众关注。多位储户告诉《财经》新媒体，2020年前后，他们通过度小满、滨海国金所等互联网金融平台购买了上述村镇银行的存款产品，从2022年4月18日至今均无法提现。所谓互联网存款，是指银行与互联网平台合作在线上销售的存款产品，其中银行负责产品，平台则提供存款产品的展示信息、购买接口等。

在业内人士看来，整件事情的核心在于村镇银行，但负责导流的互联网平台或存在未尽职审核等问题。6月20日，禹州新民生村镇银行发布的"客户登记表"显示，第三方购买渠道涉及度小满、小米金融等34家互联网平台。

"互联网平台只是通道"，一些互联网金融从业者认为，2021年年初，在监管的要求下互联网平台已全部下架存款业务。不过，此后一些村镇银行又将储户导流回本行App或公众号继续服务。

值得注意的是，这并不是互联网平台金融变现首次出现问题。近几年来，屡屡曝出"诱导宣传""学生贷""暴利催收"等负面新闻。与此同时，用户口碑下降、监管持续收紧等也层层围堵互联网平台的金融变现之路。

度小满理财 App 界面如图 7-1 所示。

图 7-1 度小满理财 App 界面

第一节 互联网金融风险分析

互联网金融兼具金融与互联网双重行业性质，所以互联网金融既面临传统金融风险，又面临互联网技术风险，同时又因互联网金融的特殊性而具有自身独特的风险表现形式。

一、互联网金融风险的分类

互联网金融风险可以分为流动性风险、信用风险、技术性风险、操作性风险、系统性风险和其他风险。

（一）流动性风险

流动性风险是指由于金融机构无法提供足额资金来应对资产增加的需求或无法履行到期债务而引起的相关风险，其产生原因主要是资产和负债的差额及期限的不匹配。

从财务管理角度来看，流动性风险具有不确定性强和冲击破坏力大等特点。按照风险成因划分、流动性风险可以分为两类：一类是融资流动性风险，即为获取足够的资金来履行其支付义务而产生的影响日常运作或基本财务状况的风险；一类是市场流动性风险，即因市场原因导致出售资产或平仓时，可能遭遇市价大幅下跌，从而导致损失的风险。

与传统金融一样，在新的国际金融背景下，互联网金融同样面临来自如下几个方面的流动性风险。

1. 金融产品的复杂与创新

金融创新与金融衍生品的不断发展，使金融市场不断出现各种新兴金融产品，如信用违约掉期、总收益掉期、中介渠道融资和其他结构性产品。这些产品中很多面世时间不长，缺乏历史数据，银行难以全面了解和评估其风险特性。信息披露和透明度较低，银行难以预测其未来的现金流，并且由于与其他金融产品具有较高相关性，如表外业务和嵌入式期权等会加剧这种风险；交易欠活跃，价格波动性强，流动性风险高；一般具有高杠杆率，对银行资金头寸的影响和风险暴露往往具有放大效应。

2. 融资渠道的改变

近年来由于理财产品的兴起，银行存款大量流失，动摇了其零售存款业务的根基，增大了波动性，许多银行开始转向资本市场寻求新的融资渠道和方式。在这一背景下，全球商业银行的资金来源更加依赖批发市场工具，如商业票据、可交易存单及其他货币市场产品，也更加依赖同业拆借市场。相对于零售存款，资本市场产品更易受到风险事件传染的影响，波动性更高，周期性更强。

3. 支付系统的发展与变革

实时全额清算系统、证券交易的交割结算系统、外汇交易的连续连接清算系统等更为快捷和先进的支付和结算系统的发展，以及共同对手方的广泛应用，降低了同业拆借带来的信用风险，但同时对抵押品及支付时间提出了更高的要求，进而增加了银行当日流动性风险管理的压力。

4. 资产证券化发展的影响

在资产证券化模式下，商业银行采用发起销售的新业务模式，通过资产证券化，将流动性比较差的资产进行打包出售，从而扩大批发市场的融资渠道，缓解资产负债表的压力。资产证券化同时也存在一些弊端，例如完成交易的时间较长，不能短时间内解决流动性问题，部分资产证券化产品还增加了银行的流动性风险。我国从 2013 年下半年开始扩大试点资产证券化范围。在互联网金融模式逐步发展的过程中，资产证券化发展对于互联网金融的流动性风险提出了挑战。

5. 跨境业务发展

2009 年以来的欧债危机影响相关国家产生银行业危机、主权债务危机、经济危机及政治危机，大量跨境交易还可能导致流动性问题在其他市场和清算系统间蔓延。实施流动性风险集中管理的银行可能选择外汇掉期或抵押品跨境转移的途径，从其他国家获取资金。但在现实操作中，资产的转移往往需要时间或受到诸多限制，而外汇掉期市场的流动性也难以预测，特别是在压力市场条件下，各国监管机构都会要求在本国运营的银行保持充足的流动性，以维护本国金融体系的利益，这会使包括互联网金融在内的金融机构无法及时从境外获得资金。

（1）信用违约掉期（Credit Default Swaps，CDS）是 1995 年摩根大通首创的由信用卡贷款所衍生出来的一种金融衍生产品，它可以被看作是一种金融资产的违约保险。债权人通过这种合同将债务风险出售，合同价格就是保费。购买信用违约保险的一方被称为买家，承担风险的一方被称为卖家。双方约定如果金融资产没有出现违约情况，则买家向卖家定期支付"保险费"，而一旦发生违约，则卖家承担买方的资产损失。

（2）总收益掉期（Total Return Swaps）是指信用保障的买方在协议期间将参照资产的总收益转移给信用保障的卖方，总收益可以包括本金、利息、预付费用以及因资产价格的有利变化带来的资本利得；作为交换，保障卖方则承诺向对方交付协议资产增值的特定比例。

（3）表外业务是指商业银行所从事的，按照通行的会计准则不列入资产负债表内，不影响其资产负债总额，但能影响银行当期损益，改变银行资产报酬率的经营活动，如担保类业务、承诺业务及金融衍生交易类业务。

（4）嵌入式期权是指在其他金融工具上"嵌入"一个选择权，而不一定是一个完整的期权工具。嵌入到证券中的期权，包括可赎回证券、可退还证券、可转换证券等。

（5）同业拆借市场又称同业拆放市场，是金融机构之间进行短期、临时性头寸调剂的市场。

（二）信用风险

信用风险就是预期未能实现的可能，即交易一方违约而无法履行合同义务时给另一方造成损失的概率，是金融市场中最为重要的风险之一。

互联网金融企业所面临的信用风险与传统金融机构一致，都可能会面临借款人不按期还款或者不还款的违约风险。常见的如P2P网络借贷，在不单纯提供信息服务的P2P网络借贷模式中，P2P平台方对借款业务介入更深，或者以各种方式提供增信服务，信用风险就是其要防范的第一风险。

（三）技术性风险

互联网金融的技术性风险主要表现在三个方面：一是计算机系统、认证系统或者互联网金融软件存在缺陷。例如，若互联网金融软件没有足够的防火墙和防御体系，就容易被病毒或者其他不良分子所攻击而造成技术性风险。二是伪造交易客户身份。攻击者盗用合法用户身份信息，以假冒的身份交易，实施金融诈骗。如果客户身份信息在客户操作使用环节或通过互联网传输时安全保密措施不力，或身份认证体系存在漏洞，可能导致不法分子伪造身份进入系统进行金融欺诈或恶意攻击。三是未经授权的访问。这主要是指黑客和病毒程序对网上银行的攻击。特别是目前针对网上银行的木马程序、密码嗅探程序等病毒不断更新迭代，通过盗取客户资料，严重威胁网银安全。

值得注意的是，互联网金融与普通互联网平台的技术性风险存在差异，在目前互联网金融的个别模式进入门槛较低、技术安全保证有限的情况下，如何保障、防范技术性风险就显得尤为重要。

（四）操作性风险

操作性风险是指由于不当或失败的内部流程、人员缺陷、系统缺陷或因外部事件导致直接或间接损失的可能性。高速发展的互联网金融在促进金融业经营转型和服务创新的过程中，容易衍生出一系列操作性风险，这些风险涉及面广、可控性小、关联性强。按照风险来源的不同，操作性风险可以分为如下三种。

1. 内部操作风险

各大银行的网上银行业务普遍处于粗放式管理阶段，在组织保障、内部审计和管理、绩效考评机制以及审计监管等方面仍存在诸多问题，引发了内部操作风险。

2. 第三方风险

第三方风险主要分为服务提供商风险和互联网金融机构与银行信息技术外包风险。服务提供商作为银行与客户实施电子交易的重要渠道，对网上银行的发展起着举足轻重的作用。在电子商务发展的初级阶段，服务商渠道也是操作性风险的易发地。由于服务提供商水平参差不齐、系统保障投入不够、安全意识淡薄，也可能缺少相应的服务和安全技能培训，网上银行交易中存在诸多安全漏洞。而对于接受银行信息技术系统全部或部分外包的专业信息技术服务提供商，其对于银行来说虽然有降低成本、获得专业技术支持、拓展服务渠道、提高客户服务水平等优势，但是如果管理和控制不到位，就易引发 IT 外包风险，比如 IT 外包商盗用银行的名义开展业务，违反保密协议泄露信息等。

3. 客户操作风险

由于网上支付多采用 B2B、B2C 的形式，若信息的加密技术不高，则用户操作安全性得不到有效保障。首先，客户的个人资料、网银密码、交易记录等私人信息，存在被不法分子获取的风险。其次，由于对客户身份真实性的识别存在一定困难，即使出现他人利用客户信息进行交易操作的情形，银行也较难判断。最后，新型的网络诈骗手段让客户在操作时防不胜防。最典型的例子就是近几年频繁出现的"钓鱼"网站，不法分子伪造出与网银交易时相同的界面，诱骗客户按照提示操作，造成客户的经济损失及个人信息的泄露。

（五）系统性风险

系统性风险是指由单个或少数金融机构破产或巨额损失导致的整个金融系统崩溃的风险，以及对实体经济产生严重负面效应的可能性。经济波动或制度破产等突发事件可能导致一连串金融机构重大损失、破产以及金融市场价格剧烈波动等恶性经济后果，甚至会出现一系列多米诺骨牌效应。

互联网金融的系统性风险主要具有以下四个特点。

（1）系统性风险是对整个系统或者全局的功能产生影响或破坏，而非单一机构或局部。

（2）系统性风险具有非常强的蔓延特性或者传染性，易将风险传导给毫不相干的第三方并使其承担损失。

（3）系统性风险具有很强的负外部性，对金融机构、金融市场，以及实体经济产生巨大的溢出效应。

（4）因互联网的传播特点，互联网金融的系统性风险相较于传统金融行业具有更大的快速传播的可能性。

随着信息技术的发展，金融工程得到了普遍应用，在金融全球化的背景下，互联网金融使跨市交易、跨境交易、跨期交易甚至监管套利等金融行为更加频繁。在互联网金融网络发展得越来越复杂的情况下，如果金融监管不到位，一旦有触发系统性风险的金融或者经济事件出现，因其蔓延特性和负外部性，更容易触发并传导给市场内的金融及经济机构，并迅速传播给与其有联系的机构，从而进一步扩大系统性风险的波及面。

系统性风险可以按照横向和纵向两个维度进行分析。从横向来看，互联网金融系统中的风险暴露和相互联系使得一个特定的冲击容易在金融网络中传播并演变成系统性风险。具体来说，即由于金融体系中的"合成谬误"问题，当一个机构遭受冲击而抛售资产时，整体市场能够有效抵御冲击，但当所有机构都集中抛售所持有资产时，整体市场将无法发挥抵御冲击的作用，而当整个金融体系遇到外部冲击时，因"羊群效应"的影响，极容易引发系统性风险。从纵向来看，系统性风险的纵向维度与经济周期密切相关，即由于金融机构和金融体系的脆弱性，风险会随着时间的推移而逐步建立并不断演进甚至累积。由于金融体系和经济周期波动存在相互反馈机制，因此在一定程度上金融体系可以放大经济周期的波动，而经济周期的波动反过来也会破坏金融体系的稳定，形成系统性风险。

名词解释

合成谬误指对局部来说是对的东西，仅仅由于它对局部而言是对的，便说它对总体而言也必然是对的。

"羊群效应"也叫"从众效应"，是个人的观念或行为由于真实的或想象的群体的影响或压力，而向与多数人一致的方向变化的现象。

1. 政策风险

政策风险主要是指国家有关互联网金融政策调整带来的不确定风险。政策风险实质上是网络金融的生态环境问题。互联网金融在我国仍处于起步阶段，整个行业都在摸着石头过河，法律空白、无人监管，直接导致大量金融产业游走于合法与非法之间。在这样的环境中，唯有洁身自好，树立正确的经营发展理念，克服扩张冲动，严格自律，坚决不能触碰"非法吸收公众存款""非法集资""金融诈骗"三条法律底线，才可以有效防范这方面风险。

2. 法律风险

法律风险是指由于互联网金融立法相对落后和模糊而导致的交易风险。互联网是一个全球信息交互的平台，互联网金融是一个跨国界的金融平台，然而由于各个国家、地区经济制度和法律规定的差异，对于互联网金融的规则很难达到完全一致，这就增加了互联网金融的违规违法概率。

互联网金融的法律风险主要有三方面：一是监管法律缺失带来的风险；二是违反法律法规带来的风险；三是跨境司法管辖权法律风险。

（1）监管法律缺失带来的风险。

①分业监管模式与混业经营模式的不匹配带来的风险。跨行业、跨部门、业务交叉性强等特征是互联网金融领域普遍存在的，互联网金融企业的经营范围可能既包括银行业务，也包括证券业务和保险业务，形成了几类金融业务以互联网为基础进行深度融合的模式。而目前中国金融业实行分业监管模式，尽管银行和保险监管已经融合，但仍与证券业分业监管，这样不免存在着交叉管理和监管真空现象。互联网金融的混业经营模式进一步加大了监管风险，风险准备金、坏账率、信息披露、风险评级和出资人权益保护等内容都未纳入监管范围，可能导致监管风险加速交叉、聚集。

②有关金融的法律法规的规制与互联网金融特点不一致带来的法律冲突风险。我国有关金融的法律法规的规制对象主要是传统金融领域，由于无法涵盖互联网金融的众多方面，更未贴合互联网金融的独有特性，这势必会造成一定的法律冲突。如有关互联网金融市场的企业准入标准、运作方式的合法性、交易者的身份认证等方面，尚无详细明确的法律

规范。互联网金融企业极易游走于法律盲区和监管漏洞之间，进行非法经营，甚至出现非法吸收公众存款、非法集资等现象，累积了不少风险。网民在借助互联网提供或享受金融服务的过程中，将面临法律缺失和法律冲突的风险，容易陷入法律盲区的纠纷之中，不仅增加了交易费用，还影响了互联网金融的健康发展。

③交易的虚拟化增大监管难度。互联网金融技术的发展对互联网金融的风险防控和金融监管提出了更高的要求。互联网金融中的网络银行、手机银行等的交易和支付过程均在互联网或者移动互联网上完成，交易的虚拟化使金融业务失去了时间和地理限制，交易对象变得模糊，交易过程更加不透明，金融风险形式更加多样化。由于被监管者和监管者之间信息不对称，金融监管机构难以准确了解金融机构资产负债实际情况，难以针对可能的金融风险采取切实有效的金融监管手段。

 案例分析

宜信（重庆）打包债权出售理财产品

宜信公司成立于2006年，在欧美国家已经成熟的互联网贷款模式及先进的信用管理理念的基础上，结合中国的实际社会信用状况，推出了"线上+线下"P2P借款服务平台，宜信公司作为平台管理者，为平台两端的资金需求方和资金充裕方提供全程的信用管理和资金配对服务。宜信模式的特点是将贷款人债权拆分并转让，实现了债权的资产证券化，促进了资金流通，在形式上已和银行机构类似。

监管层对P2P行业所要求的经营底线是不能涉及非法吸收公众存款和非法集资。但在2013年7月25日，包括宜信公司重庆分公司（以下简称宜信重庆）在内的重庆5家P2P公司遭遇了重庆市金融办的"不合规经营"专项整改检查，原因是涉嫌非法集资及非法从事资金活动。宜信重庆的具体做法是，借款人将资产抵押给宜信重庆，其先行给借款人高息放款，然后将抵押资产设计和包装成不同期限、不同回报率的"信贷理财产品"，通过互联网直接向社会公众销售，并为这些产品提供担保；为利于出售产品，其还向出资方承诺固定收益率。销售理财产品所得资金则直接进入公司或法定代表人的个人账户。宜信重庆的收益来源就是借贷利差。这一业务模式显然已经脱离了P2P行业正常的纯中介、纯平台业务范围，触碰了非法集资的红线。宜信重庆未依照法定程序经有关部门批准，向不特定对象发行债权凭证，实现资产证券化以筹集资金，受众面很广，而且公司不仅直接占用客户资金，还承诺高频固定回报，来吸引客户不断购买该产品，从而得到循环发展。

根据规定，P2P平台作为一家没有正规金融机构牌照的公司，不能从事吸储、清算和自主决定放贷等业务。宜信重庆过度"打包债权"的行为已经越过行业监管的红线，因而受到监管当局的严厉处罚。

此案例说明，P2P公司在经营时必须合规、合法操作，不能触及法律红线。此外，宜信公司在债权资产证券化活动中不断积累资金池，易产生系统性风险。因此，P2P公司在从事互联网借贷业务时，绝对不能因获益丰厚而铤而走险，要从公司内部进行自查，同时自觉接受社会监督，坚决抵制触犯法律红线的违法行为，真正使P2P平台发挥其应有的资金调配功能，确保公司正规合法运营和资金合理顺畅流通。

（2）违反法律法规带来的风险。

①第三方支付企业的套现风险。互联网金融企业面临着第三方支付企业的套现风险。套现是指利用不同市场中同种产品或接近等同的产品价格之差来获利的行为，这是一种非常不正当的获利行为。最常见的是信用卡套现，将信用卡中信用额度内的资金以现金的方式套取。不支付银行提现费用就是信用卡套现。目前我国市场上主要的收单市场由银行占领。随着第三方支付的发展，银行也在大力推广 POS 机抢占收单市场。在抢占收单市场的同时，信用卡套现的风险也随之增加，但是，我国目前还没有相关的监管机制来抑制第三方套现行为，因此，第三方支付企业的套现风险增加。

②P2P 网贷领域的非法集资风险。P2P 平台的债权转让模式和优选理财计划模式，就是亟须引起关注的互联网金融涉嫌非法吸收公众存款的行为。债权转让模式是指借贷双方不直接签订债权债务合同，而对期限和金额进行双重分割，由第三方个人（专业放贷人）先行放款给资金需求者，再由该第三方个人将债权转让给投资者。此时，P2P 平台成为资金往来的枢纽，不再是独立于借贷双方的纯粹中介，与非法吸收公众存款有一定的相似性。依照最高法设定的标准，是否认定为非法吸收公众存款的行为，核心问题在于资金流转行为是否形成了新的存款、债务或股权关系，专业放贷人是否有先获取资金放贷再转让债权的行为，是否将向社会公众吸收的存款划归自有账户名下。由于目前尚未有法规出台，P2P 非法集资的边界并未明确。

③电商平台的个人隐私泄露风险。互联网金融的一大基础是在大数据基础上进行数据挖掘和分析。在这个过程中，个人交易数据的敏感信息很容易被广泛收集，对客户账户安全和个人信息的保护提出了巨大的挑战。目前客户的信息数据案例丢失出现了不少，交易平台并没有在传输、存储、使用、销毁等方面建立个人隐私保护的完整机制，加大了信息泄露的风险。

电商平台数据库中存有所有客户的个人隐私数据，这些数据背后存在巨大的商业价值。很多机构和个人为了谋得个人利益非法出售隐私信息。虽然我国有关于保护个人隐私的法律，但客户被窃取信息后依然难以取证，损失也难以界定。泄露顾客的个人信息，给顾客造成重大经济损失，给企业信誉造成的损失也是巨大的。

（3）跨境司法管辖权法律风险。

由于互联网的开放性，互联网金融存在无国界的特点，客户如果位于不同国家，必然导致互联网金融在管辖权方面的法律风险。在跨国交易过程中，由于各个国家法律法规存在差异，难免会产生各国之间法律上的冲突，一旦发生法律纠纷，司法管辖权的争议就会显现。

（六）其他风险

1. 国别风险

我国银监会在 2010 年下发的《银行业金融机构国别风险管理指引》中，对国别风险给出了定义：国别风险是指由于某一国家或地区经济、政治、社会变化及事件，该国家或地区借款人或债务人没有能力或者拒绝偿付银行业金融机构债务，或使银行业金融机构在该国家或地区的商业存在遭受损失，或使银行业金融机构遭受其他损失的风险。国别风险具有以下特点。

（1）国别风险有别于一般的境外风险。一般的境外风险（如信用风险、市场风险和操作风险）可能来自某一个境外交易方，而国别风险则来自某一个国家或地区。金融机构在开展授信、国际资本市场业务、设立境外机构、代理行为和由境外服务提供商提供的外包服务等经营活动时，其客户或交易对手可能居住于某个国家或地区，这个国家或地区的经济、政治、社会变化及其他可能导致银行受到损失的任何事件，都应被视为国别风险。

（2）国别风险的诱因复杂多样并且与其他风险交织。国别风险的源头包括政治、经济和社会等全方位因素，既有可能来自主权政府违约（主权债务危机或者政府拒付债务），又有可能来自宏观经济变化（通货膨胀、宏观调控、结构调整、经济衰退），还有可能来自政治社会状况的变化（社会动荡、资产国有化或被征用），或者来自自然环境的变化（地震、海啸等不可抗力的影响）。国别风险的诱因复杂多样，并且随着国际局势的变化而变化。国别风险往往还与其他风险交织在一起。国别风险与其他各类风险不是简单的并列关系，而是一种紧密的交叉关系。一旦发生国别风险，结果往往是产生信用风险、市场风险和操作性风险等。

（3）国别风险敞口难以精确计量。由于国别风险的成因较多，所以对于国别风险的精确计量就显得尤为困难，一般而言，主要有政治、财政和经济等三方面因素。

2. 声誉风险

声誉风险是指由于互联网金融机构造成对个别人不利的影响后，受到不利影响的人利用互联网的手段对该机构进行负面宣传，借由互联网传播速度快、范围广的特点，导致大量的客户流失，造成损失的风险。声誉风险主要可能发生在电子货币发行机构。电子货币系统出现功能失常、安全失当、伪币充斥而又不能及时解决这些问题，以及不利的新闻报道，都会影响发行机构的信誉。

二、互联网金融风险的特征

由以上可以看出，互联网的技术特点决定了互联网金融风险的特征。相较于传统金融，其特征主要有以下几个方面。

（一）扩散速度较快

无论是第三方支付还是移动支付，都具备高科技的网络技术所具有的快速远程处理功能，为便捷快速的金融服务提供了强大的信息技术支持。反过来，互联网金融的高科技也可能会加快支付、清算以及金融风险的扩散速度。在传统的纸质支付交易结算当中，对于出现的偶然性差错或失误还有一定的时间进行纠正，而在互联网金融的网络环境中，这种回旋余地大为减少，因为互联网或者移动互联网内流动的不仅仅是现实货币资金，更多的是数字化信息，当金融风险在短时间内突然爆发时，进行预防和化解就比较困难，这加大了金融风险的扩散面积和补救成本。

（二）监管难度较高

互联网金融当中的网络银行、手机银行等交易和支付过程均在互联网或者移动互联网上完成，交易的虚拟化使金融业务突破了时间和地域限制，交易对象变得模糊，交易过程更加不透明，金融风险形式更加多样化。由于被监管者和监管者之间信息不对称，金融监管机构难以准确了解金融机构资产负债的实际情况，难以针对可能的金融风险采取切实有效的金融监管手段。

（三）交叉传染的可能性增加

传统金融监管可以通过分业经营、设置市场屏障或特许经营等各种方式，将金融风险隔离在相对独立的领域。而在互联网金融中，这种物理隔离的有效性相对减弱，尤其是防火墙的作用可能因黑客等的破坏而衰减。随着我国多家银行金融机构综合金融业务的开展和完善，互联网金融业主和客户之间的相互渗入和交叉，金融机构间、各金融业务种类间、国家间的风险相关性日益增强，因此互联网可能引发金融危机的突发性较大。

第二节　互联网金融风险的控制

互联网金融风险的控制在很大程度上依赖于个人信用制度的建立、管理和完善，个人信用制度的建设直接影响到互联网金融业务是否能健康发展。个人信用制度的建设及管理是非常重要的基础工作，银行个人信用风险管理流程包括分析、决策、定价、贷款监控、清收、流程控制等具体风控制度。美国的个人信用制度建设较早而且体系健全完善，以其信用局为中心形成了一个巨大的产业并且覆盖全国及海外的分支机构。

互联网金融的风险一般具有一定的隐蔽性，而且暂时处于监管之外，互联网金融企业和使用互联网金融服务的个人都需要更加重视风险控制与管理。在互联网金融的风险控制中，除了传统的金融风险控制手段外，还需要先进的互联网技术手段。近年来，银行业金融机构在为小微企业提供服务的同时，不断完善风险控制体系，创新风险管理技术，提升小微企业贷款业务的质量和效益。其创新主要有三点：一是完善风险控制体系。一方面设计各岗分离的小微企业信贷流程，同时运用科技手段全流程控制信贷风险；另一方面完善小微企业业务的风险管理组织架构，通过设立风险管理委员会、风险总监、风险官和风险经理，实现对小微企业金融业务风险的多级监控。二是创新风险管控技术，引入发达国家微贷技术中的信息交叉检验方法，实现企业非财务信息内部、财务信息内部、非财务信息与财务信息之间的多重逻辑验证。三是加强小微企业贷款风险分类和不良贷款处置。针对小微企业贷款制定差异化资产质量分类办法，并制定不良贷款处理专项政策，对满足核销条件的小微企业不良贷款建立快速核销通道，加快核销频率和进度。

一、系统性风险控制方法

传统上对系统性风险的控制大多集中于防范银行等金融机构破产上。例如，大萧条导致美国万余家银行破产倒闭，美国的银行通过联邦存款保险公司（Federal Deposit Insurance Corporation，FDIC）提供保险以减轻储户对银行取款违约的担忧，防止出现银行挤兑。同样，资本充足率要求银行持有最低标准的资本，以限制银行承担过度风险并且缓解金融危机。自金融危机以来，《巴塞尔资本协议Ⅱ》明确了一套建立在监管三大支柱之首——银行风险敞口之上的资本维持要求体系。《巴塞尔资本协议Ⅱ》将信用风险、操作性风险和市场风险作为影响资本充足率要求的三大方面，要求更高的透明度，来进行更安全有效的风险控制。

加强事前预防和监管，降低系统崩溃风险，同时减轻系统崩溃传播及其后果，是互联网防范系统性风险的重要方法，具体方法有以下四种。

（一）避免恐慌

理想的风控和监管方法是从源头上消除系统崩盘的风险。由于恐慌往往会触发连锁破产，理论上只需通过预防金融恐慌即可达到目的。21 世纪的美国金融危机和欧债危机无不证明在银行体系之外，恐慌照样能引起市场破产。正如系统性市场崩溃一样，当交易对手争先恐后试图清仓时，资产或者金融产品的价格将急速下跌以致更多的市场无法经营，而这一切又导致了投资者丧失信心并造成恶性循环。而采取避免恐慌的监管措施有助于维持市场稳定，监管当局可以通过设定资本市场的关闭条件，并补充流动性使其继续运营，以防一个或更多市场停止运行而导致恶性循环。

（二）完善信息披露制度

防范和化解金融风险，保障金融安全，就要加强金融监管，将金融活动纳入规范化、法制化轨道，而信息披露是金融监管的主导性制度安排。信息披露或称信息公开，是指在资本市场的公开原则下，金融机构及上市公司等依照法律的规定，将与其经营有关的重大信息予以公开的一种法律制度。从经济学角度看，有效的信息披露能为经营者和购买者提供充分的信息，有利于正确投资决策的形成，提高资本市场的效率，优化金融资源配置，使价值规律在更大的范围内充分发挥作用。从法律的角度来讲，信息披露制度能有力地防止由于信息不对称、错误等导致的不平等现象，防止信息垄断和信息优势导致的不公平。同时，信息披露也可以减少不必要的金融恐慌。

信息披露的功效受到交易和市场不断增加的复杂性的限制。适度的信息披露制度是必要的，但额外的信息披露可能会产生反作用，并导致参与者改变其行为，交易者可能越发慎重，在达成交易前要求价格一再调整，因而最终会降低市场流动性。

（三）设置金融风险敞口限制

大型机构破产而带来的银行违约事件足以使高杠杆投资者动荡不安，并提高市场系统崩溃的可能性。避免这种风险的有效措施是对机构间的金融敞口进行限制。金融敞口限制可以实质上减少特定损失并降低因该损失导致破产的可能性，从而通过分散风险来增强金融稳定性。这个限制同样可能降低交易双方结清头寸时的紧迫感和恐慌感。此类方法通过限制贷款的方式已经应用于银行业，严格限制了银行对某个特定顾客的最高风险敞口。随着互联网金融的发展，银行与非银行金融机构之间的界限日趋模糊，巨额金融资产在非银行金融机构间流通，这种限制方法有必要扩大至互联网金融等其他金融机构，有证据显示，非银行机构已经采用了与银行同样的风控措施。

（四）降低金融机构杠杆率

降低杠杆率与系统性风险是有关系的。在其他条件相同的情况下，杠杆率越低的金融机构，无法履行到期债务的可能性就越小。而高杠杆率可能导致机构承受与其规模和杠杆率不匹配的损失，使机构的履约能力急速恶化。债务违约很可能导致机构破产。此外，因为这些机构无法履行其他机构的债务，还可能导致潜在的一系列违约，构成系统性风险。

因此，降低杠杆率对系统性风险主要起预防作用，旨在减少风险并防止系统性崩溃的扩散，促进金融稳定。但是，降低杠杆率可能会产生巨大的成本，况且适当的杠杆是有益的，因此对杠杆率进行细致入微的考量和测算，找到合适的平衡点。

二、个人互联网金融安全风险识别

在学习本部分内容前，请回答以下问题。

（1）你有没有收到某银行发给你的短信提醒，让你登录某网站对手机银行进行更新？如有，你是如何处理的？

（2）你有没有在网上购物后收到短信，要求你登录短信链接进行退款或确认支付等信息？如有，你是如何处理的？

（3）你有没有网上贷款的经历？

（4）你有没有收到网购时浏览器提示的风险文件？如有，你是如何处理的？

（5）你有没有在扫描二维码后打开的网站要求安装新应用程序？如有，你是如何处理的？

本部分给大家介绍互联网金融安全风险，内容引自中国人民银行的《金融网络安全知识手册》。

（一）网络钓鱼

网络钓鱼是指不法分子通过大量发送声称来自银行或其他知名机构的欺骗性垃圾邮件或短信、即时通信信息等，引诱收信人给出敏感信息（如用户名、口令、账号 ID 或信用卡详细信息），然后利用这些信息假冒受害者进行欺诈性金融交易，从而获得经济利益。受害者经常遭受重大经济损失。

（二）木马病毒

木马病毒是一种基于远程控制的黑客工具，它通常会伪装成程序包、压缩文件、图片、视频等形式，通过网页、邮件等渠道引诱用户下载安装，如果用户打开了此类木马程序，用户的电脑或手机等电子设备便会被编写木马程序的不法分子所控制，从而造成信息文件被修改或窃取、电子账户资金被盗用等危害。

（三）社交陷阱

社交陷阱是指有些不法分子利用不法手段获取持卡人个人信息，并通过一些重要信息盗用持卡人账户资金的网络诈骗方式。例如，不要轻信自称信用卡中心打来的"以提升信用卡额度"为由的诈骗电话。

（四）伪基站

伪基站一般由主机和笔记本电脑组成，不法分子通过伪基站能搜取设备周围一定范围内的手机卡信息，并通过伪装成运营商的基站，冒充任意的手机号码强行向用户手机发送诈骗、广告推销等短信息。

（五）信息泄露

目前某些中小网站的安全防护能力较弱，容易遭到黑客攻击，不少注册用户的用户名和密码因此泄露。如果用户的支付账户设置了相同的用户名和密码，则极易被盗用。

三、互联网金融安全工具

你网上付款时用过哪些支付工具？你觉得安全吗？为什么？

安全工具相当于给你的账户或者资金上了一道锁。合理使用网络安全支付工具，能够大大降低网络支付风险，使电子支付更安全、更有保障。目前，市场上主流的网络安全支付工具主要有下面几类。

（一）数字证书

电脑或手机上安装数字证书后，即使账户支付密码被盗，也需要在已经安装了数字证书的机器上才能支付，以保障资金安全。

（二）短信验证码

短信验证码是用户在支付时，银行或第三方支付通过短信给客户绑定的手机号发送的一次性随机动态密码。

（三）动态口令

无须电脑连接的安全支付工具，采用定时变换的一次性随机密码与客户设置的密码相结合。

（四）USB Key

这是连接在电脑 USB 接口上使用的一种安全支付工具，支付时需要插入电脑。

用户可以根据自己的实际情况以及银行或支付机构的建议，选择适合自己的网络安全支付工具。

四、手机银行使用注意事项

在学习本部分内容前，请分组讨论：使用手机银行需要注意哪些事项？

（一）从正规渠道下载手机银行和支付软件，并定期更新

务必从正规的渠道下载手机银行、支付软件，定期更新该类 App。请小心识别虚假网站，不要以非正规链接的形式登录手机银行，若有任何怀疑，请立即致电银行客户服务热线。

（二）设置手势密码或口令保护移动设备

确保移动设备安全，建议使用手势密码或口令保护移动设备，并将设备设置为一段时间后自动锁定。切勿尝试破解或修改设备，因为这可能会使设备受到恶意软件的攻击。

（三）不要在公用 Wi-Fi 下登录重要账号

如果使用 Wi-Fi 联网，请在确保无线网络安全的情况下再连接至手机银行站点或应用程序。切勿在连接公用 Wi-Fi 万能钥匙类应用时使用重要账号，包括银行卡信息、网银账号、支付宝账号、微信账号等。不要打开 Wi-Fi 自动连接功能，降低连接上"钓鱼"Wi-Fi 的风险。

（四）重要账号要每次输入登录密码

如果 App 具备保存密码的选项，建议不要勾选，每次登录时重新输入登录密码，同时建议设置较为复杂的登录密码、支付密码等，并定期修改。不要使用生日、电话号码、车牌等容易猜测的密码，同时注意密码的保密，不要将交易过程中的各类密码信息告知

他人。

（五）如手机号码更换或被盗，应及时通知银行

如果更改了手机号码，请及时通知银行进行信息变更。如遇到手机被盗，请及时致电银行挂失银行卡。

（六）支付或转账时要确保手机在身边

在使用交易类、银行类 App 进行支付或者转账的过程中要保证手机在自己身边，不要在操作过程中远离手机，如确有紧急事项，请结束当前交易并退出 App 系统，同时在全部使用完毕后结束 App 进程，不要继续在后台运行系统。

五、金融风险规避安全攻略

在学习本部分内容前，请分组讨论：如何保护支付账号安全？措施有哪些？如果发现被骗了，该怎么办？

（一）保管好账号、密码和 USB Key（Ukey、网盾、U 盾等）

（1）不要相信任何套取账号、USB Key 和密码的行为，也不要轻易向他人透露自己的证件号码、账号、密码等。

（2）密码应尽量设置为数字、英文大小写字母和特殊字符的组合，不要用生日、姓名等容易猜测的内容做密码，并应与一般网站登录密码区别设置，密码须定期修改，防止因其他网站信息泄露而造成支付账户的资金损失。

（3）如果泄露了 USB Key 密码，应尽快办理补发或更换业务。

（二）认清网站网址

网上购物时请到正规、知名的网上商户进行网上支付，交易时请确认地址栏里的网址正确。不要轻信商户发送的链接，不要轻易通过各渠道接触到的"低价"网站和来历不明的网站。

（三）确保计算机系统安全

（1）从银行官方网站下载安装网上银行、手机银行安全控件和客户端软件，保证账号密码不被盗取。

（2）不要登录一些非法网站，避免计算机被植入木马病毒。

（3）设置 Windows 登录密码，Windows XP 系统请打开系统自带的防火墙，关闭远程登录功能。

（4）定期下载并安装最新的操作系统和浏览器安全补丁。

（5）安装防病毒软件和防火墙软件，并及时升级更新。

（四）提升安全意识

（1）使用经国家权威机构认证的网银证书，同时开通 USB Key 和短信口令功能。开通短信口令功能时，务必确认接收短信的手机号码为本人手机号码。避免在公共场所或他人计算机上登录和使用网上银行。退出网上银行或暂时离开电脑时，一定要将 USB Key 拔出。

（2）不要轻信手机接收到的中奖、贷款等短信、电话和非银行官方网站上的任何信息，不要轻信假公安、假警官、假法官、假检察官等以"安全账户"名义要求转账的电话欺诈。

（3）任何客服工作人员不会向持卡人索取短信口令，如有人索要可直接判定为诈骗，立即报警；也请勿轻易泄露自己的身份证号、银行卡信息、交易密码、短信口令。

（4）通过导航网站（搜索引擎）访问网银有可能会被导航至钓鱼网站，安全访问网银的方法是直接在浏览器地址栏输入正确的银行网站网址。

（5）操作网银时建议不要浏览别的网站，有些网站的恶意代码可能会获取电脑上的信息。

（6）操作网银进入支付页面时，网址的前缀会变成"https"，此时页面的数据传输是加密的，可以保护个人信息。如支付页面的网址前缀仍然是"http"，就有可能存在风险。

（7）建议对不同的电子支付方式分别设置合理的交易限额，每次交易都仔细核对交易内容，确认无误后再进行操作。在交易未完成时不要中途离开交易终端，交易完成后应点击退出。

（8）定期检查核对网上银行交易记录。可以通过定制银行短信提醒服务和对账邮件，及时获得银行登录、余额变动、账户设置变更等信息提醒。

（五）防范伪基站

伪基站设备可以更改发送短信号码，例如冒充银行、电信运营商的官方客服号码发送含有钓鱼网站的诈骗短信，在钓鱼网站上，用户登录后就会被要求输入账号、密码等重要信息。

（1）不要轻易相信积分兑换等虚假信息。

（2）不要透露短信验证码，要对银行卡设置小额度的快捷支付限额。

（3）不要轻易点击短信内的任何链接和拨打短信内的电话，遇到疑问一定要拨打官方客服电话核实内容真伪。

（六）网上银行安全工具组合

网上银行安全工具组合如表 7-1 所示（安全等级根据★的数量由多到少），建议客户选择安全等级高的工具组合。

表 7-1　网上银行安全工具结合

安全工具结合	安全等级
USB Key+短信口令	★★★★★
网银证书+短信口令	★★★★
USB Key	★★★
网银证书	★★
短信口令	★★
普通登录	★

 **实务分析**

个人金融风险处理实务

发现被骗，怎么办？

网络安全重在防范，一旦发现被骗，要在第一时间联系银行、支付机构，采取相应应急措施，同时向当地警方报警。

1. 已经在钓鱼网站输入了密码怎么办

（1）如果还能登录账户，立刻修改支付密码和登录密码。同时，进入交易明细查询是否有可疑交易。如有，须立刻致电银行或支付机构。

（2）如果还输入了银行卡信息，立刻致电银行申请临时冻结账户或电话挂失（此时银行账户只能入账不能出账）。

（3）如果已经不能登录，立刻致电银行或者支付机构，申请对账户进行暂时监管。

（4）使用最新版的杀毒软件对电脑进行全面扫描，确保钓鱼网站没有木马。如果发现有，在确认电脑安全后再次修改登录与支付密码。

2. 发现账户资金被盗怎么办

（1）在第一时间修改账户密码，同时转出余额资金。

（2）进入交易管理，查找可疑交易，保留对非授权的资金交易。

（3）如果被盗的是银行卡账户的话，立刻致电银行申请临时冻结账户或电话挂失。

 **课后练习**

一、简答题

1. 举例说明互联网金融存在的信用风险。

2. 简要分析系统性风险与国别风险的关系。

3. 除了现有的风险控制方法，你还能想出什么措施来防范互联网金融风险？请简要阐述。

二、实训练习

识别互联网金融产品风险

（一）背景知识

图7-2为支付宝的某款理财产品，请认真看图，并注意以下问题。

（1）"网商银行"只提供理财产品，不再有互联网存款产品。以"青银理财月开3号"为例，图7-3为该理财产品的详情。

（2）业绩基准（年化）为3.68%，业绩基准（年化）是指金融机构根据产品投资情况评估得出的年化收益率目标，不构成对本产品的任何收益承诺，实际收益以到账为准。也就是说"青银理财月开3号"的产品期限为29天，小于一年365天，29天的收益率必定小于3.68%。

（3）产品风险提示为中低风险：本产品为净值型产品，历史业绩不代表未来表现，不等于实际收益。存续期内每个交易日的净值变化可能导致短期存在盈亏波动，长期持有收益稳健。

（4）了解交易规则：起购金额为 1 元，2021 年 6 月 16 日开始募集，6 月 21 日结束募集，6 月 22 日开始计算收益，7 月 21 日进入开放期。

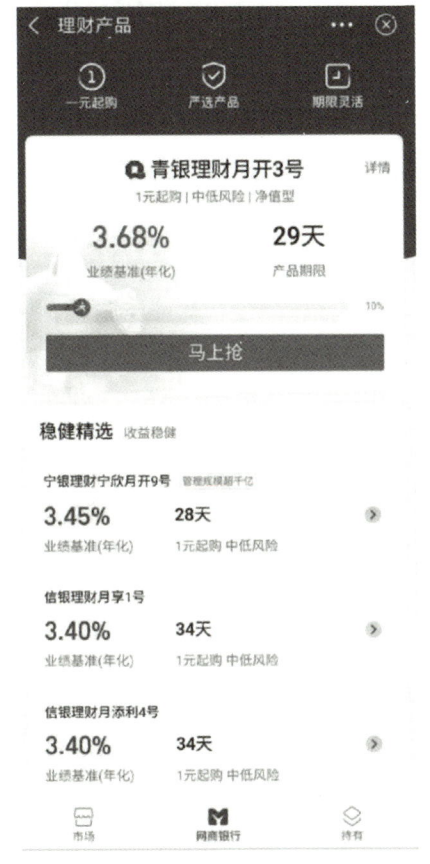

图 7-2　青银理财月开 3 号　　　　　　图 7-3　产品详情

（二）实训操作

（1）打开支付宝 App，找到"理财"个人应用。

（2）点开"理财"应用，请列举各种理财产品，并简要介绍各个理财产品的特点及风险大小。

（3）支付宝"理财"应用中是否还有"互联网存款"产品？为什么？

（4）根据你对这些理财产品的认知和个人风险能力的判断，你会购买哪些理财产品？

第八章
互联网金融未来发展趋势

 学习目标

1. 掌握新型互联网金融相关概念
2. 了解互联网金融未来发展趋势
3. 理解区块链对互联网金融的作用

能力目标

1. 尝试针对新型互联网保险科技产品进行营销策划
2. 设计新型"互联网+"理财产品

情景导入

一起料料料！光大推出抖音联名卡

盘点近两年的流行关键词，有不少来自抖音平台。校园里、街道上、地铁中，总能看见有人在刷抖音，不时发出愉快的笑声。短短十几秒的时间里，人们晒娃、听歌、看段子，甚至还能追剧，抖音开始引领全新生活方式。在此潮流下，光大信用卡携手抖音重磅推出信用卡——光大抖音联名信用卡，一卡刷出美好生活。抖音热议话题榜排名前十，上亿粉丝争相观看，达人火热助阵。光大抖音联名卡宣传图如图 8-1 所示。

卡面炫炫炫	费用免免免	网红买买买
光大抖音联名信用卡以炫酷黑彩为色，拥有立体触摸感的音符横贯卡面，卡片设计沿袭抖音风格，时尚而动感。	光大抖音联名卡在有效期内免年费、免货币转换费、免短信交易通知费，用户使用云闪付交易可享受双倍积分，微信、支付宝、京东支付交易均计算积分。	持有光大抖音联名卡，在抖音网红美食店铺使用口碑支付可享受5折优惠（最高立减50元）。

图 8-1　光大抖音联名卡宣传图

<h1 style="text-align:center">第一节 互联网理财</h1>

一、互联网理财的概念

互联网理财是指借助互联网技术向投资者提供理财服务，它强调的是金融机构或非金融机构利用互联网"大数据"主动获取信息、分析数据，对客户进行详细的分析，并运用现代化的技术，判定客户的需求，从而为客户提供更有针对性的理财服务。

因互联网理财产品的特殊性，它的发行主体没有明确的限制，从当前市面上存在的互联网理财产品来看，大多数互联网理财产品都由互联网公司和金融机构合作设计并发行，或者由金融机构依托互联网技术设计并发行，使用金融产品直接面向投资者的理财方式。由互联网公司与基金公司合作设计和发行，或者是基金公司借助互联网的技术和概念设计并发行的货币基金产品，不含通过传统渠道和银行网站等代销的货币基金产品，例如余额宝、活期宝、现金宝、理财通、百度百发、现金通等。互联网理财产品构成如图 8-2 所示。

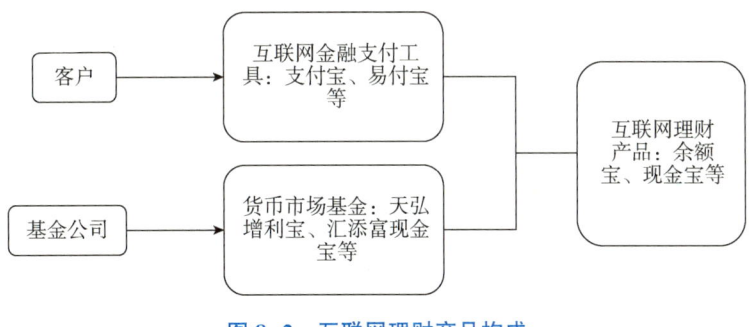

图 8-2 互联网理财产品构成

二、互联网理财产品的发展

（一）传统理财市场存在"缺口"，难以满足居民财富增值需求

尽管近年来经济增长速度减缓，但是财富积累作为存量受增速影响较小。从总量层面看，2021 年中国居民财富总量达 687 万亿人民币，2005—2021 年年均复合增速高达 14.7%，户均资产约 134.4 万元。但从 2018 年开始，无论从规模还是产品来看，我国资产管理市场的增速均逐渐放缓。其中信托、证券业的理财规模和银行、证券业的理财产品数量甚至出现了负增长。可能原因在于，从监管政策来看，2018 年，中国人民银行、银保监会、证监会和外管局联合发布《关于规范金融机构资产管理业务的指导意见》，"一行两会"等金融监管机构针对银行、证券、基金、保险出台一系列监管政策，推动资产管理行业不断走向有序规范发展。从技术赋能来看，我国大多数理财业务信息化水平较低，导致市场触达难、获客成本高、运营效率低、客户体验差等问题，进一步制约理财业务发展。从供给侧看，传统理财服务门槛高、产品种类少、理财覆盖度低，导致大量投资者特别是

下沉人群缺乏投资理财机会，居民投资结构较为单一。传统理财市场存在一定"缺口"，难以满足居民潜在的理财需求，为互联网理财发展留下空间。

（二）互联网理财作为传统理财的重要补充，是数字时代的大势所趋

近年来，受益于互联网在全国范围内普及，互联网理财市场规模和用户规模都有了大幅增长。中国互联网络信息中心数据显示，截至2022年5月，我国购买互联网理财产品的网民数量已达到6.3亿人。北京大学数字金融研究中心、上海新金融研究院和蚂蚁集团共同编制的"数字普惠金融投资业务指数"也显示，除2016年和2018年受监管影响有所下降之外，投资业务指数整体上呈现快速上升的趋势。

当前，尽管受互联网金融"严监管"与"资管新规"等影响，互联网理财业务增速有所下降，但随着业务逐步规范，未来发展动力依旧强劲。作为一种新型理财模式，随着大数据、人工智能等技术不断成熟，互联网理财优势愈发凸显。一是理财服务可得性更高。互联网金融平台的起投门槛较低，为无法参与传统理财业务的居民提供了更多理财机会。互联网理财产品提现周期较短、兑现手续简便，用户能够在手机端灵活地进行操作，显著提升了不同资金水平用户的理财服务可得性。二是投资者选择更便利。互联网理财平台能够对诸多理财信息进行整合，提高信息透明度，便于投资者对不同产品进行比较。此外，智能投顾能够满足不同层次金融投资者的需求，帮助用户尽可能从多样化的产品中选择适合自己的产品。三是能够精确捕捉用户理财需求，设计个性化、多样化产品，将"合适的产品匹配给合适的人"。四是能够显著降低运营成本，缩小大、中、小机构之间的差距，让有实力的中小机构在理财市场中立足，有助于建立起良性竞争环境，提升整个行业的投资管理能力和服务品质。

（三）互联网理财能够优化居民金融资产配置，青年人群和下沉人群成为互联网理财主力

随着互联网和智能手机普及，理财服务已经突破了空间和时间限制，将产品触角延伸至每一个手机用户，特别是能够为更多长尾客户提供高质量理财服务，进而提升其理财参与意识与投资习惯，切实推动普惠金融发展。从理财人群画像整体来看，"80后"依旧是理财人群主力，"90后"紧随其后。其中，"90后"对于互联网理财的接受度更高，超七成首次购买理财产品是在线上。特别是有理财行为的"小镇青年"，在理财人群中占比增幅更大，进一步验证了互联网理财平台切实有助于拉动下沉人群参与理财市场。互联网理财平台还能够使理财用户迅速成长为成熟投资人。从投资结构来看，居民配置单一类型基金的人数占比有所下降，尤其是单一配置风险较大的主动型基金的人数占比降幅更大，共同配置货币基金、指数型基金和其他主动型基金的人数占比增加。这表明互联网平台对被动投资理念和分散化投资的推广教育和引导发挥了重要作用。从投资效果来看，下沉人群获益人数占比低于非下沉人群，进一步表明下沉人群金融素养和投资能力有待提升。

（四）互联网理财有助于促进居民消费和消费升级，拉动内需

合理配置金融资产能够促进居民消费和消费升级，且对下沉人群消费影响更为显著。互联网理财行为主要通过财富效应传导机制、资产效应传导机制和信贷效应传导机制来促进居民消费和消费升级。其中，通过财富效应传导机制，居民购买资产的价格波动使消费

者收入增加或者减少，进而引起消费总额及结构发生变化；通过资产效应传导机制，投资者流动性紧张时，会通过变现持有的金融资产增加当期收入，缓解流动性约束，从而扩大当期消费或者推动消费转型升级；通过信贷效应传导机制，居民家庭持有金融资产有助于提升个人信用、获得消费信贷，进而促进居民消费和消费升级。

三、互联网理财发展的建议

（一）传统金融机构与互联网金融平台要紧密合作，积极发展智能投顾，推动理财线上化，不断创新服务模式

传统金融机构与互联网金融平台各有所长、优势互补。传统金融机构资金雄厚，具有丰富的风险管理经验，但信息技术更新迭代缓慢，成本较高，导致金融服务创新动力不足，难以满足客户多样化、个性化需求。互联网金融平台的优势在于科技赋能能力较强，业务场景丰富，金融服务能够更为广泛地触达下沉人群。传统金融机构与互联网平台应当展开全方位的深入合作，充分利用大数据和人工智能等技术精确识别客户需求，发展智能投顾，推动理财线上化，开创理财服务新模式，以此推动我国理财业务转型升级。

（二）加强金融投资者教育，注重金融知识"向下"普及

当前，我国下沉人群参与理财的积极性逐渐上升，经初步测算，2022 年我国下沉人群可投资金融资产规模有望达到 101.7 万亿元，互联网理财在下沉人群中的市场规模有望达到 4.7 万亿元（不包括银行理财）。但由于缺乏一定的金融素养，下沉人群投资效果相对较差。进一步加强对投资者尤其下沉人群的金融知识教育和普及，一方面有助于投资者建立起正确的理财观念、培养理性的投资行为，帮助下沉人群实现收入跃升，进而提振消费，拉动内需，促进增长；另一方面有助于提升我国金融监管效率，维护金融市场稳定。

 案例分析

低风险、保本理财产品备受青睐

保障意识上扬，保本低风险型理财产品逐渐受到市场欢迎。以和泰人寿所推出的增额终身寿险——增多多（珍藏版）为例，该产品具有终身增额、保单灵活转化和高额免检等特色，受到不少消费者的青睐。和泰人寿理财产品如图 8-3 所示。

图 8-3　和泰人寿理财产品

第二节　区块链

一、区块链的相关概念

区块链（Blockchain）是一种由多方共同维护，使用密码学保证传输和访问安全，能够实现数据一致存储、难以篡改、防止抵赖的记账技术，亦称为分布式账本技术。中本聪在《比特币：一种点对点的电子现金系统》中首次提到区块链。2021年，我国区块链技术基础架构不断完善，趋于稳定，并逐渐从原有的技术聚焦向应用端不断渗透。区块链技术架构如图8-4所示，具体而言，区块链主要分为七个层级，分别为物理设施层、账本层、网络层、共识层、合约层、系统管理层和应用层。

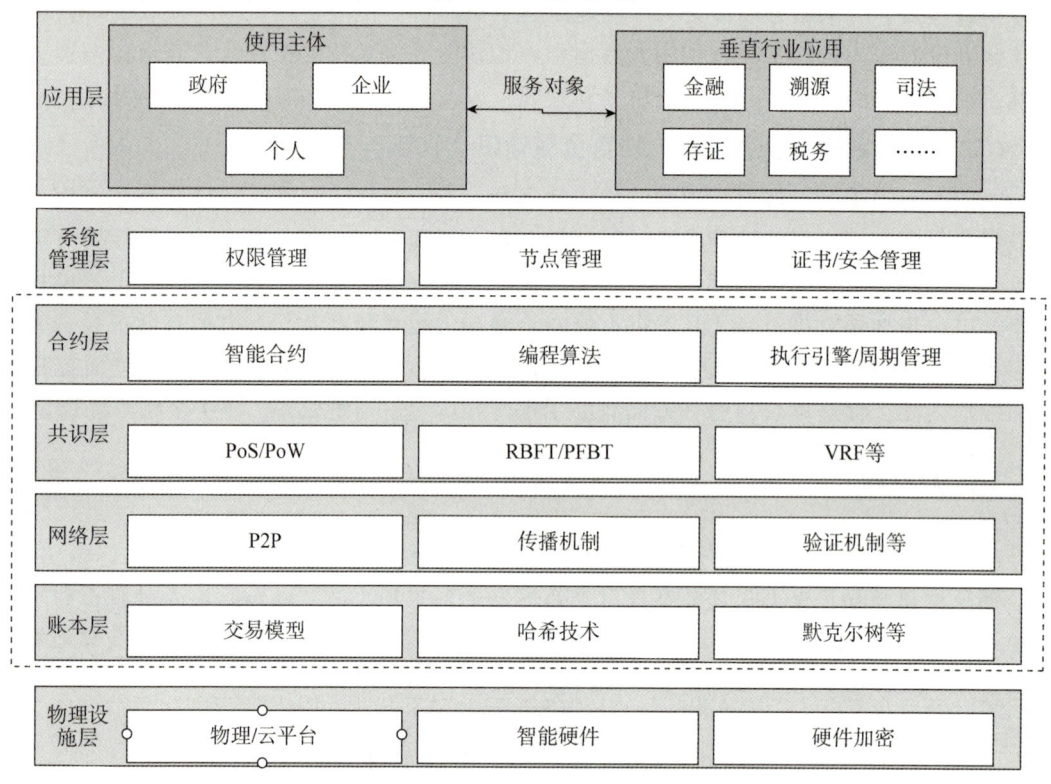

图8-4　区块链技术架构

物理设施层针对区块链运行的硬件支撑基础设施，诸如硬件、云平台等，提供算力支持与加密防护。账本层为区块链架构中的关键部分，包含区块成立的结构，涵盖默克尔树、DAG有向无环图以及区块结构等。网络层是链上信息传输的基础，主要包含P2P组网技术、数据验证与传播机制，对于数据的传输方式进行了相应定义。共识层，顾名思义，为节点达成系统一致性，即针对某种提案，多方达成共识的方法，目前较为主流的包括证明类算法POW与POS，选举类共识DPOS、Snow white等以及RBFT类与混合类算法。合约层相对较为上层，其针对脚本、算法等机制编程从而实现自动运行与定义的智能合约，是应用层的关键技术设施。系统管理层对区块链系统的操作、运营与管理进行了封装，创建了节点的不同角色。应用层为使用主体可触及的应用，服务于个人、企业与政府，包含金融、溯源、司法、存证等多方面的应用。

二、我国区块链发展趋势

（一）我国区块链产业面临的挑战

1. 顶层设计规划需完善，基础设施建设仍有不足

近年来，随着区块链技术在数字经济中的基础性作用凸显，我国不断加强区块链产业的顶层设计规划，并于 2021 年出台了首部国家级区块链专项政策《关于加快推动区块链技术应用和产业发展的指导意见》，进一步明确我国区块链产业的总体设计与发展目标。但就目前出台的主体政策而言，区块链产业发展的具体实现路径、方向指导、责任单位仍未明晰，顶层设计仍有待进一步完善。从基础设施来看，尽管国家级基础设施不断加强，但覆盖范围有待增强，同时跨链间互联融合仍显不足，产业应用也较为局限，应增强区块链与现有云、网、端网络信息系统的融合，形成具备扩展性、互联性与融合性的区块链基础设施，以支持多端、多元化的区块链产业应用。

2. 关键技术尚未突破，行业标准引领水平有待增强

从关键技术端而言，区块链技术仍有较大的提升空间，除了本身的技术脆弱性外，其异构多链的跨链体系、链上链下协同技术、隐私密码技术等仍有待发展，尤其是在当下热门的金融应用中，如何在隐私保护和数据共享的前提下实现联盟链分布式、穿透式监管技术框架体系仍有难度。关键技术与行业标准有一定相关性，由于技术突破仍在研究与探索中，现阶段我国区块链行业多聚焦于国内标准，在国际标准上存在一定欠缺，同时标准多集中于应用侧，底层技术端略显不足，行业标准丰富度与覆盖范围有待拓宽。

3. 应用范围存在局限，商业应用范式有待创新

虽然区块链已开始在司法存证、供应链金融、溯源、政务等多个领域发挥作用，形成了典型示范，但目前区块链可供大规模商业推广的应用案例还不足，尚未有知名现象级应用出现。一方面，区块链技术尚未成熟，还在快速发展演进中；另一方面，区块链的特点决定了其只能适用特定的场景，需要与应用场景进一步融合。从商业角度，区块链只是一门技术，并不解决实际的信任问题，其更多关注于模式创新、组织结构创新与治理体系的创新，区块链自身特有的的弱中心化、多元数据共享、共治等分布式理念与现有的商业社会相悖，这也给区块链与实体融合应用带来了较大的阻碍。

4. 监管制度尚未健全，治理模式仍在探索

由于区块链用户匿名化、信息不可篡改，确保链上行为和数据的真实有效与智能合约的合规、安全，确保系统实现可持续发展成为区块链当下监管的重要议题。而作为一门新技术，过多的监管会导致技术失去应用活力，目前，在基于审慎包容的基础上，我国持续探索基于合规区块链的监管沙盒构建，分布式对等交流与真实性审查等，同时，链上组织的治理也是区块链行业合规化发展的关键支撑，如何优化沙盒监管架构与流程，实现链上用户的非法行为预警，是我国行业监管下一步的重点。

（二）区块链产业发展趋势

1. 隐私计算、DID 与区块链技术相辅相成

区块链技术是信任经济时代的底层基石，但目前其备受关注的是身份匿名化以及隐私安全问题。隐私计算与分布式数字身份解决方案（DID）将成为后续与区块链并驾齐驱、协同发展激发数字经济活力的关键技术。隐私计算可在数据可信的前提下，实现数据的调取却不涉及数据的储存可见。DID 也很好地解决了价值互联时代数字身份与数据主权分离的问题，目前，阿里、腾讯、微众等知名互联网企业均已开始对隐私计算、DID 以及区块链技术进行探索与研究，其中已有如 Sopbop P^2C 等知名 DID 应用，而诸如摩斯、MesaTEE、Rosetta、Fate 等市面上可结合区块链与 DID 的隐私计算平台不断涌现，后续三者协同发展趋势将进一步凸显。

2. 平台化发展格局凸显，生态构建加快

区块链是一种融合技术，更多体现了新型的组织形成范式与商业理念，因此，最接近现有组织并具有通用性的平台成为产业角逐的热点。目前在区块链产业的发展格局中，联盟链成为各大企业竞争的主要阵地。除了服务于联盟链底层基础设施的国家级基础设施 BSN、星火链网等，在企业联盟链阶段，Fisco Bcos、趣链、百度超级链、腾讯区块链、蚂蚁链等在社区建设、企业上链、技术普及等方面开始角逐。在前期铺垫后，后续联盟链平台竞争将愈发激烈，平台格局日益凸显，联盟生态构建也将不断加速。

3. 加速与实体结合，多技术融合应用趋势已显

基于区块链的新型基础设施可通过数字孪生接入进行数据确权，可信共享交易促使供需平衡，边际成本降低实现智能运作，通过数据的流动、机器的交换实现价值的链接。区块链应用仍局限于小范试点，但已有规模化应用的转变，其在信任成本高、协同成本高、组织体复杂的领域开始发挥价值，涉及领域不断拓宽，与实体的融合趋势逐渐加速。同时，由于区块链共性技术的体现，需要与人工智能、物联网、大数据等其他技术相结合，利用协同效应形成一体化解决方案，目前已有"区块链+工业互联网""区块链+大数据"等融合应用出现，后续多技术融合趋势将日益明显。

4. 政务仍将是产业发展的重要领域

由于区块链建设的组织成本较高，普及度与需求匹配有限，除部分企业可自主寻找商业项目外，区块链产业的发展以政府补助以及政府项目招标为主要驱动力。尤其是近两年，在政策驱动下，各地政府均积极推动区块链在政务服务领域的运用，促进智慧政务转型，例如，深圳出现了平安智慧城市打造的"i 深圳"统一政务服务 App，武汉利用区块链技术实现城市资源整合，北京推出"海淀通"等应用。2021 年，国务院办公厅印发《全国一体化政务服务平台移动端建设指南》，提出积极运用区块链等技术手段提升移动政务服务个性化、智慧化水平。随着智慧政务技术与理念的逐步成熟，政务区块链仍将得到进一步发展，并通过政务侧带动商业侧的推广过渡，推动区块链产业发展。

5. 区块链将成为数据要素市场化的关键支点

当今，数据已摆脱传统的价值符号代表，成为继土地、资本、劳动力、技术之外的第

五大生产要素，在数字化生产中发挥决定性作用。近年来，我国积极推动数据要素市场化发展，"十四五"规划纲要明确提出，建立健全数据要素市场规则，统筹数据开发利用、隐私保护和公共安全，加快建立数据资源产权、交易流通、跨境传输和安全保护等基础制度和标准规范等。

然而，从数据性质上看，数据属于无形资产，其不等同于自然物或精神产物，会根据主体、空间的不同表现出较强的差异性，是超越物质与精神的衍生品，在归属定义上存在较大的难度。

从制度上看，数据自身的特殊性决定了数据确权、定价、交易等孤立的形式并不能解决垄断、隐私和公平等伦理问题，如何在数据的价值与人类伦理上寻找新的平衡点，也是当前数据市场化发展面临的巨大挑战。而区块链作为非对称加密、分布式计算、哈希指针、默克尔树、数字签名等技术的集成，可贯穿数据的确权、储存、流通、使用全生命周期，为赋能数据生产力释放提供了有力的技术支撑。

目前，已有众多省市在探索数据要素的利用中提及区块链。全国首份数据要素市场化行动方案——《广东省数据要素市场化配置改革行动方案》提出，运用可信身份认证、数据签名、接口鉴权、数据溯源等数据保护措施和区块链等新技术，提高数据安全保障能力。北京也提出，超前布局区块链，实现大规模区块链算法性能关技术突破，通过汇聚激活超大规模的数据要素资产。北京国际大数据交易所通过网络视频的形式举办线上推介发布会，首创基于块链的"数字交易合约"新模式。可以看出，后续区块链作为数据要素流转的底层基础，将成为数据要素市场化的关键支点。

第三节　互联网消费金融

互联网消费金融具有单笔授信额度小、审批速度快、无须抵押担保、服务方式灵活等特点，广受不同消费群体欢迎，推动了经济发展，促进了消费者生活水平的提高。

一、互联网消费金融的相关概念

（一）互联网消费金融的内涵

传统消费金融是指向各阶层消费者提供消费贷款的现代金融服务方式。所谓互联网消费金融，是以互联网技术为手段，向各阶层消费者提供消费贷款的金融服务，是将传统消费金融活动各环节电子化、网络化、信息化，其本质还是消费金融，但相较于传统消费金融，互联网消费金融大大提升了效率。

《消费金融公司试点管理办法》所称的消费贷款是指消费金融公司向借款人发放的以消费（不包括购买房屋和汽车）为目的的贷款。

如图8-5所示，完整的消费金融产业链包括上游的资金供给方、消费金融核心圈及下游的催收方或坏账收购方；消费金融核心圈又包括消费金融服务提供商、零售商、消费者和征信/评级机构。

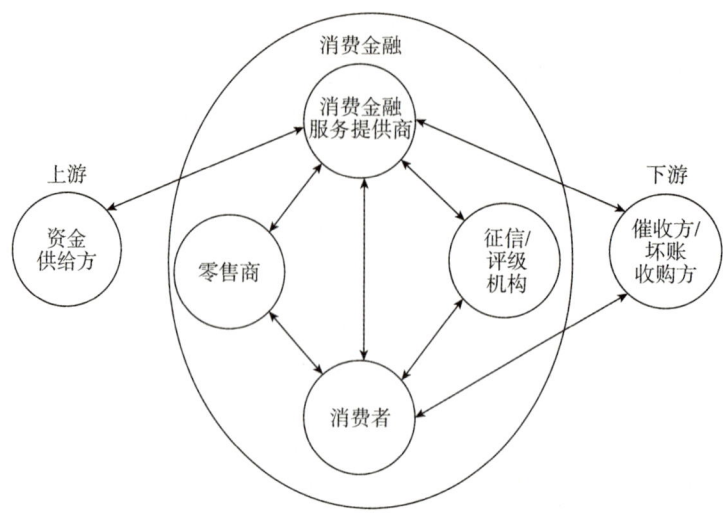

图 8-5　消费金融产业链

（二）互联网消费金融的特点

（1）在依托场景方面，互联网消费金融常常与各类商品、服务提供商合作，在大数据征信层面，也常常会有征信公司全程参与。

（2）在资金端方面，有些互联网消费金融以自有资金或小贷公司的资金进行放贷，还有些通过 P2P 等理财平台进行融资后再进行放贷。

（3）在支付方式方面，互联网消费金融也常常与第三方支付平台合作，通过其来放贷或资金回款，极大地提高了资金的流动效率。

（4）在具体支付对象方面，有的互联网消费金融是将款项直接支付给消费者，有的是直接支付给产品、服务提供商。

（三）互联网消费金融的重要作用

1. 互联网消费金融有助于银行开辟零售市场和中间业务

消费从家用电器、汽车、房子，到旅游、教育等，同时也相应拉动了票据承兑、代理收付、代客理财、信用卡、电子转账、担保承诺、代理融通、债务互换、信息咨询等银行中间业务的发展，增加了一定收益。

2. 互联网消费金融有助于改变银行资产负债结构失衡状况

从银行资产负债结构来看，以往金融业对储蓄这块负债，过多地运用在企业上。在经济成分发生变化后，尤其是县域经济民营化以后，负债呈现刚性，资产运用弱化，贷存比逐渐拉大，信贷结构调整滞后，以致资产负债结构长期失衡，经营利润空间较为狭窄。

3. 互联网消费金融有助于完善货币政策传导机制和扩大内需

发展互联网消费金融有利于金融政策对国民经济运行的及时、准确调控，使银行拓展信贷投向领域，调整信贷结构，增强银行业务增长能力。从扩大内需的角度来说，消费对经济的发展有着重大的拉动作用。因为消费是生产的最终目的，在消费领域增加信贷投入，有利于社会再生产的健康运转，让城乡居民在货币拥有量不足的情况下，以个人信用与商品进行交换，从而以最终消费需求直接拉动经济增长。

根据经济学家的分析，居民消费每增长 1%，可带动 GDP 增长 0.5%，因此发展消费金融是刺激内需的一个关键。现在已进入买方市场，发展个人消费信用贷款的金融条件也相应成熟，即使是欠发达地区的家庭在住房、家电和教育等消费方面也需要消费金融给予支持。

二、互联网消费金融的发展趋势

（一）智能风控，降低坏账风险

随着对催收手段的监管趋严，不良贷款导致的坏账成本成为困扰整体行业的问题，而大数据以及云计算技术为整个消费金融借贷过程提供智能风控服务，能有效降低坏账风险。

1. 贷前风控

基于客户行为特征画像及风控模型，对客户的还款意向和逾期概率进行评分。

凭借数据处理分析及建模能力，对借款人信息的真实性进行判断，输出反欺诈分及风险评估分。

2. 贷中监控

对借贷用户的网络行为（例如卸载 App 等）进行追踪监测，对借贷用户的贷款用途、还款意愿等进行追踪检测。

3. 贷后预警

运用大数据、人工智能等技术构建贷后风控体系，例如"贷后预警"及"智能催收"等，在贷后环节上进行全面智能监控。

相关科技公司基于数据源，依托大数据、云计算和人工智能等技术，生成潜在用户行为画像，利用多维度信息对用户风险水平进行评估核验，并基于不同的消费场景搭建精细的风控系统，从贷前、贷中、贷后全流程为消费金融机构提供智能风控服务。

（二）精准获客，控制运营成本

对无自带客户流量的公司，获客渠道有限且获客成本高昂；而大数据等金融技术可以识别、预测有信贷需求的潜在客户，实现精准引流，降低获客成本。

依托大数据等技术，对消费偏好进行分析，预测客户的信贷意向及产品偏好，实现精准获客，降低消费金融获客成本；同时监测老客户的网络活动，进行卸载流失预测，降低保客运营成本。

（三）消费金融实现全场景化

目前持牌消费金融机构的消费金融场景集中在 3C 产品、教育、家电、家装等，尚有大量长尾市场、小额高频等细分消费场景等待拓展，例如健身、美牙等。

 案例分析

无科技不消费金融

从"无科技不金融"到"无科技不消费金融"，作为行业引领者的马上金融创始人兼

CEO，赵国庆将科技的元素延伸到消费金融领域。作为科技驱动的金融机构，马上金融研发核心战略有"9年计划"，即在收入占比上，第一个3年要投入3%，第二个3年投入5%，第三个3年投入8%。目前，马上金融累计研发投入已超过8亿元，自主研发了700余套技术系统，并将这些研发成果转化为应用，内容包括风控、营销、客服等多个方面。在智能风控方面，马上金融自主研发Luma风控系统，通过大数据进行风险量化，将各种变量、数据源、模型节点化，使优质客户审批秒级通过。同时，采用分布式架构设计，支持高并发海量客户申请单处理，结合高性能决策规则引擎达到秒级输出审批结果，最高日审批百万单，峰值处理200单/秒。

随着大数据、云计算、人工智能和互联网技术等信息技术的迅速发展，投资者的行为和传统金融服务的发展路径发生了翻天覆地的变化，金融科技已经广泛地应用于支付清算、资产管理、智能投顾、交易结算等金融领域。全球主要国家的金融机构都在大力推动金融科技的研发和应用。中国证券投资基金业协会副会长表示："近年来，我们国家的金融科技市场规模也在快速增长。我国即将成为全球最大的金融科技的应用市场。"从体量上看，中国的电子支付规模占全球总规模的一半，网络信贷规模占全球总规模的四分之三，在"全球最具创新前五大金融科技"中占据四席。互联网生活场景和金融科技的成功应用，将原本复杂的金融服务变成人人都可以享受的金融服务。同时，通过科技赋能的金融更了解用户需求，从而为用户提供个性化、定制化的服务，让以前只有高净值用户才能享受到的服务平民化，从而开启大众理财新时代。

第四节　保险科技

保险科技是保险与科技的结合体，即保险行业各参与主体综合运用人工智能、大数据、区块链等新兴技术，创新风险管理方式，提升保险服务效率和服务质量。保险科技行业受多种因素，包含环保政策走向、市场需求变化、资金状况等的影响。中国保险科技行业市场规模（按企业投资额计）呈不断增长趋势，由2015年的441.5亿元上升至2019年的775.4亿元，年复合增长率为15.1%。中国保险科技行业发展时间短，尚处于资本投入阶段，保险科技投入总额的增长速度与保险公司保费收入的增长速度趋于一致。

一、保险科技的相关概念

（一）保险科技的定义及技术类别

保险科技是保险与科技的结合体，即保险行业各参与主体运用新兴技术，创新风险管理方式，提升保险服务效率和服务能力的做法。

保险科技运用的技术有人工智能、大数据、云计算、区块链、物联网、生物科学、虚拟现实及其他技术，如图8-6所示。

人工智能

具体应用有机器视觉、指纹识别、人脸识别、视网膜识别、虹膜识别、掌纹识别、智能搜索、智能控制等

大数据

获取、存储、管理、分析海量数据，通过数据"加工"实现数据"增值"，推动保险产品实现精准定价、精准核保及精准营销

云计算

通过网络"云"将巨大的数据计算处理程序分解成无数个小程序，服务类型包含Iaas、Paas和Saas

区块链

具体应用有分布式数据储存、点对点传输、共识机制、加密算法等，具有去中心化、不可篡改、全程留痕、可以追溯等特点

物联网

"万物相连的互联网"，通过射频识别、二维码、智能传感器等感知设备，实时采集所需监控、连接、互动的物体的数据信息

生物科学

需包含细胞学、基因技术，有助于辨别被保险人的发病风险，促进保险产品定价、核保的精准与高效

虚拟现实

将虚拟和显示相结合，生成一种模拟环境，使用户沉浸到该环境中，具有超强仿真系统，加强用户对风险的认知

其他

伴随技术进步，将有更多技术应用到保险行业中，例如第五代移动通信技术（5G）、无人驾驶技术

图 8-6　保险科技运用的技术

（二）保险科技的分类

根据保险科技业务方向的不同，可将保险科技分为打通保险线上销售的保险科技、驱动保险业务升级的保险科技及生态系统产品创新的保险科技，如图 8-7 所示。打通保险线上销售的保险科技主要应用于传统保险企业，驱动保险业务升级的保险科技主要应用于互联网保险企业，生态系统产品创新的保险科技主要用于保险相关的生态系统。

打通保险线上销售

驱动传统保险企业转型，促进保险产品线上、线下渠道同步发力
例如：中国人寿、中国平安等传统保险企业均已开通线上保险商城

驱动保险业务升级

将人工智能、大数据、云计算等技术融入保险产品开发、定价核保、理赔、营销及分销过程，催生场景化保险、定制化保险，并提高核保、理赔效率，驱动保险业务升级
例如：众安保险推出基于可穿戴数据设计的重大疾病保险

生态系统产品创新

伴随消费升级发展，网购、旅游等生态系统的客户需求及痛点逐渐显露。保险科技企业通过大规模动态数据分析，支持保险企业产品设计、定价、营销，逐步催生创新型保险产品
例如：退货运费险

图 8-7　保险科技的分类

二、保险科技的未来展望

展望未来，数字生态是保险行业最大机遇，未来五年有望缔造万亿市场。但巨头林立的保险行业，要做整体的数字化转型并不容易，哪些能力是未来行业真正壁垒？搭建数字生态又有哪些模式值得参考？

（一）数字生态是护城河

保险公司等业务主体过于痴迷前沿技术的研究，可能并不会获得理想的投入产出比。合理的投入分配应当是基于成熟的技术，改造和优化保险业务流程，最终目的是为客户提供更好的保险产品、更优质的服务体验。而建立在数字化技术之上的数字生态，是未来保险行业真正的护城河。

一方面，数字生态有强大的用户导入能力，并能够有效解决低频的保险产品客户流失率高的痛点，提升客均利润。另一方面，数字生态打通了业务流程端到端的闭环，提升了风险控制能力。

 案例分析

中国平安生态圈布局

中国平安不仅面向 C 端建设了金融服务、医疗健康、汽车服务、房产服务四大生态圈，也将生态圈延伸向 B 端和 G 端，例如建设了智慧城市生态圈，如图 8-8 所示。

图 8-8　中国平安生态圈布局

单独看平安相对完整的医疗健康生态，不仅包括传统意义上的代理人等销售渠道，也包括提供医疗服务的"平安好医生"板块以及打通医院与医保、商保两大支付方的"平安医保科技"板块。

在"平安好医生"板块中，服务环节需要调用医疗卫生机构资源作为辅助。医疗卫生服务由医院、诊所、体检中心、药店等承担；支付环节包括医保支付和商保代付两部分。

平安生态圈以科技链接为核心，由"平安医保科技"板块承担服务政府的职能，为医保环节控费；商保环节则由中国平安人身保险体系承担。同时，也能在医疗流程中将医疗卫生机构的诊疗资源直接和医保挂钩，提高医疗服务效率，增强用户体验。

对于汽车与房产两大场景，中国平安运营思路与医疗类似，以"自营+开放平台"的模式打造生态闭环。

（二）保险新商业模式将诞生

数字生态意味着保险要为客户提供一系列的服务与解决方案。要做到这一点，链接生态中各类服务提供者必不可少，而每一个服务提供者都将成为生态与客户的触点。

在这一过程中，保险本身定位也在发生变化。保险不再是一种被动式保障，而是服务生态的主动延伸，进而，保险的经营主体边界更加模糊，产业链不同参与者话语权也发生着变化。

保险公司未必是某一领域保险生态的建设者和主导者，可能仅仅是参与者，而生态中服务主导者的话语权将提升。例如，在 Google Nest 与 Liberty Mutual 的合作中，掌握数据和最终用户触达的 Google 拥有定价话语权。最终，保险行业收入结构将发生变化，新的商业模式有望出现。

第一，保险产业链向相关临近产业延伸，造成收入多元。例如，联合健康的业务体系中，其健康服务业务的收入占比超过 20%，净利润占比则接近 40%。

第二，保险公司盈利方式可以不依靠"三差"。例如，P2P 保险的代表之一 Lemonade，收取保费固定比例的管理费（约 20%）支持公司运营及发展，如果赔付资金池中存在承保盈余，公司则将其捐赠给用户所指定的公益项目。目前国内各大互助平台在底层设计上，都能看到 Lemonade 模式的影子。

（三）数字生态前景看好

有行业专业报告提出，从互联网保险到科技赋能再到数字生态，与保险科技直接相关的市场规模有量级上的提升。现阶段通过各类场景、数字技术赋能下的保险销售，规模已经在千亿以上。例如私家车的车险 30% 以上是通过线上获客，再通过线下转化。这中间还未考虑理赔端的价值。

未来，即使考虑到长期寿险的数字生态渗透进程缓慢，五年内在车险、健康险、意外险等短险的数字生态驱动下，行业也将出现万亿市场的想象空间，如图 8-9 所示。

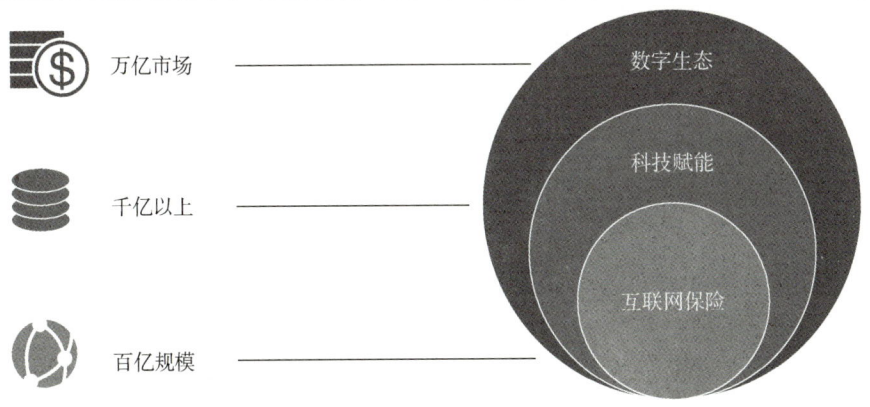

图 8-9 数字生态将带来万亿市场

（四）监管态度决定创新进程

在创新的进程上，监管是重大影响因素。目前来看，监管总体上鼓励互联网渠道和数字化技术在保险行业发挥作用，但对于由此带来的保险产业链变革和商业模式创新，则态度相对保守。

保险科技政策梳理如表 8-1 所示。

表 8-1　保险科技政策梳理

实施时间	颁布政策	颁布机构	政策解读
2015. 7. 18	《互联网保险业务监管暂行办法》	原保监会	规范保险公司、保险专业中介机构和第三方网络平台等主体在互联网渠道进行保险销售和服务的标准及边界，统一线上线下的监管标准
2016. 8. 31	《中国保险业发展"十三五"规划纲要》	原保监会	扩大专业互联网保险公司试点，积极发展自保、相互等新型市场主体，不断丰富新业务形态和新商业模式；提升中介机构的专业技术能力，在风险定价、产品开发、防灾防损、理赔服务、反欺诈等方面发挥积极作用，提供增值服务
2017. 12. 29	《中国保监会关于组织开展人身保险治理销售乱象打击非法经营专项行动的通知》	原保监会	治理人身保险销售、渠道、产品、非法经营等各类市场乱象。理财险、银邮代理机构、不具有合法资质的第三方网络平台等，成为整治重点
2018. 7. 13	《保险代理人监管规定（征求意见稿）》	银保监会	规范保险代理人经营行为，明确规定代理人只限于通过一家机构进行执业登记，独立代理人制度落地。《保险代理人监管规定》于 2021 年 1 月 1 日起施行
2018. 10. 10	《互联网保险业务监管办法（草稿）》	银保监会	对原有暂行办法中的经营条件、互联网保险涉及产品等方面进行扩展并修订
2019. 8. 8	《关于促进平台经济规范健康发展的指导意见》	国务院	允许有实力、有条件的互联网平台申请保险兼业代理资质，同时鼓励平台通过购买保险产品分散风险，更好地保障各方权益
2020. 12. 17	《互联网保险业务监管办法》	银保监会	对互联网保险业务进行定义：判断和理解互联网保险业务，应从业务主体、业务内容、业务平台、保险产品四方面进行。对业务条件、销售管理、服务管理、运营管理以及特别业务规则等做出明确要求
2022. 5. 11	《中国银保监会关于印发保险业标准化"十四五"规划的通知》	银保监会	配合互联网保险销售行为可回溯、"双录"等监管要求。在保险科技领域加强行业标准供给，在大数据、人工智能、云服务、区块链、下一代互联网、智慧健康、物联网等领域制定相关应用标准，以标准凝聚行业共识、积累行业经验、规范引领保险科技创新

未来，由数字生态驱动的金融科技将对现行监管体系带来更大的冲击，一方面，现有保险公司可能会在竞争中失势，从而进入破产重组；另一方面，多元化的生态圈与保险经营形态也要求更多的新保险公司出现。例如，美国有近千家保险公司，经历过多次并购重组浪潮。

因此，监管在三方面大有可为：第一，对创新产品和业务模式积极探索，出台相应规范，如早日明确互助的监管范围和监管职责；第二，明确行业参与者的退出机制；第三，建设多元创新的保险公司体系，不仅包括传统保险牌照，也包括农业、工业等细分领域的保险牌照，甚至包括互联网寿险牌照等，类型需要大大丰富。

（五）数字生态三类参与模式

尽管我们把中国平安作为保险生态化的标杆，但保险行业建设数字生态，并不是说一定如中国平安一般，采用全部由自己主导全国性生态的方式，而依据自身资源、资金等实力量力而行，可以选择主导一个区域性或者细分领域生态圈，也可以投资或合作的形式参与到数字生态的建设中。三类保险数字生态参与者如表 8-2 所示。

表 8-2　三类保险数字生态参与者

方式	典型案例	模式	能力要求
主导	中国平安	主导建设金融服务、医疗健康、汽车服务、房产服务、智慧城市等五大全国性生态圈	全国性的资源建设、强大的资本实力
	泰康集团	主导建设医疗康养细分生态，旗下拥有高端养老社区，配套康复医院等	全国性的资源建设、强大的资本实力
投资	中国人保	通过人保金服与生态伙伴进行股权合作，已经孵化爱保科技、邦邦汽服等生态企业	有一定资源网络、强大的资本实力
合作	众安在线	与阿里巴巴、携程合作，将众安在线的保险产品嵌入网购、航旅等场景	资源要求相对低

当然，保险行业的数字生态建设是一个漫长的过程，尤其是对于传统险企的数字化转型来说，其业务流程设计、组织架构变化、复杂程度和所需能力远超技术的创新与应用。

在这一过程中，传统保险公司往往需要独立的事业部或者金服子公司来牵头建设，例如人保集团建立了人保金服。

 课后练习

一、单选题

1. 互联网金融存在诸多问题，排在首位的是（　　）。

A. 流动性问题　　　　　　　　　　B. 法律问题

C. 安全问题　　　　　　　　　　　D. 监管问题

2. 狭义的互联网金融不包括的金融模式是（　　）。

A. 第三方互联网支付　　　　　　　B. P2P 网贷

C. 网络银行　　　　　　　　　　　D. 互联网众筹

3. （　　）是最具代表性的数字货币之一。

A. 莱特币　　　　　B. 比特币　　　　　C. 元宝币　　　　　D. 瑞波币

二、多选题

1. 小微企业解决资金问题的方式有（　　　）。

A. 商业保险公司　　　　　　　　　B. 融资租赁公司

C. P2P 公司　　　　　　　　　　D. 财务公司

2. 互联网金融科技是指以依托于（　　　）等互联网技术，实现资金融通、支付和信息中介等业务的一种新兴金融服务。

A. 在线支付　　　　　　　　　　B. 云计算

C. 社交网络　　　　　　　　　　D. 搜索引擎

E. 大数据

三、简答题

1. 大数据金融的供应链金融运作模式指的是什么？有什么优势？

2. 区块链有哪几个层级？各个层级有哪些内容？

四、实训练习

互联网金融产品跨界营销策略

1. 背景知识

跨界营销的出现意味着打破传统的营销思维模式，寻求非业内的合作伙伴，发挥不同品牌的效应。跨界合作的益处在于，通过行业与行业之间的跨界营销、品牌与品牌之间的相互映衬和诠释，实现了品牌认知从平面到立体、从表层到纵深、从被动接受到主动认可的转变，使企业品牌形象和品牌联想更具张力。跨界营销是在合作方式、用户体验上进行创新，而非诸如"赠送折扣券"等千篇一律的合作方式。举例来说，2015 年下半年，上海地区的优步用户登录优步 App，会看到"一个亿"专属按钮，点击按钮后，一辆专属的"壹钱包 X Uber"运钞车将快速抵达，为用户赠送 1 亿元。用户扫描在运钞车上的二维码，登录壹钱包 App 后，会看到 1 亿元在账户上，瞬间体验"亿万富翁"的感觉。而事实上，1 亿元是壹钱包赠送的理财体验金，壹钱包的账户对接货币基金，按照 2015 年 7 月 9 日的当日收益，用户会取得 1 万元左右的理财收益。这是壹钱包通过与优步合作，跨界精准营销的一次有益尝试。壹钱包不仅扩大了知名度，而且向目标人群——那些希望通过理财增加收入，但总是没时间、没精力的普通大众，传递出壹钱包随时随地、简单理财的品牌形象。而优步与互联网金融产品壹钱包合作，也借助自身科技平台的力量，为大家带来一次理财酷感体验。

2. 实训任务

假设腾讯金融计划上市一种互联网保险新产品，为提升公司平台及产品知名度，增强平台和产品的推广力度，计划开展一次营销活动。请你运用跨界营销策略，制订线上活动计划和活动策略。

3. 实训要求

（1）以小组形式开展合作探讨，每组以 4~6 人为宜。

（2）从互联网传播特点、跨界营销的关键要素出发，制订活动计划，形成活动策划方案，内容包括活动主题、活动时间安排以及内容。

参 考 文 献

[1]袁峰，许凌珠，邵祥理. 数据驱动的互联网保险产品创新风险管理研究[J]. 保险研究，2022(3)：29-43.

[2]澈丽牧歌. 从互联网金融到央行数字货币发展探究[J]. 内蒙古财经大学学报，2020(4)：103-106.

[3]宋清华，杨苌苌，李艳云. 数字货币发展方略(下)[J]. 财政监督，2021(8)：37-46.

[4]武艳军，互联网银行驱动数字普惠金融高质量发展[J]. 现代商业银行，2022(18)：48-51.

[5]杨雪荣，李洛瑶. 互联网银行信用风险管理研究[J]. 河北企业，2022(3)：98-100.

[6]中国人民银行成都分行课题组，龚智强，蒋敬强. 金融科技视角下互联网银行风险特征与发展制约[J]. 西南金融，2020(8)：3-12.

[7]侯东德，苏成慧. 互联网证券监管问题研究——以网络安全风险防控为视角[J]. 法学论坛，2019，34(2)：110-119.

[8]朱彦松，郭婧琳，周凯，等. 互联网金融的风险防范研究[J]. 知识经济，2020(16)：52-53.

[9]李腾飞. 严监管下的互联网资管业务发展与展望[J]. 清华金融评论，2019(5)：57-60.

[10]巴曙松，赵伟. 构建消费金融的互联网应用场景[J]. 中国国情国力，2020(6)：18-21.

[11]王志峰，杜娟. 科技驱动消费金融创新[J]. 中国金融，2019(12)：73-75.

[12]刘婉楠. 股权众筹法律法规在互联网金融中的运用[J]. 法制与社会，2022(5)：145-147.

[13]吉克克主. 大数据背景下金融隐私权保护的困境及出路[J]. 金融经济，2021(1)：38-47.

[14]黎四奇，苗羽亭. 大数据背景下金融隐私权的保护[J]. 财经理论与实践，2019，40(4)：151-155.

[15]李美华. 区块链技术在保险中的应用研究[J]. 广西质量监督导报，2020(1)：168-169.

[16]史树萌. 区块链技术在银行业应用场景的探究[J]. 中国市场，2020(5)：157-158.

[17]柯建飞. 区块链在金融中的实践与思考[J]. 广西师范大学学报(哲学社会科学版)，2020，56(1)：65-75.

[18]胡爱明. 互联网信托风险及防范策略探讨[J]. 中国管理信息化，2020，23(1)：132-135.

[19]倪姗. 从金融服务触达问题的视角看互联网与普惠金融创新案例[J]. 产业创新研究, 2019(12)：70-72.

[20]杨嘉伟. 大数据时代下互联网金融发展的机遇与风险应对[J]. 环渤海经济瞭望, 2019(12)：8-9.

[21]彭麟添. 区块链技术应用于个人征信制度研究[J]. 征信, 2019, 37(12)：48-53.

[22]张兆曦, 赵新娥. 互联网金融的内涵及模式剖析[J]. 财会月刊, 2017(2)：84-91.

[23]黎来芳, 牛尊. 互联网金融风险分析及监管建议[J]. 宏观经济管理, 2017(1)：52-54+68.

[24]蔡元庆, 黄海燕. 监管沙盒：兼容金融科技与金融监管的长效机制[J]. 科技与法律, 2017(1)：1-12.

[25]姚珊珊, 滕建州, 王元. 我国互联网金融发展的问题与对策[J]. 税务与经济, 2017(2)：25-29.

[26]刘澜飚, 齐炎龙, 张靖佳. 互联网金融对货币政策有效性的影响——基于微观银行学框架的经济学分析[J]. 财贸经济, 2016, 37(1)：61-73.

[27]周豪. 我国互联网金融风险的成因及其防范机制初探[J]. 金融经济, 2016(24)：45-47.

[28]陆岷峰, 王婷婷. 互联网财富管理路径[J]. 中国金融, 2016(15)：29-30.

[29]刘远翔. 互联网保险发展对保险企业经营效率影响的实证分析[J]. 保险研究, 2015(9)：104-116.

[30]李建军, 王德. 搜寻成本、网络效应与普惠金融的渠道价值——互联网借贷平台与商业银行的小微融资选择比较[J]. 国际金融研究, 2015(12)：56-64.

[31]汪炜, 郑扬扬. 互联网金融发展的经济学理论基础[J]. 经济问题探索, 2015(6)：170-176.

[32]谢平, 邹传伟, 刘海二. 互联网金融的基础理论[J]. 金融研究, 2015(8)：1-12.

[33]党鹏君. 产业融合视角下的互联网金融[J]. 国际金融, 2015(10)：13-16.

[34]吴晓求. 中国金融的深度变革与互联网金融[J]. 财贸经济, 2014(1)：14-23.

[35]谢平, 邹传伟, 刘海二. 互联网金融监管的必要性与核心原则[J]. 国际金融研究, 2014(8)：3-9.

[36]郑联盛. 中国互联网金融：模式、影响、本质与风险[J]. 国际经济评论, 2014(5)：103-108+6.

[37]贾楠, 年志远. 诺斯悖论、国家偏好与银行业市场化改革[J]. 经济体制改革, 2014(6)：135-138.

[38]谭明月. 我国互联网信托发展现状分析[J]. 商场现代化, 2014(20)：207.

[39]何文虎, 杨云龙. 我国互联网金融风险监管研究——基于制度因素和非制度因素的视角[J]. 金融发展研究, 2014(8)：48-54.

[40]张军. 我国互联网金融发展及监管研究[J]. 西部金融, 2014(8)：8-12.

[41]张健华. 我国互联网金融监管问题研究[J]. 浙江金融, 2014(5)：4-8.

[42]张坤. 集体行为与金融稳定：以金融系统论为视角[J]. 金融监管研究, 2013(2)：97-114.

[43]黄小强. P2P借贷服务业市场发展国际比较及借鉴[J]. 金融与经济, 2013(12)：

34-37.

[44] 张芬, 吴江. 国外互联网金融的监管经验及对我国的启示[J]. 金融与经济, 2013 (11): 53-56.

[45] 谢平, 邹传伟. 互联网金融模式研究[J]. 金融研究, 2012(12): 11-22.

[46] 吴沛东. 金融科技赋能下移动支付"走出去"的风险及防范策略研究[J]. 企业改革与管理, 2021(21): 64-65.

[47] 塔琳. P2P 网络借贷对我国金融稳定的影响研究[D]. 北京: 北京交通大学, 2020.

[48] 谈颢阳. 区块链技术在互联网征信中的应用研究[D]. 长沙: 湖南大学, 2022.

[49] 赵熙. 基于功能视角的中国互联网金融发展与监管研究[D]. 北京: 中共中央党校, 2020.

[50] 卿烈蓉. 互联网金融监管的法经济学分析[D]. 重庆: 西南政法大学, 2021.

[51] 曙光中国金融科技行业发展研究报告(2020 年)[A]. 艾瑞咨询系列研究报告, 2020 (11).

[52] 迈向产业支付时代中国第三方支付行业研究报告(2020 年)[A]. 艾瑞咨询系列研究报告, 2020(4).

[53] 破晓中国金融科技行业研究报告(2019 年)[A]. 艾瑞咨询系列研究报告, 2019(10).

[54] 吴金旺, 靖研. 互联网金融法律法规[M]. 北京: 中国金融出版社, 2018.

[55] 邱勋, 周香, 高泽金. 网络借贷与股权众筹[M]. 北京: 高等教育出版社, 2019.

[56] 邓建鹏, 黄震. 互联网金融法律与风险控制[M]. 北京: 机械工业出版社, 2017.

[57] 谢平, 邹传伟. 网络借贷与征信[M]. 北京: 中国金融出版社, 2017.

[58] 中国互联网金融协会. 中国互联网金融年报[M]. 北京: 中国金融出版社, 2017.

[59] 刘志洋, 宋玉颖. 互联网金融风险及监管研究[M]. 北京: 中国金融出版社, 2017.

[60] BR 互联网金融研究院. 互联网金融报告[M]. 北京: 中国经济出版社, 2017.

[61] 欧阳日辉. 互联网金融治理[M]. 北京: 经济科学出版社, 2017.

[62] 周雷. 互联网金融理论与应用[M]. 北京: 人民邮电出版社, 2016.

[63] 朱烨东. 中国互联网金融发展报告[M]. 北京: 社会科学文献出版社, 2016.

[64] 欧阳日辉. 互联网金融生态[M]. 北京: 经济科学出版社, 2016.

[65] 阎庆民, 杨爽. 互联网+银行变革与监管[M]. 北京: 中信出版社, 2015.

[66] 谢平, 邹传伟, 刘海二. 互联网金融手册[M]. 北京: 中国人民大学出版社, 2014.

[67] 范文仲. 互联网金融理论、实践与监管[M]. 北京: 中国金融出版社, 2014.

[68] 王洪栋, 廉赵峰, 张光楹. 财富管理与互联网金融[M]. 北京: 经济管理出版社, 2014.

[69] 芮晓武, 刘烈宏. 中国互联网金融发展报告[M]. 北京: 社会科学文献出版社, 2014.

[70] Vincenzo Bavoso. The promise and perils of alternative market-based finance: the case of P2P lending in the UK[J]. Journal of Banking Regulation, 2019(21): 1-15.

[71] Emeka E. Ene, Gabriel O. Abba, Gideon F. Fatokun. The impact of electronic banking on financial inclusion in nigeria[J]. American Journal of Industrial and Business Management, 2019(9): 1409-1422.

[72] Hornuf Lars, Schwienbacher Armin. Internet-Based entrepreneurial finance: lessons from Germany[J]. California Management Review, 2018(2): 150-175.

[73] Matthew Josefy, Thomas J. Dean, Lumina S. Albert, et al. The role of community in

crowdfunding success: evidence on cultural attributes in funding campaigns to "Save the Local Theater"[J]. Entrepreneurship Theory and Practice. 2017(2): 161-182.

[74]Bao Zheshi, Huang Taozhen. External supports in reward-based crowdfunding campaigns: A comparative study focused on cultural and creative projects[J]. Online Information Review, 2017(5): 626-642.

[75]Ethan Mollick. The dynamics of crowdfunding: An exploratory study[J]. Journal of Business Venturing. 2014(1): 1-16.